Rolf Wernstedt

Der Mensch lebt nicht vom Brot allein

*Gedanken zwischen
Politik – Religion – Philosophie und Bildung*

Rolf Wernstedt
Der Mensch lebt nicht vom Brot allein.
Gedanken zwischen Politik – Religion – Philosophie und Bildung

© Evangelische Akademie Loccum 2019
Alle Rechte vorbehalten

Redaktion: Stephan Schaede und Reinhard Behnisch
Layout: Anne Sator, Loccum
Druck: Harfe-Verlag und Druckerei GmbH, Rudolstadt
Printed in Germany
ISBN: 978-3-8172-9919-5
Loccumer Kleine Reihe, Band 8

Die „Loccumer Kleine Reihe" wird herausgegeben von der Evangelischen Akademie Loccum. Bezug über den Buchhandel oder direkt bei: Evangelische Akademie Loccum, Protokollstelle, Postfach 2158, 31545 Rehburg-Loccum, Tel.: 05766/81-119, Telefax: 05766/81-900, E-Mail: Christine.Poltier@evlka.de

Inhaltsverzeichnis

Vorwort 7
von Stephan Schaede

Kapitel 1:
Religionspolitisches und Politisches

Religionspolitisches und Politisches. Einleitung in Kapitel 1 13
von Stephan Schaede

Globalisierung und religiöses Denken – ein prinzipieller Widerspruch? ... 15

Die Kirche und der große Krieg: 1914 und heute 27

Gedanken zur politischen, organisatorischen 31
und geistigen Bewältigung der Flüchtlingsfrage

Wie viel Russland verträgt Europa – wie viel Europa braucht Russland? ... 47

Zwischen Neo-Osmanien und Europa: Wohin strebt die Türkei? 53

Spielarten des Verrats. Ein Gespräch mit Can Dündar 57

300 Jahre Freimaurerei. Überlegungen eines Nichtfreimaurers 61

Kapitel 2:
West-Östlicher Dialog

West-Östlicher Dialog. Einleitung in Kapitel 2 69
von Stephan Schaede

Sind Orient und Okzident Gottes oder des Teufels? 73
Historische und religiöse Anmerkungen zu einer eineinhalb
Jahrtausende alten Beziehungsgeschichte mit aktueller Sprengkraft

Menschenrechte durch formelle und informelle Erziehung 81
Die deutsche Perspektive

Die Rolle der Zivilgesellschaft bei der Einübung, ... 87
Aktivierung, und Praktizieren von Staatsbürgerschaft (Citizenship)

Self Defence and Lack of Self Criticism – 93
Attitudes and their Meaning for Dialogue
Anerkennung, Leistung und Selbst(kritik)

Types of Conflict of Identity in Arab and 99
European Societies and how to deal with them

Kapitel 3:
Beträge zur Gedenk- und Erinnerungspolitik

Beträge zur Gedenk- und Erinnerungspolitik. Einleitung in Kapitel 3 ... 111
von Stephan Schaede

Gedanken über Erinnerung an Flucht, Vertreibung und Integration – .. 113
gestern und heute

Nachdenken über Schuld und Unschuld, Verantwortung und Freiheit... 127
Zur Bedeutung einer Kriegsgräberstätte für sachgerechte
Erinnerungspolitik

Philosophisches Nachdenken 133
zum 100. Jahrestag des Ersten Weltkrieges

Kapitel 4:
Religion und Bildung

Religion und Bildung. Einleitung in Kapitel 4 157
von Stephan Schaede

Bildung und Bibel – Erbe und Zukunft 161

„Der Mensch lebt nicht vom Brot allein" 169
Funktion und Bedeutung von Werten in der Politik

Religiöse Bildung im weltanschaulichen Pluralismus. Fünf Thesen 181

Warum und zu welchem Zweck soll es Religionsunterricht geben? 183
Was kann und sollte Religionsunterricht leisten?

Mission und Bildung 189

Worauf lässt sich ein Leben gründen 205
und woran sollte es sich ausrichten?5

Menschen brauchen Werte 211
Die gemeinsame Verantwortung der Religionen in Deutschland

Kapitel 5:
Perspektiven auf theologische Fragen

Perspektiven auf theologische Fragen. Einleitung in Kapitel 5 219
von Stephan Schaede

Über Melanchthon, den Anreger 221

Was nützt die Erinnerung an den Tod? 233

Zum Problem der Ökumene und des Primats des Papstes bei Leibniz ... 245

Sine ira et studio – Oder: Wie viel Leidenschaft verträgt die Politik? 249

Unmaßgebliche theologische Gedanken 261
aus Begegnungen mit Horst Hirschler

Kapitel 6:
Perspektiven auf theologische Fragen

Predigten und geistliche Ansprachen. Einleitung in Kapitel 6 273
von Stephan Schaede

Bibel im kulturellen Gedächtnis 277

Matthäus 5, 9: „Selig sind die Friedfertigen, ... 283
denn sie werden Gottes Kinder heißen"

Matthäus 12, 33-37: „Setzt entweder einen guten Baum, so wird 289
die Frucht gut; oder setzt einen faulen Baum, so wird die Frucht faul."

1. Korinther 13,13: „Nun aber bleiben Glauben, Hoffnung, Liebe, ... 298
diese drei; aber die Liebe ist die größte unter ihnen."

Prediger Salomo 1,18: „Denn wo viel Weisheit ist, da ist 301
auch viel Grämens; und wer viel lernt, der muss viel leiden"

Jeremia 29, 10-11: „Wenn zu Babel siebzig Jahre aus sind, ... 307
so will ich euch besuchen und will mein gnädiges Wort über
euch erwecken, dass ich euch wieder an diesen Ort bringe."

Römer 15,7: „Darum nehmt einander an, wie Christus 315
euch angenommen hat zu Gottes Lob."

Stephan Schaede

Vorwort

Die Freude ist groß. Die Ehre nicht geringer. Professor Rolf Wernstedt gewährt mit diesem Band der Öffentlichkeit inspirierende und instruktive Einblicke in seine religionspolitische und theologische Vortrags- und Beitragsarbeit. Die Evangelische Akademie Loccum hat das Privileg, die bei unterschiedlichsten Anlässen geleisteten Vorträge und Abhandlungen gebündelt publizieren zu dürfen. Das gibt ihr zugleich Gelegenheit, einem ihrer besonders prominenten, langjährigen, auch in seiner klugen Kritik immer hochsolidarischen Wegbegleiter einmal ganz ausdrücklich Dank zu sagen.

Rolf Wernstedt hat sich für die Evangelische Akademie Loccum als Mitglied (1996 bis 2004) und Vorsitzender (2000 bis 2004) des Konvents der Akademie engagiert. Und er ist seit ihrer Gründung im Jahr 2005 bis heute Kuratoriumsvorsitzender der die Akademie fördernden Corvinus-Stiftung. Hinzu kamen zahlreiche Beiträge als Referent auf Akademietagungen. Er war eben nicht nur ein versierter Leiter von Gremien. Er hat immer wieder schriftlich und mündlich interveniert, hat beigetragen und inspiriert.

So entstand der Gedanke, dass es einmal an der Zeit wäre, einige der religionspolitischen Leidenschaft und den religiösen Interessenlagen Rolf Wernstedts entspringenden öffentlichen Beiträge gebündelt zu dokumentieren. Entsprechend führen die im Folgenden zusammengestellten Beiträge vor Augen, wie Rolf Wernstedt als Protestant so vieles in seiner Person vereinigt hat: den passionierten Historiker und Altphilologen, den Lehrer und Dozenten, den Landtagsabgeordneten, Kultusminister und Landtagspräsidenten, den Präsidenten der Gottfried-Wilhelm-Leibniz-Gesellschaft e.V. und Vorsitzenden zahlreicher Kuratorien.

In jedem der Beiträge dokumentiert sich eine ganz eigenwillige Mischung aus Intellektualität, historischer Neugier, politischem Realitätssinn, Freude an der behutsamen Provokation und gesellschaftlicher Beobachtungsgabe. Hinzu kommt die Fähigkeit zur freimütigen Selbstdistanz. Es spricht da ein Bildungspolitiker, der zugleich ein gebildeter Politiker ist, zudem einer, der auch in der Lage ist, politisch und religionspolitisch zu bilden und sich auf diverse Kontexte in Anlage und Diktion seiner Beiträge einzustellen. So etwas ist kostbar.

Die Zusammenschau dieses Bandes ist in sechs Teile gegliedert. Der erste Teil führt Wernstedts religionspolitisches und politisches Engagement in religionspolitischer Perspektive vor Augen. Das reicht von grundsätzlichen Erwägungen zur globalen Relevanz einer vom Christentum mitgeprägten westlichen Werteordnung über eine Sondierung der Flüchtlingsfragen und einer Auslotung der politischen Relevanz der Toleranzbestimmung bis zu kompakten Einlassungen zum Verhalten der Evangelischen Kirche im Ersten Weltkrieg.

Der zweite Teil, überschrieben mit „West-Östlicher Dialog", dokumentiert exemplarisch Wernstedts Engagement einer kritischen Verständigung zwischen – klassisch gesprochen – Orient und Okzident. Wernstedt hat hier nicht nur von Europa aus kommentiert, sondern war auch selbst in Ländern der so genannten MENA-Region unterwegs. Die Beiträge gehen dabei u.a. folgenden Fragen nach: Wie können gut gepflegte wechselseitige Vorurteile abgebaut werden? Wie gelingt es, den gegenseitigen Vorwurf von doppelten Standards, der viele Dialogprozesse fruchtlos werden lässt, auszuräumen? Wie kann durch formelle und informelle Bildung eine gesellschaftliche Implementierung von Menschenrechten gefördert werden? Wie lässt sich ein selbstkritisches Verhältnis zu der jeweiligen Religionsgeschichte von Islam und Christentum gewinnen und so die kultivierende Leistung dieser Religionen herausstellen?

Der dritte Teil ist der Gedenk- und Erinnerungspolitik gewidmet. Wernstedt zeigt, wie aus einer Phänomenologie der Umsiedlung, Vertreibung und Flucht grundsätzliche Einsichten für aktuelle Fragen von Flucht und Migration gewonnen werden können. Als vehement der Aufklärung verpflichtete und an einer guten politischen Argumentation interessierte Persönlichkeit des öffentlichen Lebens macht Wernstedt zugleich am Versagen von Philosophie und theologischer Systematik während des Ersten Weltkrieges deutlich: Intellektualität schützt vor politischer und gedanklicher Verblendung nicht.

Der vierte Teil reflektiert in seinen Beiträgen das Verhältnis von Religion und Bildung. Hier spricht der Lehrer, Dozent und Bildungspolitiker Rolf Wernstedt. Der wirbt für die lebensbewältigende und sprachbildende Kraft der biblischen Texte, macht deutlich, welcher gesellschaftspolitischer Anspruch sich mit Fragen der Solidarität verknüpft und besteht auf der Relevanz von spezifischem Religionsunterricht als Beitrag zur Religionsmündigkeit in einer religiös immer pluraleren Welt. Zugleich optiert Wernstedt dafür, Bildung von Mission frei zu halten. Nichts jedoch geht für ihn über eine solide Kenntnis in Fragen der eigenen Religion. Denn sie ist Bedingung der Möglichkeit echter religiöser Toleranz. So hat Wernstedt die Gelegenheit anlässlich einer Festrede zu einer Jugendweihfeier in Hannover genutzt, mit 5. Mose 8,3 im Gepäck den Menschen als grundsätzlich materielle Interessen übersteigendes Wesen in den Mittelpunkt seiner Betrachtungen zu stellen: Der Mensch lebt nicht vom Brot allein!

Die Beiträge des fünften Teiles gewähren einen Einblick in Rolf Wernstedts theologische Werkstatt. Wernstedt ist in der Lage, bildungspolitisch relevante Biografiearbeit mit Philipp Melanchthon zu arrangieren, wie der theologischen Provokation des gewaltsam herbeigeführten Todes die richtige Fassung zu geben. Er unterbreitet konstruktive Vorschläge, den Zorn aus dem dogmatischen Gefängnis der Sündenlehre zu befreien, und schreibt der lutherischen Theologie und Kirche ins Stammbuch, vor 30 Jahren nach dem Fall der Mauer ihr Lehrstück vom deus absconditus als starke Deutung prekärer Lebenslagen fahrlässig vernachlässigt zu haben. Das ist weit mehr als ambitionierte Laientheologie, es sei denn, man versteht Laientheologie so, dass hier einer aus dem Volk (laos) Gottes das Wort ergreift, um zu sagen, was er meint von Gott vernommen zu haben.

In diesem Zeichen stehen auch die Beiträge des sechsten Teils. Insgesamt sieben Predigten und biblische Ansprachen und Meditationen geben aus der Perspektive des Politikers und Historikers eindringlich zu denken.

Überhaupt: Greift Rolf Wernstedt auf historische Konstellationen und Beispielen aus der politischen Gegenwart oder seiner eigenen Biographie zurück, so hat das nie nur illustrativen Charakter. Vielmehr gelingt es ihm, die klärende Kraft des Einzelfalls für grundsätzliche Fragen herauszustellen. Immer wieder zeigt sich an den Beispielen, die Rolf Wernstedt heranzieht, dass hier der (ehemalige) Vorsitzende des Landesverbandes des Volksbundes Deutsche Kriegsgräberfürsorge e.V. spricht. Zugleich spricht in der hohen Sensibilität für die Zweideutigkeit des politischen und gesellschaftlichen Lebens der Protestant Rolf Wernstedt, der angesichts von drastischen und latenten Abgründen des Lebens für eine Hoffnung im Zeichen der teuer erkauften Versöhnung am Kreuz wirbt, ohne dabei je frömmelnd dick aufzutragen. Rolf Wernstedt zeigt sich vielmehr zwischen den Zeilen als ein seiner Kirche kritisch verbundener Christenmensch, der offenbar lang genug Mitglied der Synode der Evangelischen Kirche in Deutschland war, um die Eigenart der verfassten Kirche zu durchschauen.

„Der Mensch lebt nicht vom Brot allein" – dieses Wort aus dem fünften Buch Mose hat Rolf Wernstedt selbst paradigmatisch als Titel über allen Beiträgen dieses Buches gesetzt. Die Lektüre wird den Lesenden rasch entschlüsseln, wie sehr diese alttestamentliche Weisheit die Lebenshaltung, das gesellschaftliche Engagement und die gedankliche Arbeit von Rolf Wernstedt bestimmt. Zugleich spricht ein der vernünftigen Klugheit verbundener Freund des womöglich größten lutherischen Intellektuellen aller Zeiten, Gottfried Wilhelm Leibniz, was das Titelbild dieses Bandes leicht erklärt.

Kurze, den Teilen vorangestellte Einleitungen des Herausgebers geben im Überblick Orientierung. Über Ort und Anlass der Beiträge, die bis in die 1990er Jahre zurück reichen, informieren jeweils die ersten Fußnoten der dokumentierten Texte.

Gedankt sei Reinhard Behnisch für die redaktionelle Unterstützung und vor allem Rolf Wernstedt selbst, der aus seinem reichhaltigen Oeuvre die Textauswahl selbst vorgenommen hat.

Loccum, im November 2019

KAPITEL 1

RELIGIONSPOLITISCHES UND POLITISCHES

Stephan Schaede

Religionspolitisches und Politisches

Einleitung in Kapitel 1

Gleich der erste der chronologisch geordneten Beiträge dieses Teiles verknüpft zentrale politische mit religionspolitischen Fragestellungen, und geht dafür ins Prinzipielle: „Globalisierung und religiöses Denken – ein prinzipieller Widerspruch?" Vor Augen wird geführt, wie Prinzipien der westlichen Welt mit Globalisierungsprinzipien vereinbar werden können, nämlich dann, wenn letztere durch politische Kontrolle und marktkritische gesellschaftliche Kräfte wie Gewerkschaften, Religionsgemeinschaften, Justiz und Öffentlichkeit erfolgreich eingehegt werden. Vor Augen wird auch geführt, wie Globalisierungsprinzipien mit Wertordnungen nichtwestlicher Prägung koordiniert werden können – mit einem dem Anlass des Beitrags geschuldeten besonderen Augenmerk auf den Islam. Wernstedt scheut dabei nicht davor zurück, an die bedeutsame weltläufige Vergangenheit des Islam zu erinnern und rückt eine Frage ins Zentrum, die noch heute zu denken geben sollte: Wer aus welchem Kulturkreis entscheidet eigentlich darüber, welche Werte und welche Regeln in einer zukünftigen Welt gelten und welche Ziele angestrebt werden sollen? Unübersehbar steht am Ende dieses Beitrages das nach wie vor aktuelle Warnschild vor einer „normativ entkernten Politik".

Wie der Sinn fürs Prinzipielle auf einem politischen Sachfeld handlungsorientierende Kraft entfaltet, führt der Beitrag zur politischen, organisatorischen und geistigen Bewältigung der Flüchtlingsfrage vor Augen. Geboten wird zunächst eine historische Phänomenologie der Migration, in die Deutschland eingebettet ist, sodann wird mit hohem Sinn für die Ambivalenz des Menschlichen geworben und mit klaren Einschätzungen, Erwartungen und Forderungen im Blick auf die ethischen, rechtlichen, politischen und organisatorischen Fragen der Migration aufgewartet. Der vor vier Jahren formulierte abschließende Aufgabenkatalog dürfte immer noch brandaktuell sein.

Wie im Geist der Freiheit geforderte Aufklärung in verantwortungsvolle Aktivität führt und eine Haltung der Toleranz politisch strittige Themen aufgreift, Grenzen der Tolerierbarkeit markieren und ins (politische) Handeln führen muss, schreibt der Beitrag zum 300 jährigen Jubiläum der Freimaurerei in Hannover in ihr Stammbuch – und dies mit einem intellektuellen Augenzwinkern mit Gottfried-Wilhelm Leibniz als philosophischem Gewährsmann.

Vier Beiträge sind aus dem Engagement Wernstedts als Vorsitzender des Kuratoriums der Corvinus-Stiftung hervorgegangen. Als einleitende Vorbemerkungen von Gesprächsabenden bieten sie prägnante konzeptionelle Auftakte, die für sich sprechen. Nie ist die Ambition eines an geschichtlichen Zusammenhängen interessierten Historikers zu überhören. Das reicht vom Nachdenken über das Verhalten der Evangelischen Kirche im Ersten Weltkrieg mit der schrecklichen Allianz von Soldatentod und christlicher Gefolgschaft, Schöpfung und Volk, Dienst an Gott und Dienst am Volk über die Aufforderung, mit kritischer Ambition die Motivlagen der russischen Politik besser zu verstehen bis zu einer reflektierten Positionierung in Fragen einer sachgerechten Einschätzung der politischen Lage in der Türkei.

Globalisierung und religiöses Denken – ein prinzipieller Widerspruch?[1]

Der Deutsche Bundestag hat im Jahre 1999 eine Enquete-Kommission „Globalisierung der Weltwirtschaft – Herausforderungen und Antworten" eingesetzt, die im Jahre 2002 kurz vor der Bundestagswahl einen umfänglichen Bericht vorgelegt hat.[2] Dieser Bericht ist das Materialreichste und Gründlichste, was über die Globalisierung gegenwärtig in deutscher Sprache und unter Berücksichtigung der deutschen Interessen und Perspektive zu finden ist. Im Einsetzungsbeschluss vom 14. Dezember 1999 hieß die Aufgabe,
- die Gründe zusammenzustellen, die zur Globalisierung der Weltwirtschaft geführt haben,
- ihre Auswirkungen in wirtschaftlichen, gesellschaftlichen und politischen Bereichen zu untersuchen und
- Handlungsoptionen für die nationale und internationale Gemeinschaft darzustellen, wie sie verantwortungsvoll auf die weitere Entwicklung einwirken können.

Schwerpunkte des Berichts beziehen sich auf die Finanzmärkte, Waren- und Dienstleistungsmärkte, Ressourcen, Global Governance, Arbeitsmärkte und Wissensgesellschaft. Fragen der Weltbevölkerung der nachhaltigen Entwicklung und der Geschlechtergerechtigkeit bilden besondere Schwerpunkte.

---

[1] Vortrag auf der Tagung „Globalisierung und Religion" an der islamischen Akademie Hamburg am 24. Januar 2004

[2] Deutscher Bundestag (Hg.): Schlussbericht der Enquete-Kommission „Globalisierung der Weltwirtschaft", Opladen, 2002; Rafik Schami: Ein arabisches Dilemma, in: Beilage zur Wochenzeitung „Das Parlament", 8.9.2003; Verschiedene islamische Autoren: Die muslimische Welt und der Westen, in: Beilage zur Wochenzeitung „Das Parlament", 8.9.2003.

Fragen der internationalen Sicherheit, des globalen Terrors und damit zusammenhängender Probleme konnten aus Zeitgründen nicht mehr behandelt werden. In dem Bericht ist alles zu finden, was man für eine fundierte Diskussion an Hand von recherchierten Fakten wissen muss. Hinter diesen Stand von Wissen und Information dürfte keine Diskussion mehr zurückfallen. In dieser hoch verdienstvollen Arbeit wurden allerdings zwei Aspekte nicht ausdrücklich thematisiert, die für eine angemessene und problembewusste Perspektive nicht vergessen werden dürfen: Es wird zum einen nicht diskutiert, welche Auswirkungen die Globalisierung auf das kulturelle Selbstverständnis, einschließlich der philosophischen und religiösen Grundlagen hat; und es wird zum anderen auch nicht eingegangen auf die inzwischen gut vernetzten und global agierenden Protestbewegungen gegen die negativen Wirkungen einer unkontrollierten Globalisierung wie z.B. Attac.

Wenn man unter *Globalisierung* den modernen weltweit wirkenden ökonomischen und informationellen Prozess freien Austausches versteht, von dem enorme wirtschaftliche Wachstumsimpulse für bestimmte Bereiche und eine Steigerung des materielle Wohlstandes aller Menschen erwartet werden, darf man nicht aus dem Blick verlieren, dass die Länder dieser Erde aus unterschiedlich hohen ökonomischen, zivilisatorischen und kulturellen Positionen gestartet sind. Vor allem die technologisch führenden USA haben ein Interesse daran, dass ihre Interessen an Rohstoffen, Absatzmärkten, politischen und militärischen Einflusssphären gesichert und nach Möglichkeit ausgeweitet werden. Dies ist eine Folge des Zusammenbruchs der kommunistischen Welt, die die USA als einzige wirkliche Weltmacht übrig gelassen hat. Ohne alle sonstige Wertung muss man dies als politisches Faktum sehen.

Das Interessanteste ist nun, dass im Prozess des freien Güterverkehrs und der Kapitaltransaktionen die politischen Einflussmöglichkeiten nicht nur der unterentwickelten Staaten, sondern auch der hoch entwickelten Staaten Europas und Asiens massiv beschränkt sind. Es gibt international operierende Konzerne, deren Entscheidungen für ganze Länder wichtiger sind als die Entscheidungen ihrer Regierungen – seien sie demokratisch gewählt oder undemokratisch ins Amt gekommen.

Als politisches und ökonomisches Gegengewicht dazu werden größere internationale Zusammenschlüsse wie die Europäische Union entwickelt, deren latente Konkurrenz der größten Länder zu den USA beim Irak-Krieg 2003 unverkennbar war. Auch wenn der Globalisierungsprozess als weltweit wirkender verstanden wird, bleibt unverkennbar, dass bei aller Dynamik und Entwicklung die Unterschiede zwischen den reichen und armen Ländern eher zunehmen als abnehmen und dass die USA gegenwärtig offenbar den größten Nutzen davon haben.

Auch die islamische Welt hat vom Globalisierungsprozess bisher nicht wirklich profitieren können. Das Öl ist zwar weiterhin das „Schmiermittel" der Weltwirtschaft, aber davon haben die islamischen Völker bisher weniger gehabt als ihre Machteliten. Der Globalisierungsprozess tangiert mit seinen Folgen aber auch die Wertegrundlagen der westlichen Welt insgesamt. In der westlichen Philosophie – von Aristoteles ausgehend, über die christliche Soziallehren formuliert und in den Wirtschaftstheorien und Sozialphilosophien des 18. bis 20. Jahrhunderts weiterentwickelt – galt die Vorstellung, Wirtschaften müsse nicht nur effizient, sondern auch gerecht sein. Wenn man von Chancen der Globalisierung spricht, muss deshalb die Frage mitgestellt werden, welche Chancen das sein sollen. Geht es um ein ökonomisches Projekt? Um Bekämpfung der Armut? Um bessere Gesundheit? Um bessere Bildung für wen? Um mehr Gleichberechtigung? Um sorgsamen Umgang mit der Umwelt? Um die Pflege kulturellen Erbes? Um die Respekt vor der Religion? Um demokratische Strukturen? Um die Beförderung der Selbsttätigkeit? Um die Schaffung von Arbeitsplätzen? Um die Einhaltung wichtiger Werte? Um Überwindung von Unterdrückung, Abhängigkeit und Kriminalität? usw. Denn solche Fragen nicht mitzudiskutieren und nicht mitzuentscheiden, welche Zwecke verfolgt werden sollen, bedeutet, den Nutznießern der Globalisierung noch größeren Vorteil zu verschaffen und den Verlierern keine Perspektiven zu belassen.

Die wichtigste Frage im Globalisierungsprozess lautet: *Wer aus welchem Kulturkreis entscheidet darüber, welche Werte und welche Regeln in einer zukünftigen Welt gelten und welche Ziele angestrebt werden sollen?* Hierbei spielen religiöse Vorstellungen eine größere Rolle als dies allgemein diskutiert wird. Es gibt keinen Kulturkreis ohne religiösen Hintergrund. Das gilt für die christlich geprägten Länder ebenso wie für islamische, jüdische, buddhistische, hinduistische, shintoistische oder konfuzianistische. Auch diejenigen, die behaupten, sie seien agnostisch oder atheistisch, berufen sich auf Transzendentes oder rekurrieren heute sogar auf die Religion wie in der früheren Sowjetunion.

Wer die Globalisierung fördert und weiterentwickelt, ob Wirtschaftskreise oder Regierungen, muss sich mit den religiösen Vorstellungen und den damit verbundenen Wertesystemen und den daraus resultierenden Haltungen auseinandersetzen. Dabei sind zwei Aspekte zu unterscheiden:

1. Sind die Prinzipien der Globalisierung mit den Prinzipien, die die westliche Welt für sich selbst reklamiert und verallgemeinert, vereinbar oder im Konflikt?
2. Sind diese Prinzipien mit anderen Kulturen ganz oder teilweise vereinbar oder im Konflikt mit ihnen?

Sind die Prinzipien der Globalisierung mit den Prinzipien der westlichen Welt vereinbar?

Die Länder, von denen die Globalisierungsprozesse ausgehen und gesteuert werden, berufen sich auf die Deklaration der Menschenrechte und demokratische Prinzipien ihrer politischen Kultur. Zu den Menschenrechten zählen die Unverletzlichkeit der Würde eines jeden Menschen, seine Rechte zur freien Entfaltung seiner Persönlichkeit, Unversehrtheit seiner körperlichen und geistigen Existenz, Freiheit zur ökonomischen und politischen Aktivität, Freiheit des religiösen Bekenntnisses und seiner Ausübung usw.

Es ist selbstverständlich, dass diese Menschenrechte nirgends vollständig verwirklicht sind. Aber die Noch-nicht-Verwirklichung einer Forderung oder eines Ziels darf niemals zur Beseitigung oder Ignorierung führen. In unserem Zusammenhang ist nur interessant zu fragen, ob Prinzipien der Globalisierung im Widerspruch zu diesen Werten stehen oder stehen können. Der Motor der Globalisierung ist das Gewinnstreben; man kann es auch *Nutzenoptimierung* nennen. Dies ist durch die Menschenrechte gedeckt. Wenn diese Nutzenoptimierung allerdings dazu führt, dass elementare andere Menschenrechte verletzt werden, darf sehr wohl nach der Rangordnung der Werte gefragt werden.

Wird die Würde eines Menschen berührt, wenn er seine Arbeit verliert? Doch wohl nicht, wenn er sich eine andere suchen kann. Problematischer wird es schon, wenn man ihn in totale Ausweglosigkeit und Hilflosigkeit bringt. Wird die Würde eines Menschen verletzt, wenn man ihn daran hindert zu lernen? Der isländische Literaturnobelpreisträger Haldor Laxness hielt das für das größte Verbrechen. Ich stimme ihm zu. Es ist zumindest eine Einschränkung der politischen Freiheit, wenn ein Mensch so viel Zeit mit der ökonomischen Existenzsicherung verbringen muss, dass er gar keine Zeit für politische, kulturelle oder andere Tätigkeit mehr erübrigen kann.

Auch in christlich geprägten Ländern fragt man sich, ob es denn mit dem christlichen Menschenbild übereinstimmen könne, wenn das Maß aller Dinge, also auch des Wertes eines Menschen, nur noch die ökonomische Einsatzfähigkeit ist. Aus sich heraus begünstigt der Markt die Starken und benachteiligt die Schwachen, d. h. die Kinder, die Alten, die Behinderten, die Kranken, die Gebrechlichen und manchmal auch die Frauen. Man braucht zu dieser Tendenz Gegenkräfte moralischer, geistiger (oder religiöser) und institutioneller Art (Politik, Gewerkschaften, Kirchen, Öffentlichkeit, unabhängige Justiz).

Nun ist es zweifellos so, dass die Freiheitsgarantie für jeden gelten soll. Das schließt auch die ökonomische ein, die nur begründet eingeschränkt werden darf. Es müssen deswegen allgemein akzeptierte Regeln bestehen, bei deren Verletzung Sanktionen drohen. Es soll so wenig staatlicher Zwang und Einschränkung bestehen wie nötig, und wo sie existieren, sollen sie öffentlich begründet sein. Das beseitigt allerdings informelle familiäre, soziale oder kulturell-religiöse Zwänge noch nicht.

Aber schrankenlose Freiheit kann missbraucht werden. Und in der globalisierten Wirtschaft ist das häufiger zu beobachten. Der ehemalige deutsche Bundeskanzler Helmut Schmidt hat vor wenigen Wochen in einem Aufsehen erregenden Essay vom „Raubtierkapitalismus" gesprochen, in dem die Manager allen Anstand verloren hätten.[3] Große Firmenbetrügereien wie ENRON

---

3 Helmut Schmidt: Das Gesetz des Dschungels, in: „Die Zeit", 4.12.2003, S. 21.

in den USA, PARMALAT in Italien, rücksichtsloses Verhalten gegenüber der Betriebsbelegschaften in Deutschland bestätigen diese Aussage. Es ist ein moralisches Problem, wenn sich Manager für den Verkauf ihrer eigenen Firma mit einer Prämie in Höhe von 60 Millionen DM belohnen lassen und dies für leistungsgerecht halten, wie dies in einem aktuellen Prozess in Deutschland gegenwärtig zu beobachten ist.

Die besinnungslose Zerstörung der Urwälder dieser Welt, das gedankenlose Verschwenden der Ölreserven, die verantwortungslose Haltung gegenüber Mitmenschen und Umwelt (z. B. die Verweigerung der Umsetzung des Abkommens von Kioto), die Ausbeutung unterentwickelter Länder und ähnliche mit den Menschenrechten und den international anerkannten Übereinkommen nicht übereinstimmende Effekte liegen in der inneren Logik globalisierter kapitalistischer Wirtschaftsweise. Sie können auch nur eingeschränkt werden durch eine für die ganze Erde geltende Regierungsweise. Hierher gehört die Debatte um eine „Global Governance". Politische Kontrolle ist die einzige Methode, über die die Rechte aller neu definiert werden können.

Ein zweiter, gleichsam heiliger Wert der Globalisierungsaktivisten ist mit dieser Argumentation berührt. Denn durch die Wirkungsweise und das Vorgehen der Globalisierung werden auch die Selbstansprüche einer demokratischen Regierungsweise infrage gestellt. Demokratische Legitimation geht immer über Parlamente. Diese aber haben immer weniger Einfluss auf das, was wirklich geschieht.

Die Politik in den USA, England, Frankreich, Italien, Deutschland, Japan u. a. ist seit langem gekennzeichnet durch einen massiven Abbau sozialer Schutzrechte. In der Theorie wird das damit gerechtfertigt, dass durch die flexiblere Einsatzmöglichkeit der Menschen mehr Arbeitsmöglichkeiten entstehen. Die Ergebnisse sind nicht überall überzeugend. Die Politik in diesen Ländern scheint in den letzten Jahren gleichsam getrieben, zu Gunsten der Kapitalbesitzer die Steuern zu senken, Vorschriften abzubauen, Dienstleistungen und Vermögen zu privatisieren. Auf internationaler Ebene soll sogar das Wasser privatisiert werden.

Die nationalen Parlamente sind selbst dann, wenn sie es wollten, nicht mehr in der Lage, das ausreichend zu tun, was ihre Wählerinnen und Wähler von ihnen erwarten. Es gibt heute noch kein politisches Instrumentarium, das auf die Kapitalbewegungen im Notfall gültig und wirksam reagieren könnte. Demzufolge gibt es auch kein Instrumentarium, negative Entwicklungen von nationalpolitischer Warte und den Parlamenten aus zu verhindern. Damit ist aber ein Zustand eingetreten, dass sich die kapitalistischen Staaten auf den Weg begeben haben, ihre eigenen Prinzipien zu beschädigen und damit in ihrer Glaubwürdigkeit selbst zu widerlegen.

Die sozialen und politischen Gegenbewegungen, die sich um solche Organisationen wie Greenpeace, Attac, Amnestie International, Terre des hommes oder das Weltsozialforum („Eine gerechtere Welt ist möglich") scharen, machen das Problem deutlich sichtbar, sind aber trotz aller spektakulärer Einzelaktionen insgesamt noch zu diffus, um wirklich als Gegenmacht ernst genommen zu werden.

Es bleibt eine Aufgabe, die Vorteile der Globalisierung zu fördern und ihre Nachteile zu benennen und einzuschränken. Dies ist nur möglich, wenn die vom Westen behaupteten und für ihn als bindend verstandenen Prinzipien im praktischen Handeln auch angemahnt werden.

Zu den Vorteilen der Globalisierung gehört zweifellos die Möglichkeit der Mobilisierung aller menschlichen Ressourcen an Bildung, Intelligenz, Teilhabe und die Übernahme von Verantwortung für sich selbst. Es gilt aber auch genau zu markieren, was man nicht will. Ein Wertesystem gilt nur dann, wenn die Einzelnen es für sich anerkennen. Es ist aber auch nur wirksam, wenn es nicht nur beliebig verstanden wird. Religionen haben mit ihrer transzendenten Berufung auf Gott (nicht nur den christlichen!) die Möglichkeit, näher an die Menschen heranzukommen als jede weltliche geistige Beeinflussung.

In ihrer toleranten Form sind sie daher für die Ordnung dieser Welt und der Globalisierungsprozesse kein Gegensatz, sondern eine notwendige Ergänzung.

Es ist wichtig zu erkennen, dass die Forderung nach mehr Gerechtigkeit und gegenseitigem Respekt auch innerhalb der westlichen Diskussionen eine Rolle spielt und nicht nur als Mahnung von außen existiert.

Sind die Prinzipien der Globalisierung mit anderen Kulturen vereinbar?

Geraten die Prinzipien der Globalisierung schon in den westlichen Gesellschaften in Konflikt mit den diesen Gesellschaften selbst zu Grunde liegenden Prinzipien wie Menschenwürde, Chancengleichheit, soziale Gerechtigkeit, Demokratie u. ä., so ist dies im Zusammentreffen mit anderen Kulturen und Religionen noch dramatischer.

Der kapitalistischen Wirtschaftsweise liegt ein bestimmtes Menschenbild zu Grunde, das seit dem Soziologen Max Weber die „protestantische Ethik" genannt wird. Max Weber sagte: „Einer der konstitutiven Bestandteile des modernen kapitalistischen Geistes, und nicht nur dieses, sondern der modernen Kultur, die rationale Lebensführung auf der Grundlage der Berufsidee, ist [...] geboren aus dem Geist der christlichen Askese."[4]

Kombiniert mit den Beobachtungen von Karl Marx, dass in der menschlichen Arbeit und Intelligenz der Grund für die Mehrung der Reichtümer liegt, wird deutlich, dass bestimmte individuelle Verhaltensweisen notwendig sind, um die kapitalistische Wirtschaftsweise am Leben zu erhalten: Alle Menschen, nämlich Männer und Frauen, müssen auf der Grundlage allgemeiner Kenntnisse und Kompetenzen, die in Schulen erworben werden, fähig werden, ihre Arbeitskraft in den Wirtschaftsprozess einzubringen. Man kann also weder einen hohen Lebensstandard noch eine selbstbestimmte technisch-wissenschaftliche Weiterentwicklung erwarten, wenn man in diesen Prozess, der vom Wettbewerb unterschiedlichster Art gekennzeichnet ist, nicht eingreifen kann. Menschen, die nicht in der Lage sind, sich mangels Bildung und Qualifikation in diesen Prozess einzubringen, werden abhängig oder bleiben es.

Dieser Vorgang führt in den westlichen Ländern selbst zu einem sozialen Ausleseprozess, den man auf der Grundlage ethischer und politischer Vorstellungen so steuern muss, dass er die Schwachen nicht auf Dauer ausschließt. Er führt aber in den so genannten unterentwickelten Ländern Afrikas, Asiens

---

[4] Max Weber: Die protestantische Ethik und der Geist des Kapitalismus, Frankfurt 1993 (erstmals 1904 erschienen).

und Lateinamerikas zu einer Gefahr der Dauerdeklassierung mit unabsehbaren menschlichen, geistigen und politischen Folgen. Dies ist der Stoff, aus dem auch religiöser Fundamentalismus fabriziert wird.

Offenbar sind die Menschen mit buddhistischer, shintoistischer oder konfuzianischer Tradition wie in Japan, Korea, Singapur und China in der Lage, in die arbeits- und organisationsethischen Anforderungen einzusteigen und sich am Globalisierungsprozess zu beteiligen. Auch im hinduistischen Indien gibt es dazu Ansätze, wie das Beispiel Bangalore zeigt, wo High-Tech-Zentren direkt in der Datenverarbeitung weltweit operierender Konzerne und Bürokratien eingespannt sind.

Die genannten Religionen sind in ihren Ansprüchen an geistiger und praktischer Haltung zumindest kein prinzipielles Hindernis für die modernen Anforderungen. Ich kann nicht endgültig beurteilen, welche Rolle der Islam in diesem Zusammenhang spielt. Aber es ist auffällig und alarmierend, dass das kleine Südkorea genauso viel Patentanmeldungen hat wie die gesamte islamische Welt zusammen. Und es ist auch erklärungsbedürftig, warum aus den Ländern mit reichen Ölvorkommen und -exporten so wenig eigene materielle und Wissensproduktion hervorgegangen ist. Amartya Sen, der in England lehrende indische Nobelpreisträger für Ökonomie des Jahres 1998, hat nachgewiesen, dass strukturelle Unterentwicklung (Armut, Krankheit, Analphabetismus, geringe Lebenserwartung u. ä.) nicht nur materielle oder kolonisatorische Gründe hat, sondern auch politische, rechtliche und kulturelle. Sen führt in die ökonomische Theorie wieder moralphilosophische Grundsätze ein, die sich als kritische Anfragen an die gängige, der Globalisierung zu Grunde liegende neoliberale Denkweise verwenden lassen.[5]

Es ist daher zu fragen, warum es in den islamischen und schwarzafrikanischen Ländern nicht gelingt, den selbstbewussten, aus den eigenen Traditionen gespeisten Anschluss produktiv und kreativ zu organisieren. Die terroristischen Anschläge gegen US-amerikanische und andere westliche Einrichtungen

---

[5] Kofi Annan: Gibt es noch universelle Werte?, Rede des Generalsekretärs der Vereinten Nationen zum Thema Weltethos am 12.12.2003 in der Universität Tübingen. Bernhard Schlink: „Die überforderte Menschenwürde" in „Der Spiegel", 51, 2003.

erscheinen nur als hilflose Aggressionen, die keine Perspektive bieten. Mit High-Tech-Waffen, die die eigene Kultur nicht hervorbringt, eine Totalkonfrontation unter Berufung auf religiöse Grundsätze anzuzetteln, ist politisch hilflos und diskreditiert die eigene Religion in der Wahrnehmung der Muslime und der ganzen Welt.

Es ist daher von hohem Interesse zu erfahren, welche kulturellen und religiösen Grundsätze vom islamischen Denken her den Kernbestand ausmachen, der als identitätsstiftend bezeichnet werden muss, und welche Vorstellungen diskutierbar sind, obwohl sie als vom Islam her als unverzichtbar bezeichnet werden. Da sich alle islamischen Staaten und die wichtigsten islamischen Geistlichen zu den Prinzipien der Menschenrechte und der Toleranz bekennen und auch im Iran (trotz des gegenwärtigen Verfassungskonflikts um die Parlamentskandidaturen) von Demokratisierung gesprochen wird, ist hier dringender Diskussionsbedarf.

Fragen der Demokratie sind überlebensnotwendig für die „Eine Welt", in der wir alle leben. Und mich interessiert, wie groß die Schnittmenge islamischer und westlicher Vorstellungen ist, die als gemeinsames Reservoir benutzt werden können im Kampf gegen Ungerechtigkeit, Übervorteilung, Respektlosigkeit, doppelte Moral (wie im palästinensisch-israelischen Konflikt!) und kulturellen Hochmut[6]. Um nur ein Beispiel zu nennen: Aus dem iranischen Kulturkreis stammt einer der erfolgreichsten und höchstangesehenen Ärzte in Deutschland mit weltweitem (in unserer heutigen Sprache: globalem) Ruf, der in Hannover lehrende und praktizierende Neurochirurg Prof. Dr. Madjid Samii. Um wie viel reicher wäre diese Welt, wenn wir aus dem islamischen Raum davon mehr hätten!

Ein äußerst wichtiger Punkt scheint mir die Rolle der Frauen zu sein. Mit dem Westen wird nicht darüber zu reden sein, die erreichten tatsächlichen und rechtlichen Fortschritte in der Gleichberechtigung wieder in Frage stellen zu lassen. Das gilt auch dann, wenn man darauf hinweisen kann, dass es im Iran

---

[6] Claus Offe: Hunger und Rationalität. Mit der Moraltheorie gegen die neoliberale Ökonomie, Frankfurter Rundschau 3.12.1998. Amartya Sen Der Lebensstandard, Hamburg 2000. Amartya Sen: Ökonomie für den Menschen. Wege zu Gerechtigkeit und Solidarität in der Marktwirtschaft, München 2003.

beispielsweise an den Hochschulen verhältnismäßig mehr Professorinnen gibt als in Deutschland. Das ist an diesem Beispiel noch kein Argument für den Iran, sondern eines gegen Deutschland.[7]

Das Entscheidende scheint mir zu sein, ob es aus religiösen oder traditionellen Gründen ernst zu nehmende und zu respektierende Faktoren gibt, individualethische Arbeitsdispositionen kapitalistischer Wirtschaftssysteme grundsätzlich abzulehnen. Welche Rolle spielt beispielsweise der religiös begründete Fatalismus? Gibt es Gründe, Frauen aus religiösen Gründen von ganz bestimmten, für die Berechnung des Bruttosozialprodukts wichtigen Wirtschaftsbereichen auszuschließen? Wem nützen restriktiv ausgelegte Textpassagen des Koran oder der Hadithen?

Wissenschaftliches Denken ist jedenfalls mit dem Koran ohne Weiteres vereinbar, wie die großartigen Denker des Mittelalters wie Avicenna oder Al Biruni oder die großen Mediziner vor mehr als tausend Jahren schon bewiesen haben. Was ist in der Geistesgeschichte des Islam in der Auseinandersetzung mit den innerchristlichen Auseinandersetzungen und der Aufklärung schief gelaufen?

Leider haben wir die Nachbarschaft der christlich-abendländischen Staaten mit den islamischen Ländern seit eineinhalbtausend Jahren nur aus der Konfrontation im kollektiven Gedächtnis behalten. Die Kreuzzüge, die gegenseitigen Grausamkeiten, die Eroberung Konstantinopels, die Bedrohung von Wien sind bei vielen Menschen im Westen präsent. In islamischen Ländern werden die Ereignisse der Kreuzzüge, der Kolonialgeschichte und der Israel-Konflikt als strukturelle Feindseligkeit selbst in den Schulbüchern dargestellt. Die fruchtbaren Begegnungen, die gemeinsamen Wurzeln in der griechischen Philosophie, der Wissenstransfer der Medizin und der Astronomie, manche kulturelle Vorbildhaftigkeit sind verblasst. Es ist notwendig, die Werte der Toleranz, der Friedfertigkeit, der Gleichberechtigung und den gemeinsamen Willen zur Vermehrung der Gerechtigkeit hervorzuheben. Das Gerede mancher christlicher Gemeinschaften von der Mission oder von islamistischen

---

[7] Mechthild Rumpf, Ute Gerhard, Mechthild M. Jansen (Hg.): Facetten islamischer Welten. Geschlechterordnungen. Frauen- und Menschenrechte in der Diskussion, Bielefeld 2003.

Fundamentalisten vom Djihad schwächen das Ansehen und die Anliegen von Christentum und Islam.

Wir brauchen ein starkes Bewusstsein von den substantiellen Glaubensüberzeugungen der jeweils anderen Religionen und eine starke gemeinsame Theorie des Guten, das gelten und werden soll. Jedenfalls sehe ich nicht, dass sich religiöses Denken und Globalisierung prinzipiell widersprechen. Dass es aber so ist und sein wird, dazu muss man etwas tun!

Meine Einschätzung der gegenwärtigen Politik ist, dass sie sich zu wenig Mühe gibt, auf die moralischen Grundlagen ihres Handelns zu rekurrieren und daraus ihre Politik zu begründen. In diesem Sinne habe ich den Eindruck, dass wir es mit einer normativ entkernten Politik zu tun haben. Das gilt auch für Deutschland. Dort, wo dies behauptet wird, wie im Falle des USA-England-Krieges gegen den Irak, ist schnell erkennbar gewesen, dass hier im Gewande des nachvollziehbaren Zorns gegen einen Diktator und für die Menschenrechte durchaus unedle Ziele mitgeführt wurden. Zugleich muss man sehen, dass aus der muslimischen Welt manche moralische Forderung aus dem Koran abgeleitet wird, die bei genauem Hinsehen durchaus sehr politische Interessen kaschiert.

Die Kirche und der große Krieg: 1914 und heute[1]

Der Erste Weltkrieg ist in Deutschland durch die Erinnerung an seinen Beginn vor einhundert Jahren wieder stärker ins historisch-politische Bewusstsein gerückt. Dies wird seiner Bedeutung als „Urkatastrophe des 20. Jahrhunderts" (G. F. Kennan) auch bei uns gerecht, so wie es in England, Frankreich und Belgien immer war. Durch den ungeheuerlichen Charakter des vom nationalsozialistischen Deutschland verursachten Angriffs- und Vernichtungskrieg von 1939 bis 1945 und die lange Aufarbeitungszeit in Deutschland war die Erinnerung an den Ersten Weltkrieg in relative Vergessenheit geraten. Und wo das nicht der Fall war, im unmittelbaren Umfeld historisch interessierter Intellektueller, wurden die aus der Weimarer Zeit bekannten Nachhutgefechte über die „Kriegsschuldfrage" geführt. Das Centenarium lenkt den Blick zurück auf die Gründe, die Umstände der Entstehung, die Komplexität der Bündnismechaniken, auf die Interessenlagen und vor allem auf die geistigen und mentalen Dispositionen der damaligen Zeit.

Vier große historische Bücher haben dazu Wesentlich beigetragen: Christopher Clarks „Die Schlafwandler", Herfried Münklers „Der Große Krieg. Die Welt 1914 – 1918", Gerd Krumeichs „Deutschland im Ersten Weltkrieg" und Jörn Leonhards „Die Büchse der Pandora". Diese vier Bücher bilden den Hintergrund für die zahllosen Erinnerungsveranstaltungen in Schulen, Hochschulen, Museen, Theatern, Erwachseneneinrichtungen, Kongressen, im Internet und Fernsehen etc.

---

[1] Thesen zur Einleitung der Diskussion zur religionspolitischen Relevanz des Ersten Weltkrieges zwischen Prof. Dr. Herfried Münkler und dem Landesbischof der evangelisch- lutherischen Landeskirche Hannover, Ralf Meister, am 20. November 2014 im Kleinen Sendesaal des Funkhauses Hannover

Es ist mir eine große Freude, im Namen der Corvinus-Stiftung einen der vier erwähnten Wissenschaftler, Prof. Dr. Herfried Münkler, hier im Hannoverschen Funkhaus des NDR mit dem Landesbischof der Ev.-lutherischen Landeskirche Hannover, Ralf Meister zum Gespräch begrüßen zu können. Seien Sie beide herzlich willkommen. Wir wollen heute Abend die besondere Aufmerksamkeit auf den religiös geistigen Hintergrund und die Verantwortung der Kirche im Ersten Weltkrieg und die möglichen Lehren lenken.

Vor drei Monaten, am 1. August, bin ich auf dem hiesigen Stöckener Friedhof durch die Reihen der Kriegsgräber des Ersten und Zweiten Weltkrieges gegangen. Einige Tausend Tote liegen dort begraben. Hinter einer Heckenwand befinden sich einige Gräber von Gefallenen des Ersten Weltkrieges aus begüterten Familien, die eigene Grabstelen setzen und selbst gestalten konnten.

Auf einem etwas verwitterten Sandstein entzifferte ich über dem Namen einen Spruch, den ich als christlicher Laie nicht identifizieren konnte, da es keine Quellenbezeichnung gab. So verwunderte mich der etwas selbstbewusste soldatische Ton, der aus dem Text sprach. Er lautet „Ich habe einen guten Kampf gekämpft". Es ist die wörtliche Übernahme aus dem zweiten Timotheusbrief 4,7, in dem Paulus im Rückblick auf seine durch und durch friedliche Missionsarbeit dem Timotheus Ermutigung auch bei schwierigen Situationen zuspricht. Die Propagandaabsicht aus dem Jahre 1916 funktionierte bei mir auch nach fast einhundert Jahren noch.

Den Zeitgenossen war es offenbar selbstverständlich, dass der Soldatentod in unmittelbarer Nähe und Gefolgschaft christlichen Handelns gesehen wurde. Die Identität christlicher Haltung und soldatischen Tuns bis in den Tod hinein gehörte zu den nicht hinterfragbaren Überzeugungen. Der Zeitgeist war erdrückend eindeutig.

Aus fast allen Predigten, die zu Beginn des Ersten Weltkriegs gehalten wurden, und auch den bischöflichen Rahmenvorgaben und -vorschlägen lässt sich entnehmen, dass man den Dienst an Gott und den Dienst am Vaterland gleichrangig sah. Der Hinweis darauf, dass der preußische König auch das geistliche Oberhaupt war und sich von daher eine natürliche Nähe ergab, vermag die Inbrunst des Tones und die Finesse der theologischen Interpretation nicht vollständig zu erklären.

Wenn man sich die Predigten, die neben den Tageszeitungen für die Kirchenbesucherinnen und -besucher gleichsam massenmediale Vermittlungsfunktionen hatten, vergegenwärtigt, dann kann man sich des Eindruck nicht erwehren, dass die kirchlichen – wir reden hier vornehmlich von den protestantischen – Vertreter aus tiefstem Glauben sprachen. Sie schufen sich, den politisch Verantwortlichen und den Soldaten und ihren Familien ein unbeschränkt gutes Gewissen, in den Krieg zu ziehen, andere zu töten und sich selbst töten und quälen zu lassen.

Wie bei fast allen Intellektuellen der Zeit interpretierte man die Kriegsbereitschaft als Kriegsnotwendigkeit. Der Hofprediger Ernst von Dryander sprach am 4. August 1914 in seiner Predigt im Berliner Dom „Im Aufblick zum Vaterland, in dem die Wurzeln unserer Kraft liegen, wissen wir, wir ziehen in den Kampf für unsere Kultur gegen die Unkultur, für deutsche Gesittung wider die Barbarei, für die freie, deutsche, an Gott gebundene Persönlichkeit wider die Instinkte der ungeordneten Masse". Nationalstaat und Gottesreich lagen in diesem theologischen Kopf, wie bei fast allen andern auch, ganz dicht beieinander. Und Friedrich Gogarten, der berühmte Theologe, befand im August 1914 gar, dass „die Schöpfung in unserem Volk am Werk ist." „Die Ewigkeit will deutsch werden". Blasphemie und Hybris können wir heute ohne Weiteres konstatieren. Aber warum konnte man es offenbar damals nicht?

Es ist wohl noch eine andere Beobachtung, die uns heute befremdlich erscheint: Die Friedenszeit seit 1870/71 erschien vielen als weich, schlaff, unmännlich, verführerisch zur Sündhaftigkeit. Um aus einer solchen Befindlichkeit herauszukommen, erschien ein Krieg als christlich-religiöses Erweckungserlebnis, in dem die deutsche Kultur, die man als besonders effektiv und mit seelischem Tiefgang versehen verstand, eine besondere Aufgabe habe. Man war sich nicht zu schade, in diesem Sinne den Krieg als ein Unternehmen der Christianisierung Europas durch Deutschland zu verstehen und ihm damit heilsgeschichtliche Bedeutung anzudichten.

Von den realen, aus der Waffentechnik hervorgehenden Folgen für die körperlichen und seelischen Katastrophen eines modernen Krieges machte man sich keine Vorstellungen.

Es war nicht schwer, aus dieser Grundstimmung die theologische Schlussfolgerung zu ziehen, dass der Opfertod Christi am Kreuz das Vorbild sei für den Tod im Schützengraben. Man konnte nicht verstehen, dass das elende Sterben im Krieg weder etwas mit Christi Botschaft zu tun hat noch das Paradies garantiert.

Die religiöse Verklärung des Soldatentodes ist übrigens die theologische Kehrseite der Rede vom Heldentod. Durch die Demokratisierung des Heldenbegriffs wird aus der säkularisierten außergewöhnlichen Tat eines Einzelnen, die man seit alter Zeit positiv bewertet, die verschleiernde Rede vom sinnlosen Krepieren auf dem Schlachtfeld.

Es kommt nicht von Ungefähr, dass der Tübinger Theologe Theodor von Haering in der Tradition der alten Kreuzzugstheologie davon spricht, dass man zuerst das Schwert ergreifen müsse, um danach das Gute zu verbreiten. Sein Sohn hat zwanzig Jahre später, 1941, ein Buch herausgegeben, in dem er viele seiner Kollegen über das „Deutsche in der deutschen Philosophie" schreiben ließ, von Albertus Magnus über Meister Eckard, Leibniz, Kant, Hegel, Goethe bis Nietzsche. Damit schließt sich ein Kreis. Es bedurfte offenbar nur einer gewissen Zuspitzung und Radikalisierung bereits während des Ersten Weltkrieges gängiger religiöser und philosophischer Überzeugungen, um in das geistige Inferno des Nationalsozialismus und des Zweiten Weltkrieges zu stürzen. Insofern ist auch der Erste Weltkrieg für uns Deutsche der Beginn des Großen Krieges.

Die protestantischen Kirchen haben erst nach dem Zweiten Weltkrieg begriffen, in welche Irrtümer sie verfallen waren. Es gehört zu den tröstlichen Lernerfahrungen, dass es heute eine kraftvolle Friedenstheologie gibt.

Gedanken zur politischen, organisatorischen und geistigen Bewältigung der Flüchtlingsfrage[1]

Es gibt Fragen, die sind so komplex und undurchsichtig, dass es intellektuell unredlich wäre, das zu leugnen. Ich kann deswegen zur Flüchtlingsfrage nur einige Beobachtungen, Informationen und vorläufige Bewertungen formulieren. Da die Materie sehr vielschichtig – „überkomplex" würden die Politologen sagen – ist, kann ich eher assoziativ und kaum durchgängig schlüssig argumentieren.

Historisches

Die bekannte und konstruierte Weltgeschichte ist eine Geschichte der Migration. Nicht nur die Ausbreitung des Menschen aus der afrikanischen Wiege war eine Wanderung. Von der Völkerwanderung will ich gar nicht reden. Dass wir vom Irak bis Marokko heute arabisch als Grundsprache haben, ist das Ergebnis einer Eroberungs- und Wanderbewegung. Die USA, Kanada, Neuseeland, viele afrikanische Länder und sogar asiatische Regionen sind Länder, die ohne Wanderung in ihrer heutigen Gestalt gar nicht existierten, ganz abgesehen davon, dass die weiße Landnahme bis Südamerika hin nur unter entsetzlichen völkermörderischen Gewalttaten vollzogen worden ist. Von etwa 1820 bis 1914 sind allein mehr als 60 Millionen Europäer ausgewandert.

---

[1] Vortrag auf der Festveranstaltung der Stiftung Marienwerder auf dem 13. Stiftungstag am Sonntag, den 25. Oktober 2015 in der Klosterkirche Hannover-Marienwerder

Auch die Deutschen kennen das:
- friedliche Auswanderung nach Russland,
- religiös motivierte Vertreibungen der Hugenotten aus Frankreich in verschiedene deutsche Regionen,
- Vertreibung der Salzburger Protestanten unter dem Signum des *cuius regio, eius religio*,
- politisch motivierte Auswanderung nach der französischen Revolution, nach der Revolution von 1848 (Schurz u. a.) nach Amerika,
- wirtschaftlich motivierte Auswanderung im Zuge der Industrialisierung, als mit der wachsenden Bevölkerung (Medizin) nicht mehr genügend Arbeitsplätze angeboten wurden (soziale Frage des 19. Jahrhunderts).

Deutschland hatte im 20. Jahrhundert – und damit kommen wir in die Zeit noch lebender Erinnerung bis in die Gegenwart – sechs Mal eine Millionenwanderung zu verzeichnen:
1. Von 1939 bis 1945 haben in Deutschland mehr als zehn Millionen Zwangsarbeiter und Zwangsarbeiterinnen dafür sorgen müssen, dass die deutsche Wirtschaft bei der Rekrutierung von bis zu fünfzehn Millionen deutschen Männern für den Krieg überhaupt aufrechterhalten werden konnte. Über die teilweise grausigen Zustände in den Arbeitsstätten und Aufenthaltsorten ist viel geschrieben worden (z.B. in Hannover-Marienwerder die Firma VARTA). Auf dem Lande sah es häufig differenzierter aus. Dort sprach man gern von Fremdarbeitern statt Zwangsarbeitern. Sozialpsychologisch scheint mir interessant, dass die deutsche Bevölkerung kein moralisches Problem damit hatte, dass hier Zwangsarbeit existierte und die Betroffenen, sofern sie nicht umgekommen waren, unmittelbar nach dem Krieg wieder in ihre Heimatländer zurückkehrten.
2. Von 1944 bis Mitte der 1950er Jahre flüchteten vor der Roten Armee oder wurden vertrieben mehr als zwölf Millionen Deutsche aus Ostpreußen, Pommern und Schlesien sowie aus vielen deutsch besiedelten Gebieten anderer Länder. Ihre Aufnahme in den Besatzungszonen und später der Bundesrepublik (und DDR, dort Umsiedler genannt) war keineswegs freundlich, auch wenn sie dieselbe Sprache sprachen, dieselbe Religion hatten, diesel-

be Kultur repräsentierten und dieselbe Geschichte und Verantwortung hatten. Nach dem personellen Aderlass durch den Krieg (fünf Millionen Soldaten, eine Million Bombenopfer, etwa zwei Millionen Vertriebene) ist der wirtschaftliche Aufstieg der Bundesrepublik Deutschland ohne diese ständig um ihre Existenz und Anerkennung ringenden Flüchtlinge und Vertriebenen gar nicht erklärbar. Die Vertriebenen lebten teilweise länger als zehn Jahre in Behelfslagern, bevor sie eine eigene Wohnung oder ein Haus beziehen konnten. Sehr lange wirkten auch die Zwangseinweisungen in Wohnungen, da die Wohnraumkapazitäten durch Kriegseinwirkungen vernichtet waren oder nicht ausreichend ausgelastet erschienen.

3. Von 1949 bis 1961 sind etwa zwei Millionen Deutsche aus der DDR in die Bundesrepublik geflüchtet, weil sie den politischen Druck nicht aushalten wollten oder sich wirtschaftlich eine andere Existenz erhofften. Es gab Wochen, in denen sich in Westberlin täglich mehr als dreitausend Flüchtlinge meldeten. Auch sie, die häufig gut ausgebildet kamen, haben ihren Anteil am sog. Wirtschaftswunder. Im Übrigen verzögerten sie die Reform des Bildungswesens in der Bundesrepublik um etwa zehn Jahre dadurch, dass man gut Ausgebildete schnell in den Arbeitsmarkt integrieren konnte.

4. Seit den 1960er Jahren kamen etwa zehn Millionen Gastarbeiter aus den südeuropäischen Ländern, Jugoslawien und vor allem aus der Türkei, von denen etwa zwei Millionen hier blieben. Heute leben vorwiegend in West-Deutschland etwa vier Millionen Menschen, die entweder einen unmittelbaren Migrationshintergrund (erste Generation) oder Eltern mit Migrationshintergrund (zweite Generation) haben. Wegen der unentschlossenen Betroffenen (sie wollten in großer Zahl nach ihrer Arbeit wieder in ihre Heimatländer) und der mangelnden politischen Klarheit der Bundespolitik, was denn die dauernde Anwesenheit von Gastarbeitern für die substantielle Integration erfordert, leiden wir bis heute an diffusen und teilweise absurden Auffassungen darüber, ob wir ein Einwanderungsland seien oder nicht. Jedenfalls ist bei den hier ständig Gebliebenen die Integration nicht immer geglückt und bei manchen sogar in der zweiten und dritten Generation nicht einmal angestrebt. Vor allem gläubige Muslime und viele aus der Türkei im Wege der Familienzusammenführung nach Deutschland

Gekommene zeigten sich zurückhaltend. Sich nicht ausreichend um sie gekümmert zu haben, müssen sich alle politischen Parteien vorwerfen lassen.

5. Mit dem Beginn der Gorbatschow-Reformen und nach dem Zusammenbruch der kommunistischen Welt und der Einheit Deutschlands kamen aus den Gebieten der ehemaligen Sowjetunion und den Ländern Ost- und Mitteleuropas nach 1988 mehr als drei Millionen Spätaussiedler, die kontingentiert, nicht chaotisch in die Bundesrepublik einreisten, als Deutsche anerkannt wurden und arbeitsmäßig und im Bildungssystem schnell Fuß fassten. Ihre kulturelle und sprachliche Integration dauert noch an, zumal manche Familien mit Vorstellungen eines altertümlichen Deutschlands kamen und Schwierigkeiten mit dem Lebensstil haben. Dass wir die große Zahl relativ emotionsfrei und ohne Aggression in den Integrationsprozess haben bringen können, liegt auch daran, dass ihre Zahl begrenzt und damit organisatorisch beherrschbar schien.

6. Eine kleinere Wanderungsbewegung, die aber mit der heutigen Situation strukturell vergleichbar ist, waren die Flüchtlingsströme aus dem auseinanderbrechenden und in Bürgerkriege fallenden Jugoslawien bis zum Friedensvertrag von Dayton 1995. Dazu kamen Flüchtlinge aus einigen muslimischen Ländern sowie ausländische Arbeiterinnen und Arbeiter aus DDR-Zeiten. Mit ihnen sind allerdings auch einige der schlimmsten fremdenfeindlichen Ausschreitungen verbunden wie in Solingen, Mölln, Hoyerswerda, Rostock.

Wir stehen seit nunmehr knapp zwei Jahren inmitten einer neuen Wanderungsbewegung, deren Ursachen vielfältig und absehbar waren und in ganz Europa zur Verunsicherung und teilweise Ratlosigkeit führt. Die regellose und nicht steuerbare Fluchtbewegung aus dem Nahen Osten, aus Afrika und aus Pakistan/Afghanistan sowie aus dem nicht zur EU gehörenden Ländern des ehemaligen Jugoslawien und Albanien hat eine noch komplexeres Ursachengeflecht und Struktur als alle bisherigen Fluchtbewegungen.

Ethisches

Wir sind gefordert, unsere ethischen Überzeugungen neu zu reflektieren oder überhaupt erst wieder bewusst zu machen. Angesichts unvorstellbaren Elends auf den Fluchtstrecken, untergegangener Fluchtboote, traumatisierter Frauen, Kinder und Männer, jetzt aufkommender Kälte und konkret angebbarer Verzweiflung wird unsere ganze Empathie und unser Mitgefühl aufgerufen. Christlich denkende und fühlende Menschen berufen sich auf das Erfordernis der Barmherzigkeit. Die Bibel kennt mehrere Aufforderungen, den Fremden, den Flüchtling, den Hilfsbedürftigen zu helfen. Die biblische Jahreslosung für 2015 heißt in diesem Jahr: „Nehmt einander an, wie Christus euch angenommen hat zu Gottes Lob" (Römer 15,7).

Aber auch der normal ethisch Empfindende drückt Mitgefühl aus und urteilt eindeutig. Die Fremden zu unterstützen trifft auf unser Gerechtigkeitsgefühl und die Bereitschaft zu helfen. Dies ist ehrenhaft. Denn es findet die Unterstützung im Grundgesetz, das die Unverletzlichkeit der Würde eines jeden Menschen (nicht nur eines Deutschen) verlangt.

Beim zweiten Hinsehen sehen wir, dass bei den bestehenden Ungerechtigkeiten in unserer bisherigen Gesellschaft die zusätzliche Barmherzigkeit kollidieren kann mit anderen Hilfsbedürftigen. Das Gerechtigkeitsgefühl impliziert immer auch die Frage nach der fairen gleichen Aufmerksamkeit und Achtsamkeit für alle. Konflikte sind vorprogrammiert, zunächst grummelnd, schließlich aggressiv: Es ist gerecht, den hilfesuchenden Flüchtlingen zu helfen. Es ist genauso gerecht, diese Hilfe nicht zu Lasten anderer Hilfsbedürftiger zu gewähren. Wir befinden uns in einer dilemmatischen Situation. Dies hätte bereits seit Langem thematisiert und kommuniziert werden müssen, um eine Eskalation zu verhindern. Sie ist der Grund für wildeste Spekulationen und Verdächtigungen bis hin zu rechtsradikalen Vokabeln.

Das macht es nicht überflüssig, darüber nachzudenken, ob unter den Flüchtlingen nicht auch ungerechtfertigte Bewerber sind. Die Debatte um die sogenannten sicheren Herkunfts- oder Drittländer gehört hierher. Hinter dieser Frage steht das Verständnis unseres Menschenbildes. Niemand kann davon ausgehen, dass es nur gute Charaktere gibt. Wir müssen vielmehr davon ausgehen, dass die Ambivalenz menschlicher Existenz in jedem steckt. Deswegen muss man eine Sprache finden, die es möglich macht, den existentiell Bedrohten mit Respekt und Hilfsbedürftigkeit entgegenzukommen, aber denen, die offensichtlich zu Lasten dieser Menschen ihre Geschäfte machen wollen (Schleuser, Kriminelle, verantwortungslose politische Reden, Ausnutzung unserer Rechtslage [Ghanaische Frauen]) entschieden entgegenzutreten. Mit einem nur positiven oder negativen Menschenbild zu hantieren, ist naiv und versperrt den rationalen Zugang zu rational und vermittelbar zu lösenden Problemen.

Auch die Frage nach der gerechten Verteilung innerhalb einer Kommune oder eines Landkreises gehört hierher. Es gibt keine pauschalen Antworten. Der Gestus aller bisherigen Politik, man habe alles im Griff, ist offensichtlich gescheitert. Es geht nicht nur um Entscheidungen, sondern um Überzeugungen und Akzeptanz. Und ohne begriffliches Rüstzeug wirkt politische Rede kraftlos und steril. Sie höhlt sich selber aus, wenn sie den Umfang des Problems in materieller und zeitlicher Hinsicht nicht thematisiert.

Politisches (Staatsverständnis, Europa, ethische Verfassungsnormen)

Wir sind seit 1990 erstmals in Europa wieder vor die Frage gestellt, was unser Staatsverständnis eigentlich ausmacht. Das aus Jahrhunderten entstandene Europa der Nationalstaaten hatte im 20. Jahrhundert die repräsentativen Demokratien, in der Weltkriegszwischenzeit auch faschistische und bis 1990/1991 „realsozialistische" Staaten mit diktatorischem und totalitärem Charakter hervorgebracht. Es ist uns immer selbstverständlich gewesen, dass die Völker in freier Selbstbestimmung über ihre politische Struktur entscheiden sollten, dies in definierten und anerkannten Grenzen, mit definierter Staatsbürgerschaft und eigenen Staatsverfassungen und Gesetzgebung.

Eine der tragenden zivilisatorischen Leistungen des Rechtsstaates ist, dass das Gewaltmonopol beim Staat liegt und jeder vor Unrecht und Willkür geschützt werden soll. In diesem Sinne wird dem Staat vertraut, dass er die Sicherheit aller garantiert und nachvollziehbare Ordnungsstukturen verankert.

Das gilt in Deutschland hinsichtlich der staatlichen Ordnung (Bund, Länder und Gemeinden mit ihren jeweiligen Behörden und Institutionen). Das gilt auch für die in diesem Rahmen agierenden zivilgesellschaftlichen Verbünde (Kirchen, Gewerkschaften, Freie Wohlfahrtsverbände u. a.)

Mit dem zusammenwachsenden Europa und seinen Institutionen sowie der Menschenrechts-Charta sind einige dieser Grundprinzipien auf ihre Berechtigung hin zu verifizieren. Das Recht auf Asyl bei nachgewiesener politischer Verfolgung ist gerade für die Deutschen nach den Erfahrungen des Nationalsozialismus ein unaufgebbares zivilisatorisches Ergebnis. Wir haben es als befreiend empfunden, dass die Grenzen durchlässig wurden, die Reisefreiheit garantiert war und innerhalb der EU Niederlassungsfreiheit besteht. Deutschland hat davon am meisten profitiert – wirtschaftlich und geistig.

Mit dem Auftauchen von Hunderttausenden, vielleicht von Millionen Menschen aus Krisengebieten an unseren Grenzen, für deren krisenhafte politische Entwicklung sich die europäischen Länder und Deutschland (noch) nicht verantwortlich fühlen, werden fast alle diese Prinzipien berührt: Für wen gilt das Asylrecht? Ist wirtschaftliche Not ein Asylgrund? Wenn nein, wie will man der erkennbaren Not abhelfen? Sind die Grenzen so gestaltet, dass sie nicht massenhaft ignoriert werden können? Wie stehen wir zu der sich verschärfenden Praxis der Abschiebung, die seit gestern gilt? Was ist eigentlich zumutbar für ein Land und eine Bevölkerung? Wovon ist Zumutbarkeit eigentlich abhängig? (Information, Gewöhnung, Einsicht, Veränderung von Perspektiven usw.) Wer bestimmt über Grenzen? Darf man in Deutschland nach 40 Jahren Grenze und Mauer überhaupt an Mauern denken? (*Focus*, 17.10.2015) Könnte man Mauern eigentlich ohne Schießbefehl wirksam schließen? Wie viel Souveränität und Selbstbestimmung muss in dieser Frage relativiert werden?

In der Flüchtlingsfrage steht unser Grundvertrauen in die Leistungserwartung staatlicher Institutionen zur Debatte. Da sich in den letzten Monaten der Eindruck von Hilflosigkeit der politisch Verantwortlichen breit gemacht hat, gibt es einen Resonanzboden für nationalistisch- völkische Bewegungen und autoritäre Sentiments nicht nur in Deutschland, sondern in ganz Europa.

Auch in europäischen demokratischen Gesellschaften muss man lernen, dass es unvorhersehbare Entwicklungen geben kann, auf die man mit politischen Entscheidungen nur begrenzt endgültig reagieren kann. Unsere lieb gewordene Vorstellung, dass man alles vorhersehen und planen kann (Haushaltspläne z. B. sind der feststehende finanziell unterfütterte Handlungsplan für eine kalkulierbare Zeit).

Dies ist in dieser Frage nicht mehr gewährleistet. Wenn das so ist, müssen wir lernen, die Unwägbarkeit bewusster im Auge zu haben und nicht in Panik oder unmenschliche Reaktionen verfallen. Das setzt Ehrlichkeit und Klarheit voraus, ein Erfordernis, das bei der taktischen Sprache unserer Politik häufig vernachlässigt wird, nicht aus moralischer Niedertracht, sondern aus taktischem Kalkül und Angst, und manchmal auch aus Unerfahrenheit im Umgang mit unvorhergesehenen und bisher als unvorstellbar geltenden Situationen.

Zivilgesellschaftliches

Schneller und unmittelbarer haben große Teile der Gesellschaft konkrete Notlagen realisiert. Ohne das zivilgesellschaftliche Engagement sähe vieles viel schlimmer aus. Die Strukturen des deutschen professionellen, halbprofessionellen und ehrenamtlichen Katastrophenwesens (Feuerwehren, THW, DRK, Malteser, Johanniter, ASB, Vereine, Organisationen, zuletzt auch Bundeswehr, Polizei) haben eine effektive Hilfestruktur aufgebaut. Diese existiert unterhalb oder subsidiär zu den staatlichen Personalkörpern der Verwaltungen, der Polizei und der Bundeswehr. Feste zivilgesellschaftliche Strukturen wie Kirchen, Vereine, Institutionen sind schnell zu Hilfen bereit. Allerdings ist diese für zeitlich begrenzte Aktionen ausgelegt wie bei Naturkatastrophen, aber nicht auf Dauer. Dies überfordert wirklich physisch, psychisch und die Arbeitgeber auch finanziell.

Dennoch muss man sagen, dass der ehrenamtliche Unterbau der Gesellschaft stabil ist und eine anerkennenswerte Seite der gesellschaftlichen und ethischen Entwicklung Deutschlands zeigt. Hierzu gehören auch die in Ballungsgebieten bestehenden Integrationsräte, freiwilligen Hilfsangebote zu karitativer oder sprachlicher, medizinischer oder begleitender Tätigkeit.

Rechtliches

Dreh- und Angelpunkt aller Diskussionen bleibt die Frage nach legalen Einwanderungsmöglichkeiten. Das Asylrecht hat eine zentrale Funktion. Alle demokratischen Parteien verteidigen den Kern dieses Rechts. Allerdings verbreiten viele Unklarheiten auch Unsicherheiten: Es gibt unscharfe Grenzen, was politische Verfolgung ist. Gehört der afghanische Dolmetscher dazu, der der Bundeswehr geholfen hat und der um sich und seine Familie fürchten muss? Gehört dazu ein Arzt, der in einem Krankenhaus auch Leute behandelt hat, die politisch bekämpft werden? Hat ein Asylberechtigter ein Anrecht darauf, seine oft ganz große Familie nachkommen zu lassen? Wie hoch ist das Recht auf Familienzusammenführung einzuschätzen? Wie geht man mit allein reisenden Flüchtlingen um, die unter Aufbietung aller finanziellen Mittel ihrer Familien oder Dorfgemeinschaften aus dem Elend entkommen wollen? Wie gewaltförmig sollen die Abschiebungen sein dürfen?

Kann man weiter so großzügig mit dem eigentlich außerhalb der Rechtsnormen stehenden Kirchenasyl umgehen?

Kulturelles

Im Gegensatz zu den Flüchtlingsströmen der Nachkriegszeit und den Spätaussiedlern haben wir es heute mit den Flüchtlingen aus Syrien, dem Irak, Afghanistan oder anderen muslimischen Ländern mit kulturell viel fremderen Menschen zu tun. Ihre unmittelbare existenzielle Not, die uns zu Hilfsbereitschaft veranlasst, berührt natürlich deren Selbstverständnis nicht.

Wer aus Ländern der Verfolgung kommt, kann mit unseren Grundrechtsanforderungen häufig nichts anfangen. Problematisch werden manchmal die europäischen Rechte der Gleichberechtigung von Mann und Frau, des Misshandlungsverbots von Kindern, der Rolle der Religion als Privatsache, der Vorstellungen von Ehre, der Chancengleichheit für alle u.a. Aber auch tägliche Lebensselbstverständlichkeiten können problematisch werden, ohne dass man Schlechtes dabei denken müsste wie z. B. Kleidungs- oder Essgewohnheiten.

All diese Alltäglichkeiten sollte man nicht skandalisieren, sondern auf Klarheit pochen. Es ist ein guter Vorschlag, manche Dinge einfach sehr früh in den Aufnahmeeinrichtungen den Flüchtlingen auszuhändigen, um ihnen deutlich zu machen, worauf sie Rücksicht nehmen müssen oder was wir nicht tolerieren können. So ist es hilfreich, darauf hinzuweisen, dass man in Deutschland stundenlang im Zug sitzen kann, ohne mit den Mitreisenden zu reden und dass dies nicht unhöflich ist. Oder ein freundlicher Blick bei einem Gruß ist in Deutschland kein Flirtversuch, wie es häufig alleinreisende Männer aus Afrika oder muslimischen Ländern verstehen.

Genauso ist unmissverständlich darauf zu pochen, dass diskriminierende Haltungen und Äußerungen gegenüber Frauen nicht toleriert werden (Verweigerung der Essensannahme von Frauen, weil diese unrein seien). Frauen beim Gruß nicht die Hand zu geben, weil diese unrein seien, gilt in Deutschland als grobe Unhöflichkeit.

Die Frage, was Toleranz gegenüber kultureller Vielfalt und was Integration und was Anpassung ist oder sein muss, muss immer neu ausgehandelt werden. Die Werte des Grundgesetzes sind nicht diskutabel, aber Gewohnheiten und Lebensformen unterliegen einem Wandel. Es ist zu bezweifeln, dass in dieser Hinsicht genügend Kenntnis bei großen Teilen der deutschen Bevölkerung vorhanden ist, es ist aber auch deutlich zu machen, dass die Werte des Grundgesetzes für die Ordnung der Bundesrepublik Vorrang vor Bibel oder Koran haben.

Neue Medien

Rupert Neudeck hat darauf hingewiesen, dass die Neuen Medien als Fluchtbeschleuniger dienen. Fast alle Flüchtlinge haben Smartphones, mit denen sie Kontakt zu ihren Verwandten oder anderen Personen halten. Sie sind aber zugleich das Vehikel, unmittelbar Informationen aus den Zielländern zu erhalten. Wenn, wie durch die unklare Sprache, der Eindruck entsteht, dass man in Deutschland wahllos willkommen sei und alles Mögliche zur Verfügung gestellt bekommt, verbreitet sich dies wie ein Lauffeuer unter bedrängten Menschen und verstärkt noch einmal die Fluchtbereitschaft.

Man muss allerdings sagen, dass heute nicht nur unmittelbar Bedrängte kommen, sondern viele durch eine unspezifische Rede von Willkommen und Arbeitsmöglichkeiten die Lager in der Türkei oder dem Libanon verlassen und sich auf den Weg machen. Das Gleiche gilt für die Armutsflüchtlinge aus dem Balkan. Durch die mangelnde finanzielle Unterstützung der Lager durch die UN (und die Länder, auf die sie angewiesen sind) und die dadurch vergrößerte Not wird dieser Prozess zusätzlich beschleunigt.

Religiöses

Seit den 1990er Jahren diskutieren wir verstärkt über die Bedeutung und Funktion von Religion im politischen Raum. Ausgelöst ist diese Frage auch dadurch, dass durch das Scheitern sozialistischer und quasisozialistischer Staaten (Irak, Syrien, Ägypten, Libyen) islamische Gesellschaften bei vielen der Islam als eigentliche Quelle von Zuversicht und Frieden erschien. Durch die enorme Wirkung globalisierter Märkte mit dem säkularen kapitalistischen Gestus erschienen westliche Werte wie Demokratie und Menschenrechte als unglaubwürdig und die Identität muslimischer Menschen bedroht. Die USA wurden als Vormacht das Haupt-Aggressionsobjekt. Der 11. September 2001 war der signifikante Ausdruck dafür. Diese Entwicklung ist noch in vollem Gange.

Als sich in den langen desaströsen Folgen des zweiten Irak- Krieges 2014 der IS-Staat mit seinem weltweiten kalifatischen Anspruch auf Beherrschung der gesamten sunnitischen Welt proklamierte und mit bisher nicht vorstellbarer völkermörderischer Wucht und fundamentalistischer archaischer Koran-Auslegung agierte, stellte sich im Westen, auch in Deutschland, eine erhöhte angstbesetzte Sicht gegenüber dem Islam ein.

Dadurch, dass auch in Deutschland die islamischen Verbände nicht glaubhaft machen konnten, dass die gewaltmäßige und unbarmherzig unhistorische Auslegung des Korans unislamisch ist, konnte sich eine breite Ablehnungswelle gegenüber dem Islam ausbreiten. Die Beteiligung deutscher Konvertiten und hier aufgewachsener Muslime der dritten Generation am IS-Terror und Anschlägen scheinen täglich diesem Gefühl Bestätigung zu geben. Das Auftreten der Salafisten, die kulturbarbarischen Zerstörungen in Palmyra oder Mossul, die Versklavung von Frauen unter Berufung auf den Koran haben in Deutschland dazu geführt, dass der Islam fast nur noch in seiner gewaltförmigen Gestalt und damit als Gefahr wahrgenommen wird. Nur deswegen ist es möglich, dass ausgerechnet in Regionen, in denen der Anteil kirchlich christlich gebundener Menschen unter zwanzig Prozent liegt, eine Bewegung gegen die „Islamisierung des Abendlandes" entstehen konnte.

Die Einwanderung und mögliche Asylgewährung oder Duldung einer großen Zahl von Muslimen im Zuge der gegenwärtigen Krise muss diesen Aspekt berücksichtigen. Hier ist auch unter der deutschen Bevölkerung viel mehr Aufklärung vonnöten und den hier agierenden Islamverbänden mehr abzufordern. Toleranz ist nicht kenntnislose Duldung des Fremden, sondern Anerkennung des Andern im Bewusstsein dessen, was für mich selbst unverhandelbar und was nicht zu tolerieren ist.

Organisatorisches

Es ist erstaunlich, wie unkoordiniert und dilettantisch die absehbare steigenden Flüchtlingszahlen organisatorisch behandelt werden. Seit Monaten erleben wir ein unwürdiges Gefeilsche zwischen Bund, Ländern und Kommunen über finanzielle und personelle Maßnahmen und Zuständigkeiten. Der Eindruck der Hilflosigkeit macht sich breit.

Mir hat gestern der stellvertretende Kommandeur des Landeskommandos erzählt, dass er häufig spät abends die Mitteilung erhält, dass gerade ein Zug mit 700 oder 800 Menschen von der bayerischen Grenze in Marsch gesetzt wurde, die in sechs oder sieben Stunden in Niedersachsen eintreffen würden. Es muss innerhalb weniger Stunden entschieden und vorbereitet werden, wohin sie zur Registrierung gebracht werden sollen. Unterwegs verschwinden etwa zehn Prozent, die sich auf eigene Faust einen Weg suchen, unregistriert und unkontrolliert. Das sind natürlich unhaltbare Zustände.

Wir können feststellen, dass sich auch die Länder- und Kommunen aufopferungsvoll um tragbare Lösungen bemühen, obwohl sich die Situation seit einem Jahr dramatisch zuspitzt und manche Unzulänglichkeiten zu Tage gefördert wurden.

Sie haben in der vergangenen Woche erlebt, dass sehr schnell in einem leerstehenden Industrie-Hallen-Komplex in Garbsen ein neues Durchgangslager für mehrere Tausend Flüchtlinge eingerichtet wird. Der Prozess ist nicht zu Ende.

Ängste und Vorbehalte

Machen wir uns nichts vor. Es ist nicht rechtsradikal, wenn Menschen Angst haben oder skeptisch sind. Frauen fürchten um ihre Sicherheit, Hausbesitzer fürchten um den Wert ihrer Immobilie, Schulen haben Angst, ihren Bildungsauftrag nicht erfüllen zu können, sozial Schwache schauen mit Unverständnis auf manche Gratifikation, alleinstehende Männer werden als Gefahr gesehen, Unausgebildete als Schmarotzer, bei ungesteuerter Zuwanderung erscheinen Zwangseinweisungen oder Beschlagnahme von Wohnraum nicht mehr ausgeschlossen usw.

Die vielen Vorurteile, die dabei mitschwingen, muss man zurückweisen. Was man aber zu Recht erwarten kann, ist eine Politik, die auch über die unmittelbare Notbewältigung hinaus eine Perspektive eröffnet, an der man sich ausrichten kann.

Strukturell übergeordnete Erfordernisse

1. Natürlich bleibt es eine aktuelle Hauptaufgabe der Großmächte, den Bürgerkrieg in Syrien möglichst schnell zu beenden und nach einer tragfähigen Lösung des zerfallenden Machtgefüges im Nahen Osten zu suchen. Die Schwierigkeit dieses Unternehmens haben Sie in der letzten Woche gesehen, als die russische Regierung begonnen hat, in Syrien militärisch zu intervenieren. Die Hilflosigkeit deutscher Diplomatie war dem Gesicht des deutschen Außenministers in Teheran und Riad anzusehen.

2. Die deutsche und europäische Afrika- Politik muss sich darauf konzentrieren, in den afrikanischen Ländern eine Entwicklungsstruktur aufzubauen, die es den korrupten Eliten nicht ermöglicht, sich daran zu bereichern, sondern den Menschen eine Bildung- und Arbeitsperspektive in Afrika verschafft (z. B. außerbetriebliche Ausbildung u. ä.). Sonst geschieht genau das, was der spätere NDR- Intendant Martin Neuffer, der einst hier in Marienwerder lebte, prognostiziert hat: dass eine wirklich Völkerwanderung von Afrika nach Europa einsetzt („Die Erde wächst nicht mit" München 1982).
3. Deutschland braucht dringend ein Einwanderungsgesetz, damit endlich Deutschland selbst entscheiden kann, wen es unter eigenen Interessen einwandern lassen will. Das muss unbeschadet der Asylgarantie bei staatlicher Verfolgung geschehen.
4. Es bedarf einer europäischen Entwicklungspolitik, damit die entwicklungsverzögerten Länder in Europa selbst(Balkan) mit den europäischen Geldern auch tatsächlich Strukturreformen durchführen und beispielsweise den Sinti und Roma eine wirkliche Lebensperspektive zu geben.

Aktuelle Empfehlungen

1. Sichtbare und verbesserte Koordinierung aller staatlichen Ebenen und der ehrenamtlichen Möglichkeiten unter Einschluss der finanziellen Perspektive, wobei die Grundbedürfnisse (Unterbringung, Wohnung, Spracherwerb, Bildung und Ausbildung, Arbeit und kulturelle Integration) zu lösen sind.
2. Entemotionalisierung der Debatte, weil sie die rationale Bearbeitung der Probleme erschwert.
3. Präzisere Sprache im politischen und gesellschaftlichen Diskurs (z. B. Zwiespältigkeit und Missverständlichkeit des Begriffs der „Willkommenskultur" oder des Euphemismus „Wir schaffen das" oder der voluntaristischen Attitüde „Ich spreche von Mut und nicht von Angst" usw.).
4. Betonung der Wertegrundlagen für die Behandlung der Flüchtlingsfrage (Asylpräzisierung, Überschaubare Angebote für Wohnung, Arbeitsintegration, schulische Angebote für Kinder)

5. Aufklärung gegenüber den Flüchtlingen über die Anforderungen und Regelungen in Deutschland unter Einschluss der möglichen Abschiebung.

Schlussbemerkung

Als vor sieben Jahren dem internationalen Bankensystem durch betrügerische Spekulationen fast aller Großbanken der westlichen Welt der Kollaps drohte, war es möglich, zur notwendigen Rettung ins Strudeln geratener Banken in Deutschland innerhalb einer Woche mehr als 400 Milliarden Euro durch alle Gremien hindurch zu beschließen. Es war ein Moment der Entblößung der realen Machtverhältnisse. Angesichts von gegenwärtig 60 Millionen Flüchtlingen auf der Welt und der sichtbaren humanen Katastrophe streiten wir monatelang um einige Millionen. Wir leben offenbar in einer Welt, in der die Sicherung der großen Geldinstitute und ihrer Interessen effektiver durchgesetzt werden kann als die Grundbedürfnisse von Millionen von Menschen. Der Schutz von Waffenlieferungen ist geregelter als der Schutz von Menschenleben. Ich halte das für obszön, ohne in billige Kapitalismuskritik zu verfallen.

Solange europäische Länder glauben, sie könnten unabhängig von den Ursachen des Weltelends nationalistisch agieren, entlarvt sich der europäische Wertehorizont als brüchig und als Phrase. Natürlich wäre es unsinnig, alle Mühseligen und Beladenen dieser Welt nach Europa oder Deutschland zu lassen. Selbst wenn man das machte, käme das Gegenteil von dem heraus, was intendiert wäre. Es wäre ein realdialektischer Prozess. Aber an der Verbesserung von Bedingungen mitzuarbeiten, die es verhindern, dass Menschen glauben, in anderen Ländern ihr Heil zu suchen, ist eine gemeinsame Aufgabe. Das bedeutet auch, dass man den Menschen aus diesen Ländern abverlangt, für die Verbesserung ihrer Länder zu streiten und nicht nur ihr persönliches und familiäres Heil in der Flucht zu suchen. Wer z. B. hier studieren kann und unsere Hilfe einschließlich von Steuergeldern dafür in Anspruch nimmt, hat eine Bringschuld, seine Kenntnisse zu Hause anzuwenden. Das gilt auch unabhängig davon, ob wir diese Menschen in unserer Wirtschaft gebrauchen können.

Wie viel Russland verträgt Europa – wie viel Europa braucht Russland?[1]

Als wir im Kuratorium der Corvinus-Stiftung über die heutige Veranstaltung sprachen, waren sich noch fast alle Medien einig, dass man im Gefolge der undurchsichtigen Einmischung Russlands in der Ukraine und der völkerrechtswidrigen Annexion der Krim das von Wladimir Putin geführte Russland als gefährliche potentiell aggressiven Staat betrachten müsse. Ängste in den baltischen Staaten und Polen führten mit Begleitung konservativer amerikanischer Kreise zu kriegsnaher Rhetorik.

Uns schien es im Kuratorium wichtig, unsere Möglichkeiten auszuschöpfen und über das Verhältnis Russlands zu Europa und umgekehrt Menschen sprechen zu lassen, die durch ihr wissenschaftliches und publizistisches Leben ausgewiesen sind, zur Aufklärung und damit gerechten Urteilsfindung in diesen schwierigen Fragen beitragen zu können.

Ich bin deswegen sehr glücklich, heute Abend zwei Männer begrüßen zu können, die ohne Zögern, unsere Bitte zu kommen, angenommen haben.

Ich begrüße sehr herzlich den vielleicht renommiertesten polnischen Deutschlandkenner Adam Krzeminski, im Übrigen ein alter Freund Hannovers, der auch die Gründungsgeschichte der Deutsch-Polnischen Gesellschaft früh begleitet hat und Albrecht Riechers sehr verbunden war.

Desgleichen freuen wir uns, dass Hans-Heinrich Nolte, emeritierter Professor für osteuropäische Geschichte an der Leibniz- Universität Hannover, sogleich zugesagt hat. Wir kennen uns seit Göttinger Studententagen, wo wir uns in den Russland-Seminaren von Reinhard Wittram begegnet sind und

---

[1] Einführende Bemerkungen zur Dialogveranstaltung der Corvinus-Stiftung am 1. Dezember 2015 im Literaturhaus Hannover

im Laufe der Jahrzehnte immer wieder wissenschaftlichen und politischen Kontakt hatten.

Er ist zu Fragen der frühen ukrainisch- russischen Kirchenpolitik im 17. Jahrhunderts promoviert worden und hat viel über das Verhältnis Deutschland/Russland (Sowjetunion) geschrieben. Mit seinem gegenwärtigen Hauptinteresse am „Politischen Weltsystem" und seinen Bedingungen verfolgt er eine Spur, die den vielen hoch bezahlten „Think-Tanks" der westlichen Regierungen und Stiftungen manche Kreativität voraus hat.

Für die Evangelische Akademie Loccum, als deren Förderer und Mehrer wir uns verstehen, wird ihr Direktor Dr. Stephan Schaede die fragende Gesprächsführung übernehmen.

Von mir, als einem politisch-wissenschaftlichen Zwitterwesen, das vor 50 Jahren einmal über „Die nationale Frage bei Lenin und Stalin bis zur Gründung der Sowjetunion" gearbeitet hat, nur einige Beobachtungen:

1.

Ich habe bis vor etwa anderhalb Jahren den Begriff des Verstehens in der Tradition der Aufklärung immer als etwas Positives verstanden. In der Schule, der Hochschule und der Politik habe ich das Verstehen immer als notwendige Voraussetzung für eine möglichst rationale Urteils- und Entscheidungsfindung verstanden. Innerhalb von wenigen Wochen ist vor gut einem Jahr aus dem Begriff des Verstehens im Zusammenhang mit dem russischen Präsidenten Putin eine herabsetzende und entwürdigende Vokabel geworden. Ein „Putin-Versteher" ist geradezu ein zu bemitleidendes und verachtenswertes Wesen. Den Zweifel, der von der Kenntnis eines als sicher geglaubten Zusammenhangs immer ausgehen muss, lässt man nicht an sich heran.

Fragen, die mit dem Vorgehen der EU im Zusammenhang mit dem geplanten Wirtschaftsabkommen mit der Ukraine zu stellen wären, werden nicht oder nur verschämt gestellt: Gibt es überhaupt legitime Interessen Russlands (wirtschaftliche, sicherheitsrelevante, politische), die wir andererseits für uns, unsere Nachbarn und die USA selbstverständlich immer haben? Wurden sie gesehen, diskutiert, berücksichtigt? Was spielt sich eigentlich wirklich in der Ukraine ab? Was ist das für ein System, in dem Oligarchen das Sagen haben, die mit Sicherheit keine demokratische Legitimation haben? Wieso ist das ukrainische politische System demokratischer als das autoritäre russische, wenn in beiden Systemen die Macht der Oligarchen das Entscheidende ist? Bestehen in den mittelosteuropäischen Ländern unter Einschluss Polens nicht nur vordergründige, sondern fundierte Befürchtungen, russischen imperialen Zielen ausgesetzt zu sein? Was muss man historisch wissen, um die jeweiligen Befürchtungen verstehen und beurteilen zu können?

Wir Europäer und Deutschen müssen ein existentielles Interesse daran haben, solche Zusammenhänge zu begreifen. Denn wir wissen aus der eigenen Geschichte, zu welchem Missbrauch historische Argumente verführen können. In Ost-Mittel-Europa haben im letzten Jahrhundert zwei Weltkriege stattgefunden, an denen Deutschland maßgeblich beteiligt war. Polen war beide Male Opfer. Ist es nützlich zu wissen, dass sich die Deutschen und fast alle Westeuropäer trotz der Kenntnis russischer Kultur und Wissenschaft den Russen kulturell und aufklärerisch bis zur Verachtung überlegen fühlten? Und dies seit mehr als 250 Jahren?

Weder die Arbeiterbewegung im 19. und 20. Jahrhundert noch die Politik der Sowjetunion war geeignet, die Sympathien gegenüber den sowjetischen Völkern, vor allem dem russischen Volk gegenüber, zu befördern. Das wirkt offenbar bis in die heutigen Tage fort. Während wir gern in die große Trauer der Franzosen um die durch den IS ermordeten 130 Menschen in Paris einstimmen, tun wir es nicht bei den mehr als 200 Toten des durch IS-Terroristen zerstörten russischen Flugzeugs zwei Wochen zuvor. Nur deswegen nicht, weil die Franzosen das medial wirkungsvolle Zeremoniell besser verstehen? Das erinnert mich daran, dass wir zu Recht mit großer Anteilnahme an die in sowjetischer Kriegsgefangenschaft unter schrecklichen Umständen umgekommenen eine Million deutscher Soldaten denken, aber es nicht zum Allgemeinwissen gehört, dass unter der Verantwortung der Wehrmacht mehr als drei Millionen sowjetischer Kriegsgefangener elendiglich umgekommen sind.

Was ist es eigentlich, was so viele Russen in die nationalen Töne oder den Gestus des Unterbewerteten zustimmend Kenntnis nehmen lässt? Was glauben wir, sollten Russen heute, bei den unbegrenzten Kommunikationsmöglichkeiten über Europa, seine Geschichte, seine Erinnerungskultur, seine Politischen Zukunftsperspektiven mit der EU wissen und berücksichtigen? Ohne Besserwisserisch zu sein, können, ja müssen wir von den Russen und ihrer politischen Klasse erwarten, dass sie sich mit dem europäischen Freiheitsverständnis, das seine Wurzeln in der Aufklärung und der Französischen Revolution hat, auseinandersetzen.

Genauso können die Russen erwarten (unabhängig davon, wer gerade regiert), dass wir uns mit ihrer Auffassung von Gerechtigkeit und z. B. kirchlicher Einflussnahme auf die Politik und das tägliche Leben auseinandersetzen. Wenn es stimmt, wie es vor wenigen Tagen Prof. Sokolovski in Hannover erläutert hat, dass nach russisch-orthodoxer Auffassung die Anerkennung der Würde des Menschen an ein richtiges moralisches Verhalten gebunden ist, dann ist viel zu diskutieren.

Was schließlich ist uns Europäern (allen?) und den Deutschen unerlässlich zu wissen und begriffen zu haben, wie die Russen „ticken"?

Ich will nicht in erster Linie Putin verstehen, sondern Russland, unseren ewigen Nachbarn, und sein Verhältnis zu den freien Völkern außerhalb seiner heutigen Grenzen. Dass dies ein Dauerthema ist, beweist ein längst vergessener Buchtitel, den ich neulich wiedergefunden habe. Im März 1991, die Sowjetunion war kurz vor ihrer Auflösung, erschein das KURSBUCH Nr. 103 mit dem Titel „Russland verstehen" mit vielen sachverständigen Aufsätzen. In der Einleitung formuliert die Herausgeberin Sonja Margolina:

> „Russland gehört nicht zu Europa, das muß man endlich sehen. Es ist ein eigentümliches Gebilde, das, vom westlichen Samen befruchtet, schon mehrmals Zivilisationsfrüchte hervorbrachte, die aber niemals zur Reife gelangten. Gebildete Russen hatten immer eine ‚Sehnsucht nach Europa', umso stärker, je weniger die europäischen Werte im realen Leben vorhanden waren. Doch auch Europa hatte Sehnsucht nach etwas, was dem europäischen Bewusstsein zu fehlen schien. Beide versuchten, die fremde Kultur in die eigene Sprache zu *übersetzen*.
>
> Vielleicht ist jetzt die Zeit gekommen, einander zu *verstehen* […]
>
> Der Westen, der mit diesem eigentümlichen Gebilde in einem Boot sitzt, muß dabei helfen. Man kann nur hoffen, dass die europäischen Werte, die zum

> Aufbau der Wohlstandsgesellschaft beigetragen haben, heute nicht nur zu bloßen Funktionen des Wohlstands geworden sind. Wie sinnvoll die Hilfe des Westens ausfällt, hängt auch davon ab, wie tief er das Problem erfasst … Es gab keine einzige nennenswerte Erscheinung der russischen Kultur, die nicht auch den Westen berührt hätte. Und der Westen seinerseits hat Russland zu diesen Erscheinungen inspiriert". (Kursbuch 103, S. 4/5)

Ich will nicht untersuchen, was daran falsch oder richtig ist. Entscheidend ist die Erinnerung, dass wir es mit einem Dauerthema zu tun haben, in dem eine Menge ungeklärter oder komplexer Begriffe und Dimensionen eine Rolle spielen.

2.

Dass die angestachelte emotionale Feindseligkeit gegen Putin unter indirekter Berufung auf die unzuverlässige Russen nur eine Funktion der politischen Opportunität ist, erweist sich in diesen Tagen in der Syrienkrise. Der „Westen" hat natürlich nichts dagegen, dass Russland mit Flugzeugen und Kampftruppen gegen den IS und andere Beteiligte antritt. Dass dies nur mit Assads Truppen erfolgreich geschehen kann, wenn man die staatlichen Strukturen nicht wie in Libyen oder dem Irak zerstören will, wird grummelnd diskutiert. Frankreich hat ihn aber zurück ins Spiel gebracht.

Es wird deutlich, dass sich Russland nicht aus dem Spiel drängen lässt. Dies hätte man auch schon vor fünf Jahren wissen können.

Reichen unsere bisherigen Erklärungsmuster aus, um Russlands Bedeutung, sein Selbstverständnis, seine berechtigten Interessen und seine zurückzuweisenden Ansprüche angemessen zu verstehen und darauf vernünftig zu reagieren?

3.

Es kann keinen erfolgreichen Europäisch- russischen Diskurs geben, ohne die Situation, die Erfahrungen und die Zukunftsvorstellungen der mittelosteuropäischen Länder einschließlich Polens besonders im Blick zu haben. Sie fühlen sich seit 1990 erstmals wirklich frei und reagieren deswegen mit erhöhter Sensibilität auf mögliche Einschränkungen ihrer Souveränität. Angesichts des etablierten Europas und seiner Einrichtungen verstört uns in Deutschland die „Renationalisierung", wie sie in den letzten Wahlen in Polen zum Ausdruck kam. Polen, die baltischen Staaten und Ungarn hatten vor 12 Jahren keine Bedenken, sich an der sog. „Koalition der Willigen" am Krieg und der Besatzung des Irak zu beteiligen. Dass sie heute erklären, mit den Folgen, nämlich dem Flüchtlingschaos nichts zu tun zu haben, muss schon verwundern.

Was ist eigentlich heute Europa? Eine auf stärkere gemeinsame Institutionen und damit Relativierung der nationalen Interessen gerichtete Allianz? Oder weniger noch als de Gaulles „Europa der Vaterländer" es vorschwebte, nämlich eine GmbH mit beschränkter Haftung?

Wir sind gespannt auf die Diskussion.

Zwischen Neo-Osmanien und Europa: Wohin strebt die Türkei?[1]

Vor gut einem Jahr hatte die Corvinus-Stiftung zu einer Diskussion über das Verhältnis von Russland zu Europa die ausgewiesenen Kenner Adam Krzeminski und Hans-Heinrich Nolte eingeladen. Uns allen war damals klar und nach der Diskussion noch bewusster, dass man ohne historische, mentale und bewusste Herausarbeitung langer Kontinuitäten kein angemessenes Urteilsvermögen zur aktuellen politischen Situation, die ja nicht frei ist von gefährlichen Zuspitzungen, erlangen kann. Klarheit über die Konfliktlinien und ihre komplexe innere Dynamik zu haben, ist zwar noch keine Lösung der anstehenden Probleme. Aber diese Klarheit vermag zu rationalerem Verhalten zu verhelfen.

In Zeiten, in denen postfaktisches Gerede und Denken um sich greift, ist das umso gewichtiger. „Postfaktische Denken" und „alternative Fakten" sind der dreiste Versuch, den fundamentalen Anspruch der Aufklärung, nämlich nach Wahrheit und Richtigkeit zu suchen und Zweifel zuzulassen, zu leugnen. Eine solche Denkweise in der Stadt, in der Leibniz gelebt und gewirkt hat, zurückzuweisen, ist mir ein Bedürfnis.

Propaganda und eigene Interpretation nicht nur als „Wahrheit" zu verkaufen (das war immer schon so), sondern entgegenstehende Tatsachen oder Gedanken einfach zu diffamieren, ist ein zentraler Angriff auf den westlichen demokratischen Anspruch auf aufgeklärtes Verhalten. Dass er heute aus der zentralen Demokratie erfolgt, ist hoch gefährlich und Wasser auf die Mühlen aller Autokraten und Diktatoren.

Gerade in der uns seit Langem berührenden Frage nach der Lage und der Entwicklungen in der Türkei berühren uns auch solche Erscheinungen. Die

---

[1] Einführende Bemerkungen zur Dialogveranstaltung der Corvinus-Stiftung am 7. Februar 2017 im Literaturhaus Hannover.

größte Gruppe mit migrantischem Hintergrund bilden bei uns die Türken, die zweitgrößte sind diejenigen, die zwar als Deutsche, aber russisch sprechend und sozialisiert seit Jahrzehnten als Aussiedler bei uns leben.

Die Geschichte der Türkei und die Erinnerung an sie hat in Deutschland Tradition – sei es als Jahrhunderte lang gefürchtete Invasoren und Eroberer weit über die letzte Belagerung Wiens von 1683 hinaus, sei es als politisches Interesse. Jedenfalls hat es in deutschen Schulbüchern bis ins 20. Jahrhundert eine klammheimliche Angstmacherei vor den Türken gegeben.

Der sogenannte „kranke Mann am Bosporus" hat 200 Jahre lang die Diplomatie und Kriege der europäischen Mächte fasziniert. Die zaghafte europäische Hinwendung und Modernisierung im Osmanischen Reich seit dem 19. Jahrhundert hat nicht ausgereicht, die Katastrophe des Ersten Weltkrieges für das Osmanische Reich zu verhindern. Der durch gewaltige kriegerische Anstrengungen mit nationalistisch-türkischer Rhetorik errichtete türkische Nationalstaat durch Kemal Atatürk ist gegen die westlichen Kolonialmächte und ihre Verbündeten (Griechenland) errungen worden. Der osmanische Sultan als Kalif wurde abgesetzt und die Säkularisierung des türkischen Volkes vorangetrieben.

Die Frage unseres heutigen Abends ist, welche Wirkungen aus dieser gewaltigen Geschichte, die mit Eroberungen, Teilungen, Vertreibungen, Hunderttausenden von Toten, territorialen Verschiebungen und unverstandenen religiösen und politischen Traditionen zu tun haben, bis heute weiterwirken und die gegenwärtige politische Szenerie beeinflussen und sie überhaupt erst verständlich machen. Helfen sollen uns dabei eine Expertin und zwei Experten, die ich ganz kurz vorstellen und begrüßen möchte.

Zunächst Cigdem Akyol, eine ausgewiesene Schriftstellerin aus Istanbul, die in Deutschland aufgewachsen ist und studiert hat. Ihre kürzlich erschienene Biografie über den türkischen Staatspräsidenten Erdogan hat großes Aufsehen erregt. Es ist keine Hagiografie. Sie beschreibt einerseits die um sich greifende Angst in der Türkei und konstatiert andererseits die ständig wachsende Zustimmung zum immer autokratischer werdenden Staatspräsidenten.

Zu begrüßen ist der außenpolitische Sprecher der SPD und der SPD-Bundestagsfraktion Nils Annen. Er hat sich lange Jahre als Mitarbeiter der Friedrich-Ebert-Stiftung und als Bundestagsabgeordneter intensiv mit der Nah-Ost Frage und der US-amerikanischen Politik beschäftigt und ist in den aktuellen Fragen der Nahost-Entwicklung ständig gefragt.

Als Dritten begrüße ich den Türkei-Experten der Stiftung Wissenschaft und Politik (SWP), Günter Seufert. Aufmerksame Fernsehzuschauerinnen und -zuschauer kennen ihn als oft Befragten. Die SWP ist kein Think-Tank, der sich um die Umfrisierung politischer Vorentscheidungen bemüht, sondern um rationale Beratung.

Die Gesprächsleitung wird auch heute Abend in den bewährten Händen des Direktors der Evangelischen Akademie Loccum, Herrn Dr. Stephan Schaede, liegen. Er muss helfen, aus den verwirrenden Fakten eine diskutable Ordnung zu machen. Ich nenne nur kurz ungeordnet einige Stichworte:
- Verfassungsfragen und aktuelle Umwandlung in eine Präsidialverfassung,
- das Verhältnis von säkularen und islamischen Strömungen unter Einschluss der Gülen-Bewegung,
- die Rolle und Bedeutung des Militärs in der Türkei und die Lage nach dem merkwürdigen Putschversuch vom Juli 2016 mit den Massenverdächtigungen und Freiheitsverständnis,
- Islamistischer Terror,
- ungelöste Kurdenfrage einschließlich des Terrors,
- außenpolitische Orientierung (NATO, Russland, Syrien, IS),
- die Frage nach der regionalen Hegemonie auf osmanischem Untergrund,
- Flüchtlingsfrage und Europa und
- die Frage nach dem EU-Beitritt oder einer anderen Orientierung.

Spielarten des Verrats

Ein Gespräch mit Can Dündar[1]

Die Evangelische Akademie Loccum hat in der öffentlichen demokratischen Diskussion politischer Probleme in der Bundesrepublik vor und nach der Deutschen Einheit eine große Rolle gespielt und spielt sie noch. Stichworte wie die Ostpolitik in den 1960er und 1970er Jahren, intensive Beratung in Fragen der Umweltpolitik seit den 1980er Jahren und kluge Interventionen im säkular-religiösen Dialogen seien nur erwähnt. Die Evangelische Akademie Loccum ist vielleicht der bedeutendste Think-Tank des Landes Niedersachsen.

Vor gut einem Jahr haben wir in Hannover mit der Erdoğan-Biografin Cigdem Akyol, dem Bundestagsabgeordneten Niels Annen (SPD) und dem Türkei-Experten Günter Seufert über die Lage in der Türkei gesprochen. Da sich die Situation am Bosporus offensichtlich dramatisch weiterentwickelt, haben wir uns entschlossen, den im Berliner Exil lebenden ehemaligen Chefredakteur der Zeitung „Cumhuriyet", Can Dündar, einzuladen, mit uns zu diskutieren. Dass er die Einladung angenommen hat, freut uns sehr. Wir begrüßen ihn deswegen heute Abend ganz besonders herzlich.

Es vergeht seit Jahren keine Woche, in der es nicht Nachrichten über die Entwicklung der Türkei gibt. In den letzten Tagen war es die Ankündigung der vorgezogenen Neuwahlen zur endgültigen Etablierung des Präsidialstaates. Meldungen über undurchsichtige Verhaftungen, völkerrechtswidrige Militäraktionen in Syrien, Treffen mit russischen und iranischen Staatsmännern usw. Das geht nun schon seit Jahren so.

---

[1] Einführende Bemerkungen zur Dialogveranstaltung der Corvinus-Stiftung am 23. April 2018 im Domero-Hotel Hannover.

Der Weg in die Unfreiheit hat verschiedene Gesichter und Methoden. Er wird mit nationalistischen, völkischen, ideologischen oder religiösen Begründungen eingeschlagen. Deutschland hat im 20. Jahrhundert dreimal eine solche Erfahrung gemacht: zu Beginn des Ersten Weltkrieges, bei der Etablierung der Nazi-Herrschaft und in der SBZ/DDR seit 1945. Unfreiheit beginnt mit der Einschränkung der Pressefreiheit, Verhetzung von Teilen der Bevölkerung, unbegründeten und rechtlosen Festnahmen. Die Menschen beginnen, sich öffentlich nicht mehr zu äußern oder Kritik zu üben. Denunziation und Misstrauen zerstören jede freiheitliche Atmosphäre und demontieren funktionierende demokratische Institutionen.

Es besteht in Deutschland eine Grundsympathie und ein Grundinteresse an der Türkei, das in den letzten einhundert Jahren ständig präsent war. Deshalb betrachten wir mit größter Sorge, dass seit mehr als zehn Jahren unter Stärkung religiöser Mentalitäten eine Entwicklung eingetreten ist, die den schleichenden Abbau demokratischer Prinzipien kennzeichnet. Die nachvollziehbare Verfolgung von Verantwortlichen des Putschversuchs vom 15. Juli 2016 wird dazu benutzt, einen wahllosen Beschuldigungsprozess einzuleiten, der zu willkürlichen Verhaftungen und tausendfachen Entlassungen aus den staatlichen Einrichtungen geführt hat und in der Etablierung eines autokratischen Regimes münden soll. Es ist im wörtliche Sinne sehr frag-würdig, wenn Befürworter des türkischen Staatspräsidenten unter Verweis auf die Abhaltung von Wahlen oder Volksabstimmungen die Entwicklung in der Türkei als durch und durch demokratisch beurteilen. Für uns Deutsche ist dieser Vorgang deswegen so signifikant, weil er teilweise unter Wahrung demokratischer Formalien abläuft. Das war zu Beginn der NS-Herrschaft und in der SBZ/DDR auch so. Verhetzung von Teilen der Bevölkerung, Anstachelung von Völker-Vorurteilen und religiösen Ressentiments sind Instrumente einer grundlegenden Veränderung.

Für uns sind diese Vorgänge aber auch deshalb so beunruhigend, weil ihre politischen Auswirkungen unmittelbar nach Deutschland hineinreichen, wo die türkischstämmige Bevölkerung von mehr als drei Millionen Menschen durch maßlose Propaganda in den Entdemokratisierungsprozess hineingezogen wird.

Einer der Betroffenen der innertürkischen Entwicklung ist Can Dündar, der nach fadenscheinigen Anschuldigungen und Prozessandrohung in Deutschland Asyl gefunden hat. Wir erhoffen uns von ihm eine kenntnisreiche und präzise Schilderung dessen, was uns alle beunruhigt.

300 Jahre Freimaurerei

Überlegungen eines Nichtfreimaurers[1]

Es ist von nicht zu unterschätzender Symbolik – und von Symbolen verstehen die Freimaurer ja eine ganze Menge –, dass Sie Ihre 300. Jahresfeier aus Anlass der Gründung der ersten Freimaurer-Loge in Hannover begehen. Hannover ist, wie Sie wissen, die Stadt, in der Gottfried-Wilhelm Leibniz 40 Jahre gelebt hat und im Jahre 1716 gestorben ist. Er liegt in der Neustädter Hof- und Stadtkirche begraben. Ich wage die Behauptung, dass Leibniz Mitglied einer Loge geworden wäre, wenn es sie zu seinen Lebzeiten bereits gegeben hätte.

Leibniz' Wirken fällt in eine Zeit, in der ganz Europa unter den Folgen des Dreißigjährigen Krieges litt und nach den Verwüstungen, vorgeblich im Namen der richtigen und wahren Religion, nach einem neuen Aufbruch suchte. Unter den Intellektuellen Europas war der Geist der Wahrheitssuche, der naturwissenschaftlichen Experimente, des nicht konfessionell gebundenen philosophischen Denkens überall spürbar. Und Leibniz war, wie wir heute wissen, der Klügste von allen; sein Werk wird erst in einigen Jahrzehnten vollständig ediert sein.

Leibniz war der Repräsentant der Vernunft, an deren Wert und Wirken er glaubte. In allen möglichen Bereichen – der Mathematik, Politik, der Religion, der Geschichte, des Rechts, der Technik, der Ökonomie, der Medizin und sogar der Dichtung – hat er sich produktiv eingebracht. Er war, im Gegensatz zu Kant, davon überzeugt, dass es den allumfassenden Gott gebe, hielt aber nichts von dem Gott, der ihm in den kleinkarierten Predigten mancher Pastoren entgegen klang.

---

[1] * Vortrag beim Festakt am 1. September 2017 im Sprengel-Museum in Hannover aus Anlass des 300. Jahrestages der Gründung der ersten Londoner Groß-Loge im Jahre 1717

Deswegen glaube ich, dass er in einer Freimaurerloge gut aufgehoben wäre. Denn, wenn es stimmt, dass es der innere Beweggrund freimaurerischen Denkens und Verhaltens ist, den selbständigen und freien Geist zu befördern und damit bei sich selbst anzufangen, dann wäre Leibniz dort gut aufgehoben. Die einzige Frage wäre nur, ob er, der so vom Verstand gesegnet war, eines rituellen Prozedere bedurft hätte. Geschadet hätte es ihm sicher nicht, zumal seine mündliche und tägliche Kommunikation durchaus ausbaufähig gewesen war.

Auf unsere heutige Situation übertragen zeigt sich der freimaurerische Ansatz, soweit ich das von außen verstehe, dem Einzelgängertum überlegen, man mag noch so klug sein und bewundernswertes Ansehen genießen. Das bedeutet jedoch nicht automatisch, die inneren Beweggründe für berufliches, geselliges, politisches, karitatives oder anderes Verhalten durchschaut zu haben. Berufliches Streben kann von Ehrgeiz und Wettbewerb zerfressen werden, geselliges Haschen nach Aufmerksamkeit mag in falscher Anerkennungssucht gründen, politisches Engagement gründet häufig in unausgewiesenem Herrschaftswillen und selbst karitatives Tun ist nicht frei von eigensüchtigem „Bessersein-Wollen". Da mag es sehr hilfreich sein, in einem vertrauten Raum – ob geheim oder transparent – sich seiner selbst zu vergewissern und damit „an sich selbst zu arbeiten" – „den rauen Stein zu behauen", wie Sie zu sagen pflegen. Die ständige Arbeit an sich selbst, um ehrenwerte und ethisch wertvolle Eigenschaften zu entwickeln und ihnen näher zu kommen, kann man gar nicht positiv genug würdigen. Denn nur eine Person, die sich ihrer selbst sicher und suchend zugleich ist, kann frei sein. Und die Freiheit der Person ist eine der Grundforderungen der Aufklärung, die schließlich zu den politischen Hoffnungen des amerikanischen Unabhängigkeitskrieges und der Französischen Revolution führten.

Die individuelle Freiheit bedarf aber der Kompensation durch die soziale oder kollektive Eingebundenheit. Das wussten offenbar schon die Gründer der Ersten Groß-Loge. Die Überlieferung der Bauhüttenregeln erleichterten die Praxis, die individuelle Arbeit an sich im Zusammenhang präziser ausgestatteter Symbole und Rituale zu vollziehen. Man muss sie in ihrer Unterschiedlichkeit gar nicht bemühen, um die Richtigkeit des gemeinsamen Wirkens, das im Erleben und dem gegenseitigen Respekt besteht, nachvollziehen zu können. Die geübte und immer wieder eingeübte Brüderlichkeit entspringt wahrscheinlich einer Jahrhunderte langen Erfahrung. Diese bestand und besteht in der Beobachtung, dass die scharfe und immer wieder bestärkte Trennung einer Gesellschaft in soziale, bildungsmäßige, politische und rechtliche oder religiöse Segmente im Extremfall zum Auseinanderfallen einer Gesellschaft führen kann.

Der Dreißigjährige Krieg und der englische Bürgerkrieg waren auch ein solcher Fall. Und religiöse Begründungen für abscheulichste Verbrechen können wir jeden Tag aus den Medien erfahren. Deswegen ist neben der Freiheit auch der Gedanke der Gleichwertigkeit aller Menschen, nicht nur des eigenen Volkes, der eigenen Religion, der eigenen sozialen Schicht oder der eigenen Überzeugung so wichtig.

Es war ein Freimaurer, der in den Grundsätzen der amerikanischen Unabhängigkeitserklärung erstmals politisch die Gleichheit der Würde aller Menschen verankert hat. Derselbe Gedanke erscheint uns heute als Artikel 1 des Grundgesetzes. Bei uns stehen dahinter die Erfahrungen eines nicht nur religiösen Fanatismus, sondern auch des rassischen, nationalistischen oder ideologischen Jahrhunderts, das hinter uns liegt. Auch Freimaurer waren nicht alle gefeit vor diesen Verführungen, wie Sie wissen.

Gleichwohl darf man sich nicht blenden lassen. Eine Verfassung schützt sich nicht von allein, sondern nur, wenn es genügend Menschen gibt, die sich zu ihr bekennen und sie verteidigen.

Vielleicht liegen in der Freimaurerei noch nicht ans Tageslicht gekommene Erfahrungen mit dem Postulat der Gleichheit. Denn der unbedingte Wille, sich dem freimaurerischen Bruder (jetzt auch Schwester) gleichwertig zu fühlen und sich danach zu verhalten, verlangt natürlich das Überschreiten der im realen Leben wirksamen Regeln.

Worin besteht die Gleichheit eines Königs mit einem Handwerksmeister oder einem Arzt? Oder welche Folgerungen zieht ein freimaurerischer Bankier in seinem alltäglichen Verhalten zu einem Professor oder Journalisten? Wenn ich das richtig verstanden habe, ist es nicht Ziel der Freimaurer, die grundsätzlichen politischen und sozialen Zustände zu ändern, sondern die ethischen, auf das geistige und sittliche Leben bezogenen Regeln zur Geltung zu bringen und sie zu mehren. Das ist viel mehr als idealistisches Geschwätz, es ist eine Art Selbstverpflichtung (obwohl ich diesen Begriff als jemand, der in der DDR aufgewachsen ist, sonst nicht sehr schätze), die Würde im Andern in jeder Situation zu verteidigen. Vielleicht ist das lobenswerte soziale Engagement der Freimaurerei, in Hannover in beachtlichem Maße das Zahnmobil zu unterstützen, das Zahnmobil für diejenigen, die sich keine Zahnbehandlung leisten können, ein Ausweis dieser Grundhaltung.

Die böswilligen Unterstellungen und Verschwörungstheorien gegenüber der Freimaurerei haben in der deutschen Gesellschaft ihre Spuren hinterlassen. Der einfache historische Befund, dass sich die Brüder der Bauhütten vor Betriebsspionage hüten mussten und deswegen zeitgemäße geheime und nur für sie entzifferbare Symbole und Sprache verwendeten, um den Zutritt von Spionen zu vermeiden, wird bis heute vergessen. Chauvinismus und Nationalsozialismus, Kommunismus wirkten zu ihrer Zeit, aber Dummheit wirkt noch immer.

Die aus den Religionskriegen hervorgegangenen Toleranzvorstellungen sind bis heute nicht eingelöst. Offensichtlich ist es schwer zu ertragen, neben den eigenen Überzeugungen andere gelten zu lassen. Jeder, der Kinder hat, weiß das. Wenn sie erstmals eine eigene Überzeugung haben, gelten sie absolut. Aber wer nicht lernt, Unterschiede ertragen zu können, kann nicht tolerant sein. Bei religiösen Fanatikern (die christlichen Fanatiker im Mittelalter oder bestimmte Sekten, die Islamisten mit ihren Allmachtsphantasien, die hinduistischen Fanatiker mit ihren Nachtodesphantasien u. ä.) kann man sehen, dass der innere Widerspruch des Toleranzdenkens nicht aufgelöst ist und vielleicht auch nicht aufgelöst werden kann. Dieser lautet: Kann das Toleranzgebot gegenüber Intoleranz behauptet werden und wie weit gilt es dann?

Philosophisches und freimaurerisches Denken reagiert darauf pragmatisch: Je intensiver sich Menschen mit der eigenen Entwicklung beschäftigen, also an sich arbeiten, desto unwahrscheinlicher wird eine „Radikalisierung", weil es nicht um die Behauptung eines je erreichten Zustandes geht, sondern um die Erfahrung, dass man in Würde und Anstand leben kann, wenn man etwas dazu lernt, und d.h. auch sich manchmal korrigieren kann und muss, ohne seine Identität aufzugeben. Toleranz ist also mehr als nur Geltenlassen des

Anderen. Für den Andern bin ich selbst der Andere. Und wovor soll er Respekt haben und sich tolerant zeigen, wenn er nicht weiß, wer der Andere ist. Für die gegenwärtige Debatte um Multikulturalität ist dies bedeutsam: Toleranz ohne eigenen Standpunkt ist Gleichgültigkeit und nicht Respekt. Unter diesem Gesichtspunkt scheint mir die berühmte Ringparabel aus Lessings „Nathan der Weise" aus echtem freimaurerischen Geist geschrieben zu sein. Es bleibt natürlich richtig, dass sie die vielleicht berühmteste und durchdachteste Formulierung der Toleranz aus dem Geiste der Aufklärung ist.

Die Freimaurer nennen das aufklärerische Engagement „Bau am Tempel der Humanität". Das ist der erklärte Wille, die am eigenen Selbst vollzogene Arbeit (als Lehrling, Geselle oder Meister) auch außerhalb der freimaurerischen Gemeinschaft wirken zu lassen. Ein solcher Schritt verlangt natürlich nach einer gewissen Öffnung aus dem eigenen Zirkel hinaus.

Es stellt sich für die Freimaurer und für die, die ihr Tun und Selbstbild mit Sympathie verfolgen, die Frage: Welche Form des in die Öffentlichkeit-Tretens ist angemessen und notwendig? Wenn die Freimaurerei frei von allen religiösen, ideologischen oder parteilichen Vereinnahmungen sein will, muss sie strittige Themen der Gesellschaft (wozu auch die Politik gehört), aufgreifen und im Geiste der Aufklärung und Toleranz bearbeiten.

Ich kann mir vorstellen, dass es Fragen gibt, zu denen es hilfreiche freimaurerische Zugänge gibt. Es bedarf dazu keiner förmlichen Abstimmung in Gremien. Aber wichtige Fragen zu thematisieren und zu bearbeiten wäre wünschenswert. Dazu ein paar Beispiele:

- Könnte man nicht die unselig oberflächliche politische Diskussion um Gleichheit und Gerechtigkeit in der heutigen Zeit neu akzentuieren?
- Gibt es eine freimaurerische Haltung zu den Entwicklungen der Flüchtlings- und Migrationsthematik?
- Was sagen die Freimaurer zur Würde der Millionen von Flüchtlingen und den Tausenden Ertrunkenen?
- Von welchem Grad von Untätigkeit an wird ein Bekenntnis zur Humanität zur Phrase?
- Wo bleibt der Aufschrei der aufgeklärten Freimaurer angesichts des dreisten „Sich-Breit-Machens" von sogenannten „alternativen Fakten"?

- Muss es Freimaurer beunruhigen, wenn „Fake-News" höhere Aufmerksamkeit und Akzeptanz erfahren als gut recherchierte und um Wahrheit bemühte Berichterstattung?
- War nicht der innerste Kern der Freimaurerei berührt, wenn in den sozialen Medien die schrankenlose Beschimpfung millionenfache Zustimmung erfährt?
- Kann die „Arbeit an sich selbst" dazu helfen, die Kommunikation in Kurzkommentaren bei Twitter, Facebook und SMS-Texten als „Entfernung von sich selbst" zu entlarven?

Es gibt noch eine Reihe anderer Fragen, die die Aktualität und Herausforderung freimaurerischen Denkens kennzeichnen könnten.

KAPITEL 2
WEST-ÖSTLICHER DIALOG

Stephan Schaede

West-Östlicher Dialog

Einleitung in Kapitel 2

Schon immer ist Religion bei der Auseinandersetzung um orientalisch-okzidentale Fragen im Spiel. Das sorgt für eine „Beziehungsgeschichte mit aktueller Sprengkraft", die der erste Beitrag dieses Teiles nachgeht. „Sind Orient und Okzident Gottes oder des Teufels?". Des Teufels, so die pointierte Auskunft am Schluss, wenn man Orient und Okzident Gott/Allah allein überlässt. Vor der Folie einer früh in der west-östlichen Geschichte verwurzelten geistigen Grundstruktur, die philosophischen und intellektuell-praktischen Freigeist mit Dekadenz assoziiert, wird für ein Ende der „religiöse[n] Legendenbildung über die grundsätzliche Feindseligkeit zwischen Christen und Muslimen" geworben. Dafür gelte es nicht nur den im Westen u.a. durch Aufklärung, Französische Revolution und Moderne eingeläuteten Abschied vom heiligen Krieg als Mittel unmittelbarer machtpolitischer Auseinandersetzung im Orient wie im Okzident in Theorie und Praxis zu verinnerlichen. Dafür gelte es auch etwa im Blick auf Menschenrechts- und Gleichberechtigungsfragen im christlich-islamischen Dialog Positionsklärungen voran zu treiben.

Drei weitere Beiträge dieses Teils entstammen einem Dialogprozess, der sich der unter anderem vom Journalisten George Khoury und dem früheren Loccumer Akademiedirektor Fritz Erich Anhelm initiierten Initiative der Evangelischen Akademie Loccum und ihrem ägyptischen Kooperationspartner, der Coptic Evangelical Organization for Social Services – CEOSS – verdankt. Deutsche und Ägyptische Verantwortungsträgerinnen und -träger aus Politik, Wissenschaft, Religionsgemeinschaften und dem jeweils zu verhandelnden gesellschaftlichen Feld fanden zu Konferenzen in Deutschland und

Ägypten zusammen. In diesem einem handlungsorientierten wechselseitigen Verstehen verpflichteten Prozess hat Rolf Wernstedt erstens (Beitrag: Menschenrechte durch formelle und informelle Erziehung) vor Augen geführt, wie eine Implementierung von Menschenrechte durch formelle und informelle Erziehung gelingen kann. Dabei gelte es nicht nur über Werte in Kenntnis zu setzen, sondern daran zu arbeiten, wie bekannte Werte schon für Kinder und Jugendliche tatsächlich handlungsleitend werden. Formell schreibt er dabei dem Religionsunterricht eine entscheidende Rolle zu. Menschenrechtsbildung könne aber nur gelingen, wenn bereits die Schulbuchgestaltung an einem echten Abbau von Vorurteilen interessiert sei. Wernstedt wirbt in einer Reihe von Vorschlägen für die gemeinsame Arbeit am Menschenrechten für eine wechselseitige Schulbuchaufklärung in Deutschland und Ägypten, um das Tal der wechselseitigen Ahnungslosigkeit – und nur Kenntnisreichtum im Blick auf Differenzen führt zur echten Toleranz – zu überwinden.

In einem zweiten Dialogbeitrag hat er im Namen einer Stärkung von Demokratie für eine selbstkritische politische Aufklärung über die Widersprüchlichkeit (religions-)politischer Konstellationen geworben (Beitrag: Die Rolle der Zivilgesellschaft bei der Einübung, der Aktivierung und dem Praktizieren von Staatsbürgerschaft). Nur im Geiste der Unterscheidung sei möglich, erstens das Christentum als Religion der Liebe anzuerkennen, bei gleichzeitiger Analyse der religionsverheerenden Kräfte der Kreuzzüge, zweitens die USA als Partner anzuerkennen, bei gleichzeitiger Kritik an deren rücksichtsloser Durchsetzung von Eigeninteresse, drittens uneingeschränkt für die Existenz des Staates Israel einzutreten, bei gleichzeitiger scharfer Kritik an der israelischen Siedlungspolitik ...

In einem dritten Dialogbeitrag hat Wernstedt die Fähigkeit zur Kritik und Selbstkritik, eine Kultur der Anerkennung diverser Gaben, eine Anerkennung von Leistung und Bildung jenseits von Status und Vermögen, vor allem aber den Willen zur Rationalität als notwendige, wenn auch nicht hinreichende Bedingung für eine friedliche Welt geltend gemacht.

Der letzte Beitrag skizziert die diversen religionsaffinen und säkular motivierten Konfliktlinien der europäischen und arabischen Identitätsgeschichte, führt die in Europa wie im arabischen Raum unabgeschlossene Geschichte der Nationenbildung vor Augen und appelliert abschließend eindringlich an die Vernunft als eine Anerkennungsdistanz, die im Namen einer informierten Toleranz Differenzen akzeptiert und demokratieaffinen und freiheitsbewussten Kräften Kraft zuspielt. Entstanden ist er im Kontext des seinerzeit neu gegründeten aus dem deutsch-ägyptischen Dialog hervorgegangen europäisch-arabischen Dialog, der an der Orthodoxen Akademie Kreta seinen Anfang nahm, kurz vor Beginn des sogenannten arabischen Frühlings.

Sind Orient und Okzident Gottes oder des Teufels?[1]

Historische und religiöse Anmerkungen zu einer eineinhalb Jahrtausende alten Beziehungsgeschichte mit aktueller Sprengkraft

Die Goethe-Kenner unter Ihnen haben natürlich gleich gemerkt, dass ich bei der Formulierung des Themas an dem Vierzeiler aus dem West-östlichen Diwan von 1819 sprachliche Anleihe genommen habe:
„*Gottes ist der Orient!*
Gottes ist der Okzident!
Nord- und südliches Gelände
Ruht im Frieden seiner Hände",

heißt es dort ziemlich am Anfang.[2] Goethes Diwan ist seine höchst subjektive dichterische Verarbeitung des persischen Dichters Hafis und all dessen, was sich Goethe unter Orient vorstellte. Ich habe die Verse aber deswegen als Konnotation zu unserem heutigen Thema gewählt, weil sie anzeigen, dass es eine lange Tradition der Auseinandersetzung mit der orientalischen Welt gibt und weil dabei von Anfang an Religion im Spiel war.

Als Mohammed zu Anfang des 7. Jahrhunderts kontinuierlich behauptete, Gott habe sich ihm unmittelbar offenbart und Regeln für das menschliche Leben und sein Verhalten zu Gott in festen Sätzen gesagt, trat die dritte monotheistische Religion in die Geschichte – nach der jüdischen und der christlichen. Der Islam, der sich auf den offenbarten Text des Koran (und den Lebensbeschreibungen des Mohammed, *Hadith* genannt) beruft, entstand im

---

[1] Vortrag aus Anlass der Gründung der Buhmann-Stiftung für den christlich-islamischen Dialog 2002
[2] Johann Wolfgang von Goethe: West-östlicher Diwan, dtv Taschenbuch 2612, 1997.

hellen Licht der Geschichte. Sowohl Judentum als auch Christentum kennen keine unmittelbaren Gottesworte. Wie das Christentum entstand, welche Worte Jesus gesagt und wie er gelebt und seine Gottessohnschaft behauptet hat, ist mündlich überliefert und wurde später aufgezeichnet. Die Bibel ist selbst ein historischer Text, das Alte und das Neue Testament unterschiedlich. Welche Texte dazu gehören, wie die überaus komplizierte Konstruktion der Trinität zu verstehen und zu glauben ist, war Gegenstand von Konzilien und auch letztlich im 6. Jahrhundert noch nicht abschließend geklärt (Beispiel des Arianismus, der Jesus zwar als Gottes Sohn anerkennt, ihm aber mindere göttliche Qualität zuschreibt). Die innere Geschichte Ostroms ist die Geschichte der ständigen religiösen Auseinandersetzungen mit allen Begleiterscheinungen von Diffamierungen (Ketzern) und bürgerkriegsähnlichen Zuständen, wie dem sogenannten Bilderstreit. Das Angebot des Islam bestand in der einfachen Konstruktion des einen unteilbaren Gottes, nämlich Allah.

Es ist nicht auszuschließen, dass die religiöse Kraft der frühen Eroberungen (637 bereits Ktesiphon, die Hauptstadt des persischen Reiches, 643 Damaskus und Alexandria, 711 bereits der Übergang nach Spanien) auch mit der religiösen Schwäche und dogmatischen Verwirrung vor allem Ostroms zu tun hat. Innerhalb eines knappen Jahrhunderts war das Mittelmeer, das drei Jahrhunderte lang ein *Mare Christianum* war, an seinen Ost-, Süd- und spanischen Küsten muslimisch. Das schloss allerdings ein, dass es in Syrien, Libanon, Palästina, Ägypten und Spanien weiterhin geschlossene Christengemeinden gab – übrigens bis heute. Denn in Syrien leben beispielsweise heute noch 15 Prozent als Syrisch-Orthodoxe, im Libanon sind die Maroniten weiterhin ein tragendes staatliches Element, in Ägypten leben immer noch Millionen von Kopten.

Fälschlicherweise wird dies als muslimische Toleranz ausgegeben. Die Etablierung der muslimischen Herrschaft vollzog sich nicht in der Weise, dass es hieß, Bekehrung oder Tod. Auch wenn dies bei der unmittelbaren Eroberung von Städten oder bei Kriegshandlungen vorgekommen sein mag. Auch die muslimischen Krieger, beseelt von dem Glauben, ihrem Gott und seinem Propheten und Nachfolgern zu dienen, waren natürlich darauf angewiesen, dass die unterworfenen Völker Steuern zahlten und dem Staate dienten. Differenzierte Wirtschaftssanktionen, z.B. die geringere Besteuerung der muslimischen

Glaubensbrüder, erhöhten den Übertrittsdruck. Teile des westgotischen Adels in Spanien sind sehr früh konvertiert.

Die Ausbreitung des Islam innerhalb eines Jahrhunderts bis Samarkand und Salamanca wurde als „heiliger Krieg" (*Djihad*) verstanden, der nicht die Mission oder gar Tötung der Ungläubigen verlangte, sondern die Verteidigung der Herrschaft Gottes implizierte. Dass dies praktisch auf vielfache unfreiwillige Bekehrung hinauslief, ist nicht erstaunlich, es ist aber nicht konstitutiver Teil dieses Unternehmens. Zum Islam übergetretene Völker (Berber in Nordafrika, Turkstämme in Mittelasien und andere) beteiligen sich an Raubzügen der Araber.

Für das christlich-islamische Verhältnis ist wichtig zu wissen, dass sich Angehörige beider Religionsgemeinschaften gegenseitig als Ungläubige verstanden haben. Noch im 18. Jahrhundert enthalten osmanische diplomatische Schreiben bei Charakterisierungen europäischer Völker den Zusatz: ungläubig, seelenlos, grausam u.ä. Umgekehrt enthält das Grabmal der katholischen Könige Isabella und Ferdinand in Granada noch heute die lateinische Inschrift, dass sie Besieger der Häresie des Mohammed gewesen seien (durch die Eroberung von Granada 1492).

Die Geschichte der christlichen und muslimischen Länder folgte der Räson aller Machtauseinandersetzungen: Kampf um Länder, Handelswege, arbeitende Menschen, Ressourcen und Anerkennung. Aber es spielte auch immer der Habitus der Rechtgläubigkeit eine Rolle. Das galt und gilt bis heute.

Bereits vor Auftreten des Mohammed gab es in der Christenwelt eine Auseinandersetzung darüber, aus welchen Gründen ein Krieg erlaubt sei. Intensive Debatten um den gerechten Krieg, das *Bellum iustum* , hat Augustinus vorgelegt. Augustinus und Gregor I. haben eine zweifache gedankliche Grundlage für den heiligen christlichen Krieg geschaffen: den Ketzerkrieg zur Reinhaltung der Kirche im Innern und den Missionskrieg zur Verbreitung des Glaubens nach außen. Der Ketzerkrieg war durch die Inkorporierung des Arianismus bis zum Auftreten der Waldenser und Katharer obsolet geworden; der Missionskrieg war aber immer virulent, wenn es die Machtkonstellation zuließ. Die westslawische Mission war nichts anderes als ein Krieg.

Die Erinnerung an das geschlossene christliche Mittelmeer blieb auch bis ins Hochmittelalter in Europa lebendig. Sie wurde durch die nie völlig versiegenden Pilgerfahrten nach Jerusalem zu den heiligen Stätten aufrechterhalten. Auch wenn an eine Rückeroberung nicht zu denken war, weil die arabisch-muslimische Herrschaft bis ins 12. Jahrhundert unbeeindruckbar schien, so gibt es doch an den Rändern eine dauernde Auseinandersetzung (in Spanien von 800 bis 1492, in Sizilien mehr als 200 Jahre, auf dem Balkan durch die Ausbreitung des Osmanischen Reiches bis ins 15. Jahrhundert hinein).

Einen Sonderfall in der konkreten historischen Gestalt, aber nicht in der ideologisch-religiösen Begründung, stellen die Kreuzzüge dar. Der Verlust Kleinasiens für den Kaiser von Byzanz nach der Schlacht von Manzikert 1071, die Etablierung des Seldschukenreiches, die faktische Unzugänglichkeit Jerusalems schufen eine konkrete Bedrohungslage für das europäische Bewusstsein, in die religiös aufgeladene Rachegedanken mit Entwicklungen des europäischen Rittertums und seine partielle Verarmung zusammentrafen. Auf diese Weise sind fast zwei Jahrhunderte lang europäische Energien in ein ökonomisches und politisches Abenteurertum geflossen. Burgen wie Krak de Chevalier zeigen bis heute die Kraft der Auseinandersetzungen.

Religiöser christlicher Wahn bei der Eroberung von Jerusalem und die im Blutrausch begangenen Massaker an Muslimen und Juden kennzeichnen diese Zeit genauso wie ausgeklügelte Folterungen und Grausamkeiten auf muslimischer Seite. Die Verrohung des damaligen Verhaltens lässt sich anschaulich machen an der fadenscheinigen religiösen Begründung des Raubüberfalls von christlichen Truppen auf Alexandrien im Jahre 1365.

Übrig geblieben ist bis heute eine religiöse Legendenbildung über die grundsätzliche Feindseligkeit zwischen Christen und Muslimen. Christliche Ritter mögen sich im Einzelfall als im heiligen Krieg befindlich gesehen haben, noch dazu, wo der Papst die Konsekration vorgenommen hat. Die Mischung aus Abenteurertum, Habsucht und Glaubenseifer wird sich schwer entwirren lassen. Aber dass ein Teilnehmer eines christlichen Kreuzzuges beim Tode unmittelbar ins Paradies komme, kann man als allgemeine Überzeugung unterstellen. Diese Denkfigur ist auch denen, die heute einen islamischen Djihad ausrufen und Flugzeuge in Hochhäuser steuern, nicht fremd.

Mir ist in Gesprächen in Syrien und Israel das Argument begegnet, dass es zwei Jahrhunderte gedauert habe, bis man die Kreuzzügler wieder vertrieben hatte und man deswegen in der Frage der Existenz Israels viel Zeit habe und keine Garantien auszusprechen brauche.

Seit den innerchristlichen Religionskriegen im Zusammenhang mit den konfessionellen Auseinandersetzungen bis zum Westfälischen Frieden hin ist im Westen der „heilige Krieg" keine realistische Gedankenfigur mehr. Aufklärung und Französische Revolution und die Moderne haben die religiöse Dimension in den unmittelbaren Auseinandersetzungen verschwinden lassen. Die machtpolitischen Auseinandersetzungen mit den Türken (1529 und 1683 vor Wien, Schlacht bei Lepanto 1571) hatten eher gruseligen Wert als religiösen Charakter, zumal der allerchristlichste französische König Ludwig XIV. 1683 auf der Seite der Türken stand.

Dies ist eine Zeit, in der man in Europa beginnt, sich mit der muslimischen Welt gedanklich neu zu befassen. 1721 verfasst Montesquieu die Persischen Briefe, die in vielfachem Perspektivenwechsel die Besonderheiten von Alltag und politischem System in Europa und in einem gedachten muslimischen Persien beschreiben. Gottesverständnis, Herrschaftsgewohnheiten, aber auch beginnende Vorurteile werden vorgetragen. So wird beispielsweise über die Muslime gesagt:

> „Alle nützlichen und dauerhaften Werke, alle Bemühungen, das Glück unserer Kinder zu sichern, alle Pläne, welche über ein kurzes, flüchtiges Leben hinausgehen, scheinen uns abenteuerlich. Ruhig in der Gegenwart und unbekümmert wegen der Zukunft geben wir uns nicht die Mühe, öffentliche Gebäude in gutem Stande zu erhalten, unbebaute Ländereien urbar zu machen oder diejenigen zu bestellen, welche im Stande sind, unsere Arbeit zu belohnen, wir leben in allgemeiner Fühllosigkeit und überlassen alles der Vorsehung."[3]

In diesen Sätzen – fast 200 Jahre alt – kommt zum Vorschein, was sich bis heute nicht geändert hat: Europäisches Denken, das sich auf der Grundlage des Christentums entwickelt, aber von diesem sich zu emanzipieren beginnt,

---

[3] Montesquieu: Persische Briefe, Fischer Taschenbuch EC, 94, Frankfurt 1964, S. 212.

entfaltet eine Dynamik, die Gewohnheiten in islamischen Ländern gleichsam „alt" aussehen lässt.

Seit Mohammeds Zeiten fühlte sich der Islam als die überlegene Religion. Er verstand sich als die Vollendung, erklärtermaßen letzte Offenbarung. Jesus wurde als ein alter Heiliger anerkannt, aber letztlich degradiert. Sein Wesen als Gott war nicht vermittelbar.

Darüber hinaus eroberte der Islam wichtige Länder, die hellenistisch durchdrungen waren – von Ägypten, Palästina, Mesopotamien, Persien, Baktrien bis Indien hin. Zunächst sperrte sich der Islam nicht den kulturellen Herausforderungen: Antike Geistesgrößen (auch bei den islamischen Gelehrten die „Alten" genannt) wurden im Original gelesen und übersetzt und teilweise – wie Aristoteles – über den arabischen Umweg nach Europa gebracht. Wissenschaftliches Denken in der Mathematik, der Astronomie und der Medizin waren berühmt. Zu Recht konnten sich islamische Fürsten diesem Europa überlegen fühlen. Avicenna war im 10. und 11. Jahrhundert davon überzeugt, dass es jenseits der islamischen Grenzen nichts Kulturelles geben konnte. Der Glanz des kalifatischen Cordoba hat vor tausend Jahren ganz Europa überstrahlt. Byzanz schien langweilig gegenüber Palermo. Kaiserin Konstanze von Sizilien ließ sich noch 1193/94 von arabischen Ärzten in Salerno behandeln. Das Papier nahm seit 751 von Samarkand aus über den gesamten islamischen Raum seinen Weg nach Europa.

Der Sieg über die Kreuzfahrer, die Zurückdrängung des byzantinischen Kaisers, das Vordringen der osmanischen Türken auf den Balkan und schließlich die Eroberung von Konstantinopel im Jahre 1453 machten den Verlust Spaniens für die Muslime längst wett. Welches Symbol für die Überlegenheit Allahs konnte kräftiger sein als die Umwandlung der Hagia Sophia in eine Moschee?

Aber gerade die Vertreibung der Griechen mit ihren profunden Kenntnissen der Antike aus Konstantinopel beförderte die Rezeption der Antike und beförderte die Renaissance in Europa. Rationalität im naturwissenschaftlichen Denken, beginnende Trennung von Kirche und Staat und die Etablierung von säkularen Rechten in Staat und Gesellschaft haben den Westen in einen grundlegenden Vorteil gegenüber der islamischen Welt gebracht. Bereits Ende des 17. Jahrhunderts wird vom „kranken Mann am Bosporus" gesprochen. Als religiös motivierte Kraft ist das Osmanische Reich nicht mehr gefährlich, auch dann, wenn die Entsetzung von Wien 1683 viel antitürkische Phantasie bis in die heutigen Schulbücher freisetzt.

Der Säkularisierungsprozess hat nach dem Zusammenbruch des Osmanischen Reiches die islamischen Länder nicht wirklich erfasst. Kemal Atatürks Experiment ist noch nicht vollendet. Militärische und naturwissenschaftliche Erkenntnisse der westlichen Welt wurden letztlich akzeptiert und rezipiert, nicht aber deren philosophische und geistesgeschichtliche Grundlagen. Über modernste technologische Instrumente werden die übelsten Ideologien und Begründungen verbreitet.

Wir stellen heute mit Erstaunen fest, dass sich vielerorts in islamischen Ländern ein Gefühl der Unterlegenheit einstellt und dies als im historischen Kontext illegitim empfunden wird. Die Tendenz, gegen moderne und dekadent empfundene Entwicklungen vorzugehen, hat es im Islam schon früh und immer wieder gegeben. Die berühmte märchenhafte, aber konstruierte und geplante Kalifenstadt Medinat Al Zahra, zehn Kilometer von Cordoba entfernt, wurde schon nach 80 Jahren im Jahre 1010 von fundamentalistisch eingestellten Berbern vollständig zerstört und ihre Einwohner ermordet. Vorwurf: unislamische Protzerei.

Wichtige Denker wie Averroes wurden verfolgt und entgingen nur knapp dem Tode. Vorwurf: unislamisches Denken. Avicenna, wohl der bedeutendste Philosoph und Mediziner des islamischen Mittelalters, wurde von Fundamentalisten bekämpft. Es scheint beinahe, dass die fruchtbarste Zeit philosophischen Denkens an der muslimischen Orthodoxie bereits spätestens im 13. Jahrhundert gescheitert sei.

Vieles von dem, was wir heute an gegenseitiger Entfremdung und geistig-religiöser Beunruhigung erleben (verstärkt noch durch den 11. September 2001), ist in seiner geistigen Grundstruktur nicht neu. Das angebliche Gefühl der Entmündigung, die Zurückweisung westlichen freiheitlichen Denkens, die Bezweiflung der gleichen Menschenrechte, vor allem der Frauen, die Versuche, die Scharia überall zu etablieren, u.ä. sind Entwicklungen, über die man reden muss. Die religiös begründeten Attentate, die Angst und Schrecken verbreiten, dürfen als Antwort nicht nur die Militärmaschinerie provozieren. Wir müssen die geistige Herausforderung annehmen und die ökonomisch-sozialen Probleme lösen helfen. D.h. ohne dass der Islam seine Positionen zu diesen Fragen, die für uns existentiell sind, klärt, wird es keine Verständigung geben, denn um Goethe zum Schluss wieder aufzugreifen: Wenn wir Orient und Okzident nur Gott und Allah allein überlassen, werden sie nicht Gottes, sondern des Teufels sein – wie so oft in der Geschichte.

Literatur

Erdmann, Carl: Die Entstehung des Kreuzzugsgedankens, Stuttgart 1955
Lewis, B.: Die Welt der Ungläubigen, Frankfurt/Berlin/Wien 1983
Krämer, Gudrun: Gottes Staat als Republik, Baden-Baden 1999

Menschenrechte durch formelle und informelle Erziehung

Die deutsche Perspektive[1]

Der deutsche Verfassungsrechtler Ernst-Wolfgang Böckenförde hat gesagt, dass der demokratische Staat auf Wertfundamenten ruht, die er selbst nicht geschaffen hat bzw. schafft. Diese Fundamente werden von außerstaatlichen Institutionen bzw. Personen verhandelt, z. B. von den Kirchen, den Gewerkschaften, den Wissenschaften, den Medien, Künstlern und Kulturschaffenden.

In einem pluralistischen demokratischen Staat soll der Freiheitsspielraum für den Einzelnen möglichst groß sein und bleiben. Dies ist seine eigentliche Aufgabe. Dennoch sind in der deutschen Verfassung bestimmte Werte festgelegt, die der Staat mit seinen Mitteln garantiert muss. Die Prinzipien Freiheit, Gerechtigkeit, Gleichheit vor dem Gesetz, Würde des Menschen u. ä. sind in Verbindung mit den Menschenrechten Werte, die in der Verfassung stehen. Die Realisierung dieser Rechte ist nicht vollkommen und abgeschlossen. Aber jede Politik ist verpflichtet, in ihren konkreten Maßnahmen sich daran messen zu lassen. Wenn jemand glaubt, dass gegen diese Rechte von staatlicher Seite verstoßen wird, kann das Bundesverfassungsgericht dies prüfen. Dass wir ein Bundesverfassungsgericht (BVerfG) haben, das über der staatlichen Gewalt steht, ist eine Errungenschaft der deutschen geschichtlichen Erfahrung. Die Weimarer Republik kannte ein solches Gericht nicht. Es gibt viele Gesetze, die vom Bundesverfassungsgericht schon für ungültig erklärt worden sind.

Der Staat soll die Freiheit garantieren, er schreibt aber nicht vor, wie die Menschen ihre Freiheit nutzen. Der Staat soll z. B. die Gleichheit von Mann

---

[1] Impulsreferat im Rahmen des 4. Deutsch-Ägyptischen Dialogs in Kairo/Ain Soukhna vom 18.– 23. März 2005.

und Frau schützen und befördern; er kann aber nicht vorschreiben, wie dies in der Familie realisiert wird. Erst in jüngster Zeit ist in Deutschland ein Gesetz verabschiedet worden, das die Vergewaltigung in der Ehe unter Strafe steht.

Die Menschen müssen lernen, mit diesen Rechten umzugehen. Es nützt nichts, die Menschenrechte nur mit dem Kopf zu lernen. Jeder muss dazu eine Haltung gewinnen. Dies geschieht in Deutschland, wie in jedem anderen Land, auf formelle und informelle Weise.

Der formelle Weg ist der durch die Kindergärten, Schulen, Universitäten u. ä.

In den Kindergärten und Schulen (es gibt in Deutschland eine Schulpflicht, die in den meisten Bundesländern zwölf Jahre dauert) wird durch die Lehrpläne und die Erziehung neben dem Wissenserwerb darauf geachtet, dass Kinder und Jugendlichen Rücksichtnahme, Disziplin, Mut, Freude, Neugier usw. lernen. Sie müssen dabei lernen, dass die eigenen Rechte durch die Rechte Anderer begrenzt werden. Das Problem dabei ist: Die meisten Kinder und Jugendlichen wissen dies und kennen auch viele Werte, aber sie halten sich häufig nicht daran. Deswegen muss man die Arbeit in den Schulen so organisieren und die Themen so auswählen, dass beim Auftauchen solcher Konflikte ein vernünftiges Lernen möglich ist. Insofern ist die alltägliche Lernkultur eine unbedingte Voraussetzung für eine gute und erfolgreiche Schule.

Es gibt Fächer, in denen solche Fragen, die eine gewisse Bedeutung für die Respektierung der Menschenrechte haben, intensiver behandelt werden als in anderen Fächern (Politische Bildung, Geschichte, Sport, Literatur, Sprachen). Dem Fach Religion kommt hierbei eine große Rolle zu. In Deutschland sind die Kinder aber nur verpflichtet, am Religionsunterricht teilzunehmen, wenn sie einer Kirche angehören und noch keine 14 Jahre alt sind. Mit 14 ist man in Deutschland religionsmündig und kann selbst entscheiden, ob man am Religionsunterricht oder an einem nicht religiös gebundenen Werte-Unterricht teilnehmen möchte.

Die muslimischen Kinder erhalten nur ganz selten Religionsunterricht, weil es keine religiöse Organisation (vergleichbar unseren Kirchen) gibt, mit der man die Inhalte dieses Unterrichts absprechen kann. Dies beginnt sich erst jetzt zu ändern. Wir haben beispielsweise in Niedersachsen durch die Vermittlung der Evangelischen Akademie Loccum endlich ein Curriculum entwickelt, das jetzt umgesetzt wird. Dieser Unterricht soll auch dazu dienen, den undurchsichtigen und die Integration in Deutschland nicht förderlichen Unterricht der Koranschulen zurückzudrängen.

Die Globalisierung erfordert von den Heranwachsenden große Anstrengungen und Leistungen. Das gilt für den Beruf genauso wie für das Verhalten. Dieses ist in Deutschland vor allem bei ausländischen Schülern nicht immer gewährleistet. Häufig sprechen die Kinder schlecht Deutsch und verstehen daher auch die Aufgaben in Mathematik oder Sachkunde nicht. Sie können schlecht lesen und sind daher im Lernen und im Beruf benachteiligt. Internationale schulische Vergleichsstudien haben gezeigt, dass in Deutschland noch viel zu tun ist. Die Leistungen sind mittelmäßig, der schlechtere Teil ist viel zu hoch, die Abhängigkeit der schulischen Leistungen vom sozialen Milieu der Schülerinnen und Schüler ist erschreckend.

Die Globalisierung zwingt die Menschen, sich an ökonomische Erfordernisse im Beruf anzupassen und den Blick für die ganze Welt zu lernen. Man muss also darauf achten, dass andere Kulturen, Sprachen, Religionen, Sichtweisen und Gewohnheiten, wenn möglich, respektiert werden. Dabei ist es wichtig, dass die Kinder lernen, die Menschenrechte für sich und die anderen gelten zu lassen. Vor zehn Jahren war dies beispielsweise zwischen den Serben und Bosniern und Kroaten sehr schwierig. Wenn Kinder voller Vorurteile über andere Kinder schon aus den Elternhäusern kommen, ist der Einfluss der Schule begrenzt. In Deutschland waren in den 1930er und 1940er Jahren die Juden Leidtragende solcher Vorurteile.

Es ist deswegen wichtig, dass in den Schulen richtige und Vorurteile abbauende Informationen in den Büchern stehen. So hat z. B. eine Gruppe von palästinensischen und israelischen Wissenschaftlern die Schulbücher beider Völker daraufhin untersucht, welche falschen und die Anderen diskriminierenden Geschichtsbilder darin stehen. Diese Arbeit wurde unter Vermittlung des Georg-Eckert-Instituts für Internationale Schulbuchforschung in Braunschweig geleistet. In diesen Tagen[2] wird in Sarajewo ein Abkommen zwischen Serben, Bosniern und Kroaten unterzeichnet, wie in Zukunft die Schulbücher gestaltet werden sollen. Auch hier hat das Braunschweiger Institut vermittelt.

Ich rege an, dass solche Untersuchungen und Gespräche auch für die ägyptischen und deutschen Perspektiven stattfinden. Man weiß in Ägypten und Deutschland zu wenig voneinander oder das Falsche. Bei uns kennt jedes Kind die Pyramiden, aber es weiß nichts vom heutigen Ägypten.

Wenn der Grundsatz der Toleranz gelten soll, muss man wissen, was man toleriert. Wer nicht weiß, was er tolerieren soll, ist nicht tolerant, sondern dumm. Man wird dabei lernen, was man nicht tolerieren kann oder will, weil grundsätzliche ethische Überzeugungen berührt sind. In Fragen der sog. männlichen oder Familienehre tauchen solche Differenzen auf.

Die informelle Werteerziehung

Menschliches Verhalten und Werteorientierung bilden sich nicht vornehmlich in Schulen und Einrichtungen aus, sondern in der Familie, im Umgang mit Gleichaltrigen, in den Kirchen, über die Medien und im Milieu der Jugendgruppen.

Welche Werte hier gelten und sich durchsetzen, ist ein Resultat der gesellschaftlichen Auseinandersetzungen und Interessen. Dabei gelten die Grundrechte. So darf selbstverständlich keine körperliche und seelische Gewalt einzelner oder mehrerer Menschen gegen Menschen angewandt werden. So dürfen Eltern ihre Kinder nicht schlagen oder verletzen. Gewalt ist in einem Rechtsstaat nur dem Staat erlaubt (das sogenannte Gewaltmonopol des Staates), dies aber auch nur unter bestimmten Bedingungen. Festnahmen, Polizeivorgehen, Verhöre, Freiheitseinschränkungen dürfen in Gefängnissen, in der Armee oder der Polizei nur unter richterlicher und gerichtlicher Erlaubnis geschehen.

---

[2] Im März 2005, d. Hrsg.

Die Medien, das Vorbild der Eltern und überhaupt das Verhalten der Erwachsenen haben daher für das Werteverhalten der Jugendlichen und Kinder große Bedeutung. Die mit der Globalisierung und den modernen beruflichen und kommunikativen Erfordernissen geforderten Verhaltensweisen sind von erheblichem Belang. Hier liegen häufig Konflikte zwischen den Generationen. Je schlechter die Chancen für Bildung und Beruf sind, desto schwieriger ist auch die Einhaltung von Werten.

Vorschläge für konkrete Maßnahmen im Rahmen des deutsch-ägyptischen Dialogs

1. Schulbuchgespräche mit dem Ziel der Versachlichung von Texten und der Informationsverbesserung des gegenseitigen Bildes.
2. Erfahrungsaustausch auf der Ebene der Lehreraus- und Fortbildung unter Einschluss von Austausch.
3. Studienaustauschprogramme mit Studenten und Jugendlichen.
4. Ein Grundwerte-Gespräch zwischen Al Azhar und der EKD (und evtl. Bischofskonferenz) mit dem Ziel einer schriftlichen Konkretisierung des gegenseitigen Grundwerteverständnisses. Dies könnte in ein Orientierungsangebot für alle Religionslehrerinnen und -lehrer beider Länder münden.

Die Rolle der Zivilgesellschaft bei der Einübung, Aktivierung, und Praktizieren von Staatsbürgerschaft (Citizenship)[1]

Zur historischen Dimension

Wer Deutschland heute verstehen will, muss einige historische Erfahrungen der Deutschen kennen und sie bei der Beurteilung der deutschen Politik, der Gesellschaft und der Denkweise der Deutschen berücksichtigen. Denn diese Erfahrungen wirken weiter und werden in allen Bildungseinrichtungen behandelt, gelehrt und gelernt. Diese Erfahrungen sind:

1. Die Demokratie hat in Deutschland eine lange Geschichte, war aber nicht immer erfolgreich. Die erste deutsche Demokratie, die Weimarer Republik seit 1919, ist 1933 gescheitert, weil es in Deutschland nicht genügend Demokraten gab und die Mehrheit der deutschen Eliten in Wirtschaft, Universitäten, Gerichten, Verwaltungen, Schulen, Militär, Kirchen usw. die Demokratie nicht verteidigt haben. Die demokratische Gesinnung in der Zivilgesellschaft war zu schwach.

Als die Weltwirtschaftskrise nach 1930 mehr als sechs Millionen Arbeitslose hervorbrachte, haben die deutschen Eliten und mit ihnen Millionen Deutsche die Lösung der Probleme in einer antidemokratischen autoritären Staatsführung gesucht, die zu einer Diktatur wurde. Diese Entwicklung war nicht nur eine politische, sondern basierte auf weit verbreiteten Überzeugungen in der Gesellschaft. Diese Diktatur war von Anfang an auf Krieg ausgerichtet und hat den Zweiten Weltkrieg zu verantworten.

---

[1] Impulsreferat beim VI. Deutsch-Ägyptischen Dialog in Alexandrien am 2. November 2007

2. „Der Zweite Weltkrieg war ein Angriffs- und Vernichtungskrieg. Er war ein vom nationalsozialistischen Deutschland verschuldetes Verbrechen". Diesen Satz hat am 17. Mai 1997, also vor zehn Jahren, der Deutsch Bundestag beschlossen. Der Krieg, der mehr als 55 Millionen Tote und mehr als 200 Millionen Verwundete gekostet hat, war für Deutschland eine nationale und moralische Katastrophe.

Die Grundlage des NS-Regimes war der Rassismus, der von der These ausging, die sogenannte arische Rasse, zu der auch die Deutschen und alle Germanen gehören sollten, sei mehr wert als alle anderen Rassen. Das hatte politisch zur Folge, andere Völker unterdrücken zu können und zu wollen, z. B. slawische Völker als Untermenschen zu verstehen und dementsprechend zu behandeln. Der Holocaust ist deswegen ein einzigartiges abscheuliches Verbrechen, weil versucht worden ist, auf systematische und industrielle Weise ganze Völker auszurotten (Juden, Sinti und Roma).

Die deutschen Demokraten haben dies nicht verhindern können, obwohl der Rassismus allen Religionen (dem Christentum genauso wie dem Islam oder dem Judentum) und den Traditionen der europäischen Aufklärung fundamental widersprach. Und die deutsche Arbeiterbewegung war in einen demokratischen und totalitären Teil gespalten und war als gesellschaftliches Machtinstrument gegen die Nazis zu schwach.

Zur systematischen Dimension

Diese deutschen Erfahrungen haben dazu geführt, dass in Westdeutschland, mit Hilfe der Amerikaner, Engländer und Franzosen eine parlamentarische repräsentative Demokratie aufgebaut und im Laufe der Jahrzehnte von den Deutschen immer mehr akzeptiert wurde. In der DDR sah es aufgrund der Interessen der Sowjetunion anders aus. In der Verfassung, die seit dem 3. Oktober 1990 auch für das vereinte Deutschland gilt, steht als erster Satz „ Die Würde des Menschen ist unantastbar". Weil diese Auffassung auf dem historischen Erfahrungen fußt und deshalb den obersten Rang besitzt, deswegen reagieren die Deutschen so empfindlich auf jegliche Art des Terrorismus, sei es den in

Deutschland in den siebziger Jahren oder den aktuellen islamistischen Terror oder in Spanien.

Zur aktuellen politischen und bildungspolitischen Dimension

Alle bestehenden Parteien (außer der NPD), die Kirchen, die Gewerkschaften, die Verbände, die Wirtschaft, die Bildungseinrichtungen, die Medien usw. akzeptieren heute die Demokratie und verteidigen sie gegen undemokratische Bestrebungen. Die Zivilgesellschaft ist heute stärker als zu Zeiten der Weimarer Republik. Politische Probleme werden in den Formen und mit den Regeln der Demokratie aufgenommen, zustimmend oder kritisch diskutiert und organisiert. Kritische, zivilgesellschaftlich organisierte Themen haben auch bei Jugendlichen eine starke Anziehungskraft. In den Problemfeldern der Umwelt, der Globalisierung, der Gedenkkultur, im Sport und in vielen Initiativen kommt dies zum Ausdruck.

Es gibt aber auch aktuelle Gefährdungen der Demokratie in Deutschland. Die wirtschaftliche Bedrängnis, die mit der Arbeitslosigkeit eintritt oder droht, lässt viele Menschen an der Wirksamkeit demokratischer Institutionen zweifeln. Manche Medien, vor allem die privaten Fernsehsender und die Boulevardpresse, das Internet und die Videospiele, begünstigen eine apolitische Haltung vieler Jugendlicher, was sich in extrem geringer Wahlbeteiligung junger Menschen und eine verächtliche Gesinnung gegenüber der Politik ausdrückt.

Es gibt Probleme, die man mit nationalstaatlichen Mitteln allein nicht mehr lösen kann (Globalisierung, Unsteuerbarkeit des modernen Finanzkapitals, Energiekrisen, Klima- und Umweltschutz, Migration). Deswegen werden internationale Institutionen mit Kompetenzen immer wichtiger (EU, UN, NGOs, Menschenrechtsorganisationen). In Deutschland wird heftig über die Migration diskutiert. Aufkommender Rassismus in der Bevölkerung wird von zivilgesellschaftlich organisierten Teilen entschieden und deutlich bekämpft.

Die Aufgabe der politischen Bildung in Deutschland ist es – und die staatlichen Einrichtungen wie Schulen, Universitäten sowie Kirchen, Gewerkschaften und andere Einrichtungen der Zivilgesellschaft sehen das auch so –, dass die anstehenden nationalen und internationalen Probleme möglichst in demokratischen Formen gelöst werden.

Die deutschen historischen Erfahrungen erlauben es uns zu fordern, dass dazu auch Kritik und Selbstkritik gehören. Wir Deutschen akzeptieren die Schuld und das Versagen Deutschlands im 20. Jahrhundert und möchten gern, dass jedes Land und jede Ideologie auch so denkt, dass Fragen nach eigenen Versäumnissen oder schuldhaften Verhalten zugelassen werden und darüber ein öffentlicher und aufgeklärte Dialog geführt wird. Die Ehre eines Landes, eines Volkes oder einer Religion wird nicht berührt, wenn man eigene Fehler benennen kann.

Wir Deutschen jedenfalls haben eine große Skepsis gegenüber sogenannten „ewigen Wahrheiten" in der Geschichte und Politik. Mit den Glaubenswahrheiten mag das anders sein. Um dies plastisch zu machen:

1. Die USA haben mit anderen Völkern uns vom Nationalsozialismus befreit. Wir sind ihnen dafür dankbar und dafür sind sie auch unsere Verbündeten. Das hindert uns aber nicht daran zu urteilen, dass die aktuelle Politik der USA schrecklich ist und ohne Rücksicht auf andere Völker eigene Interessen durchzusetzen versucht.
2. Die Existenz des Staates Israel ist indirekt auch eine Folge des Holocaust. Diese Erkenntnis lässt uns deswegen die Existenz Israels verteidigen und jede Rhetorik ablehnen, die die Existenz Israels in Frage stellt. Das hindert uns aber nicht daran, Israel schärfsten wegen der Politik der illegalen Besiedlung Palästinas oder wegen des Vorgehens gegen Beirut im vergangenen Jahr zu kritisieren.
3. Der Islam ist eine achtenswerte Weltreligion, aber Terrorismus mit religiöser Begründung sind uns völlig unverständlich und in jeder Form abzulehnen.
4. Das Christentum ist die Religion der Liebe. Aber wir wissen, dass in der Geschichte des Christentum grauenhafte Verbrechen und Bluttaten mit religiöser Begründung verübt wurden (Kreuzzüge, Inquisition, Hexenverbrennungen).
5. Es ist unbestritten, dass unter türkischer Herrschaft mehr als zwei Millionen Armenier umgekommen sind oder ermordet wurden. Eine wahrhaf-

tige Aufklärung über die Motive und die Geschehnisse würde nicht die Ehre des türkischen Volkes berühren, sondern könnte zur Zivilisierung von Emotionen beitragen.

Wir möchten gern, dass die Widersprüchlichkeit der Welt gesehen wird, damit man besser an der Beseitigung von Vorurteilen und Spannungen arbeiten kann. Das muss man jeden Tag neu beweisen. Deshalb fand ich es so ermutigend, dass zum Beginn unserer Konferenz der Ägyptische Religionsminister Prof. Dr. Mahmoud Zakzouk davon sprach, dass wir Toleranz nur üben können, wenn wir zur Kritik und Selbstkritik fähig sind.

Self Defence and Lack of Self Criticism – Attitudes and their Meaning for Dialogue

Anerkennung, Leistung und Selbst(kritik)[1]

Zur Anerkennung

Man kann sich – in Übereinstimmung mit der psychologischen und historischen Forschung – keinen Menschen und keine Gesellschaft vorstellen, in der nicht Anerkennung eine grundlegende Bedeutung hat.

Menschen wollen in gutem Ansehen stehen. Kinder legen Wert darauf, dass sie von ihren Eltern und vor allem von ihren Gleichaltrigen geachtet und anerkannt werden. In der Anerkennung ihrer Person finden sie Selbstbestätigung und wachsen in ihrem Charakter. Die Formen der Anerkennung haben in unterschiedlichem Alter unterschiedliche Formen. Auch die Formen der Anerkennung unterscheiden sich in verschiedenen Kulturen und Zeiten.

Traditionelle Gesellschaften achten darauf und halten es für richtig, dass sich die Kinder und Heranwachsenden möglichst präzise an die Erwartungen ihrer Umgebung anpassen. Die Anerkennung der Personen ist gekoppelt an die möglichst reibungslose Übernahme der Verhaltensnormen und Wertmuster der vorangegangenen Generationen.

Diese Verhaltensnormen beinhalten sowohl individuell-familiäre als auch gesellschaftliche Inhalte, die je nach Gesellschaft mit religiösen, kulturellen, sozialen oder politischen Erwartungen verknüpft sind. Anerkennung ist geknüpft an die Akzeptierung und den Vollzug solcher komplexen Lebensformen und -äußerungen. Die Verweigerung dieser Anerkennung kann zu diffizilen

---

[1] Impulsreferat im Rahmen des 7. Deutsch-Ägyptischen Dialogs "Erfahrungen, Bewertungen und Perspektiven" in der Evangelischen Akademie Loccum vom 4.- 6. Mai 2009.

Exklusionen führen: Verweigerung der Achtung, Benachteiligung bei Erbfragen, Ausschluss von sozialen Beziehungen, Liebesentzug usw. Die Erziehungsgeschichte der ganzen Welt kennt unzählige Beispiele von Versuchen, die Anerkennung gesellschaftlicher Normen zu erzwingen (bis zur körperlichen und seelischen Züchtigung, Abschiebung in Internate oder zu weit entfernt wohnenden Verwandten, Verweigerung einer Ausbildung, Zwangsverheiratungen usw.).

In jeder Gesellschaft, auch den sog. westlichen, ist es noch nicht lange her, dass diese Formen alle vorkamen. In der heutigen Welt ist dies fast überall noch zu finden. Die Kehrseite dieser Form der Anerkennung, gleichsam die Belohnung für die Bereitschaft, sich ein- bzw. unterzuordnen, ist, dass sich die Angehörigen einer solchen Gesellschaft selbst als Individuen anerkannt wissen und getragen werden. Wenn es diese Anerkennung nicht gibt oder in Frage gestellt wird, ist dies von hoher individueller und gesellschaftlicher Brisanz.

Ein Mensch, der sich nirgends Anerkennung verschaffen kann, ist unglücklich und ist zu fast allem verführbar, was ihm Anerkennung verschafft – oder er resigniert. Gesellschaften dieses Typs sind allerdings statisch. Antike, altorientalische und mittelalterliche Gesellschaften gehorchen diesen Mustern.

Zur Leistung

Die Erwartung der jeweils älteren Generation, dass ihre Kinder in der Regel so werden und sich so verhalten mögen wie sie selbst, ist allerdings in Europa seit der Entwicklung der industriellen Gesellschaft (und seit dem 18. Jahrhundert in den USA) nicht mehr selbstverständlich erfüllt.

Die Dynamik, die mit der Industrialisierung, ihren technischen Erfindungen, den naturwissenschaftlichen Erkenntnissen sowie den Gedanken der Aufklärung mit ihrer Lösung von kirchlichen Einflüssen eingesetzt hat (Säkularisation), hat die starren sozialen und gesellschaftlichen Formen und ihre juristischen Absicherungen beseitigt.

Seit der amerikanischen Verfassung und der Französischen Revolution 1789/99 wird die individuelle Anerkennung in wachsendem Maße an die

Erbringung von Leistung geknüpft. Zwar hat die Erklärung der allgemeinen Menschenrechte die Anerkennung der Würde eines jeden Menschen zur Voraussetzung. Sie diente aber als Versprechen, dass jeder Einzelne (zunächst nur Männer) sich die tatsächlich wirksame Anerkennung durch eigene Anstrengung und Leistung erwerben muss. Nicht der angeborene Status (Feudalregime), sondern die selbst erworbene Stellung verschafft Anerkennung. Dieses Leistungs-Prinzip der bürgerlichen Gesellschaft beinhaltet zwei nicht zur Ruhe kommende Komponenten: zum einen kann die bürgerliche Gesellschaft nicht jedem Teilnehmer den Erfolg seiner Anstrengungen und damit die Anerkennung garantieren, denn es bleiben Millionen auf der Strecke, deren Würde und Anerkennung erst erstritten werden muss oder nie erreicht wird (soziale Fragen). Zum anderen ist die erbrachte Leistung selbst nicht stabil, sondern der Kritik ausgesetzt.

Damit ist auch die Anerkennung nichts Statisches und Unveränderbares. Während man sich in statischen Gesellschaften um die Anerkennung nicht weiter kümmern muss, sofern man ein Mindestmaß an geforderter Sozialisation erbringt und seine gesellschaftliche Stellung akzeptiert, ist dies in industrialisierten Gesellschaften der Idee nach anders. In ihr kann man an Ansehen und Anerkennung verlieren, wenn die Leistung nichts mehr gilt oder nicht erneuert und erweitert werden kann.

Verweigerung der Anerkennung ist nach diesem Verständnis gleichsam ein selbstverschuldeter Akt und kann nicht individuell gerächt werden. Ehrverlust ist dann kein psychosoziales, sondern ein ökonomisch vermitteltes Problem.

Dass die Anerkennung durch nicht (mehr) erbrachte Leistung geschmälert oder aufgehoben werden kann, ist für die Betroffenen ein schmerzlicher Prozess. Ein solcher Mensch muss daher alles daransetzen, diesen Vorgang zu vermeiden. Dies setzt ungeheure Energien frei. Zum Beispiel hängt die Forderung nach Erlangung möglichst guter Bildung hieran, um den jeweils sich ändernden Wertigkeiten von Leistung gewachsen sein zu können. Es ist daher nicht von Ungefähr, dass die bürgerlichen Gesellschaften, die im Gefolge der Aufklärung entstanden sind, neben den klassischen Ansehensfaktoren wie Vermögen und Grundbesitz den der Bildung hinzugefügt haben.

Zur Kritik und Selbstkritik

Die Auflösung der statischen Rollen- und Anerkennungszuweisungen geschieht in Form der Kritik. Seit der Reformation und dem 17. Jahrhundert ist in Europa ein lang dauernder geistiger Prozess im Gange, der die Vernunft aus den Fesseln religiöser und kirchlicher Vormundschaft befreien will. Den präzisesten Ausdruck findet diese Bewegung der Aufklärung in der Formulierung des deutschen Philosophen Immanuel Kant (1724 –1804) sapere aude = Habe den Mut, Dich Deines eigenen Verstandes zu bedienen. Im Prinzip enthält diese Forderung den generellen Wunsch, alle menschlichen und sächlichen Vorgänge und Bewertungen der rationalen Kontrolle und Kritik zu unterziehen.

Kritik zu üben bedeutet nichts Anderes als gängige Bewertungsmuster und daraus abgeleitete rechtliche Positionen immer wieder in Frage zu stellen bzw. zu begründen. Dies gefahrlos tun zu können ist nach westlicher Vorstellung Ausdruck freiheitlicher Verhältnisse. Kritik zu üben bedeutet nicht automatisch, alle Verhältnisse umstürzen zu wollen oder zu müssen. Ausschließen kann man dies allerdings auch nicht. Ein solches Kritikverständnis muss institutionell gesichert werden. Dazu dienen demokratische Verfahren (freie Wahlen, Garantie der Menschenrechte, unabhängige Gerichtsbarkeit und Presse usw.) Jeder, der sich öffentlich oder privat der Kritik ausgesetzt sieht, muss den Verlust von Einfluss und/oder Ansehen und Anerkennung befürchten, wenn seine Ansprüche und Erwartungen rationaler Kritik nicht standhalten. Als ein rationales Kriterium gilt u. a. auch die Erbringung von Leistung (durch Arbeit, Erfindungen, Anstrengungen).

Kritik wird bei Diktaturen jeder Form als störend empfunden und soll deswegen kanalisiert und im Notfall auch unterdrückt werden. Politische Entscheidungen sind das klassische Feld von Kritik, weil dort unterschiedliche Interessen ausgetragen werden. Diese Konflikte möglichst rational, d.h. ohne Gewalt auszutragen, ist der Anspruch. Dass dies nicht dauerhaft geglückt ist, muss nicht besonders betont werden. Allzu oft sind in der Vergangenheit die Interessen und Emotionen stärker gewesen als der Wille, bestehende Konflikte rational zu lösen. Der Erfolg rationaler Kritik hängt von der Bereitschaft ab, sich rationalen Argumenten unterzuordnen.

In Demokratien soll dies durch rationale Verfahren und institutionalisierte Kritik in Form von Opposition, die prinzipiell auch als tatsächliche Alternative gesehen wird, geschehen. In demokratischen Wahlen ist ein Instrument gefunden worden, bei wachsender Kritik eine Regierung auch ohne Blutvergießen loszuwerden. Dies ist für die Betroffenen nicht ehrenrührig, wenn dies nicht von sozialer Deklassierung begleitet wird.

Das politisch und sozialpsychologisch schwierigste Problem besteht darin, rationale Kritik für sich selbst gelten zu lassen. Althergebrachte Vorstellungen, die in kulturellen, mentalen, religiösen oder anderen Gewohnheiten bestehen können, stehen dem häufig entgegen. Diese aufzugeben oder in Frage stellen zu lassen, löst bei vielen Menschen existentielle Krisen aus. Wenn z. B. Männer gewohnte Rollen, die auch in Deutschland noch vor wenigen Jahrzehnten rechtliche Privilegien einschlossen, gegenüber Frauen aufgeben sollen, können sie dies als Angriff auf ihre Ehre empfinden.

Noch schwieriger zu bewältigen ist die Forderung nach Selbstkritik. Sie ist die komplexeste Form der Kritik. Sie verlangt von Einzelnen und von ganzen Kollektiven (Nationen, Völkern, Kirchen, Organisationen usw.) das Eingeständnis, etwas falsch gemacht zu haben und daraus für zukünftiges Verhalten Schlussfolgerungen zu ziehen. Wer Kinder erzieht, kennt das Phänomen: Hat ein Kind etwas getan, was es nicht sollte, verlangen Eltern in der Regel, dass es den Fehler anerkennt und Besserung gelobt. Für Erwachsene ist es besonders schwer, sich selbst korrigieren zu sollen. Es wird häufig befürchtet, dass damit Ansehens- und Anerkennungsverlust verbunden ist. Dies muss dann nicht sein, wenn man sich in seinem gesamten Leben der Rationalitätsforderung unterworfen hat bzw. gewillt ist, nach bestimmten ethischen oder religiösen Regeln leben zu wollen und sich hieran messen zu lassen.

Aber auch Kollektive kennen den Akt der Selbstkritik. Das markanteste Beispiel erleben wir im Augenblick in der Neuorientierung der amerikanischen Außenpolitik. Ob diese erfolgreich ist, muss geprüft werden, aber beim Wort nehmen, d. h. dem Gesprächsangebot rational zu begegnen, sollte man es schon.

Von ganz anderer Dimension ist die Selbstkritik, der sich Deutschland nach dem selbst verschuldeten verbrecherischen Angriffskrieg 1939 bis1945 unterzogen hat. Nahezu allen Deutschen ist klar, dass die Ziele, die gedanklichen Voraussetzungen (Rassismus) und die Methoden (Genozid) des Krieges nicht tolerabel waren. Der Zweite Weltkrieg ist eine schwere Schuld, in die die damalige Führung Deutschland geführt hat. Unabhängig von der Strafe (Verlust von Millionen von Menschen, Zerstörung des Landes, Abtretung großer Territorien usw.) war nach 1945 für Deutschland zu entscheiden, welche Lehren aus diesem nationalen Versagen zu ziehen seien. Wir haben es mit der Etablierung der Demokratie, dem skrupulösen Umgang mit dem Kriegseinsatz und dem kritischen öffentlichen Diskurs bei strittigen Fragen versucht. Dieser Prozess ging zunächst nicht ohne Hilfe der alliierten Siegermächte und hat jahrzehntelang gedauert.

Ob das ausreicht angesichts der weltweiten Probleme, Krisen und Interessen, muss immer neu ausgehandelt werden. An aktuellen Beispielen mangelt es nicht: Wir müssten bei Gelegenheit diskutieren, worin die rationalen Ursachen des israelisch-palästinensischen Konflikts liegen, wie man – dies ein aktuelles Beispiel aus Europa – mit Seuchen umgeht (z. B. Rinderseuche BSE, Vogelgrippe oder Schweinegrippe), welche Rolle Religionen dabei spielen sollen usw. Jedenfalls kann man ohne Bereitschaft zu Kritik und Selbstkritik keine friedliche Welt erhalten. Gegenseitiger Respekt, Anerkennung erbrachter Leistungen und den Willen zur Rationalität sind dazu unverzichtbar. Sie sind eine notwendige, wenn auch nicht immer eine hinreichende Bedingung.

Types of Conflict of Identity in Arab and European Societies and how to deal with them[1]

Europa: Die Entstehung eines Kontinents aus Konflikten

Europa ist geografisch nur nach drei Seiten abgrenzbar. Nach Osten und Südosten hin sind seine Grenzen sowohl geografisch als auch politisch unscharf. Der Ural ist zwar die Grenze, aber sibirische Städte wie Omsk fühlen sich als europäische Städte, und Kasachstan spielt in der Europäischen Fußballmeisterschaft mit. Armenien fühlt sich europäisch, ist aber die längsten Zeit seiner Geschichte über auf Kleinasien orientiert. Edirne gehört zu Europa, Istanbul auch, aber was ist mit Kadikoy auf der anderen Seite des Bosporus? Man muss damit leben, dass es unentscheidbare Fragen gibt.

Die politische Geschichte Europas beginnt mit der griechisch-römischen Antike. Die war aber um das Mittelmeer herum auf allen Seiten gruppiert, nicht aus dem Kontinent heraus. Das Mittelmeer war mehr als 600 Jahre ein römisch-byzantinischer Raum, religiös 400 Jahre ein *mare Christianum*. Die politische Geschichte Europas war zudem ein nicht endender Prozess von Konflikten (Blütezeit des römischen Kaiserreich, Trennung des Reiches in Ost- und Westrom, Völkerwanderung, Auflösung des Weströmischen Reiches, Formierung von ethnisch bestimmten Kleinreichen, Transformation der Imperiumsidee auf Karl den Großen hin, Festhalten an dieser Idee bis ins 18. Jahrhundert).

Die Einheit des Mittelmeerraums zerbrach im 7. Jahrhundert mit der islamischen Eroberung Palästinas, Nordafrikas und der 700-jährgen Herrschaft des Islam in fast ganz Spanien.

---

[1] * Impulsreferat im Rahmen des Europäisch-Arabischen Dialoges an der Orthodoxen Akademie von Kreta, Kolymbari 2011 vom 12. bis16. April 2011.

Aber auch innerhalb des christlichen Europas hörten die Konflikte nicht auf. Die Christianisierung war etwa um 1100 abgeschlossen. Die Friedfertigkeit der christlichen Religion war jedoch mehr Programm als Realität. Der Anspruch der Päpste auf den Primat in weltlichen Angelegenheiten war vielmehr selbst häufig Quelle von Drohungen, Erpressungen, Herrschaftsansprüchen und kriegerischen Konflikten.

Das Denken in diesen Jahrhunderten ging nicht von einer Staatsidee, sondern von dynastischen Ansprüchen und Prinzipien aus. Die Herausbildung von sogenannten Nationalstaaten ist ein Jahrhunderte langer Prozess, der erst im 19. Jahrhundert zu seiner totalen politischen Brisanz führt, weil die jeweilgen ethnischen oder religiösen Minderheiten rechtlich und kulturell (Sprache) nicht gleichberechtigt behandelt wurden und werden können. Die Entstehung einer Nation beginnt nicht mit der Definition einer Nation oder eines Volkes oder einer Ethnie, sondern sammelt ethnische, kulturelle, sprachliche oder andere Charakteristika und historische Erfahrungen um bestimmte Dynastien oder Herrscherfiguren herum. Beispielsweise sind England, Frankreich, Schweden u. a. erst im Laufe vieler Jahrhunderte zusammengewachsen. Die Nationsbildung in Mittelosteuropa scheint bis heute nicht abgeschlossen zu sein.

Die Rolle des Christentum bei der Entstehung Europas

Das Christentum ist vom Römischen Reich aus in die noch nicht christianisierten Teile Europas gekommen. Christliche Missionare haben die noch außerhalb der Grenzen Roms lebenden germanischen Stämme christianisiert. Der Vorgang ist historisch dunkel, zumal Sonderformen wie der Arianismus in den germanischen Stämmen zunächst dominierend waren. Germanische Stämme wie die Sachsen, Schweden, Dänen und auch die Finnen sind erst im 8. bis 11. Jahrhundert christlich geworden. Dieser Vorgang ist meist über die Fürsten gegangen, die ihre Völker auch zur Taufe zwangen. *Cuius regio, eius religio* (Wessen Land, dessen Religion) war ein mehr als tausend Jahre herrschendes Prinzip. Die Missionierung schloss häufig auch die Gewaltsamkeit nicht aus (Taufe oder Tod).

Der Osten Europas (Russland, Ukraine, Rumänien) ist von Byzanz aus christianisiert worden. Polen, Tschechien, Slowakei, Litauen kennen das Christentum seit dem 10./11. Jahrhundert. Alle diese Länder haben das Christentum unabhängig von ihrem jeweiligen Herrschaftsgebiet über Jahrhunderte gepflegt. Es wurde zu ihrer Identität, wie ihre Sprache, ihre Gewohnheiten, ihre Fürsten und Könige.

Allerdings war das Christentum wegen seiner dauernden Diskussionen um die richtige Auslegung biblischer Aussagen immer konfliktträchtig. Buchstaben konnten Kriege auslösen. Es ist unbestritten, dass sich die Christen im Ägypten des 7. Jahrhunderts (Patriarchat von Alexandrien) von den Christen in Konstantinopel (Patriarchat Konstantinopel) bedrängt und verfolgt fühlten, als die arabischen Muslime dort auftauchten. Die muslimische Herrschaft wurde auch als Befreiung erlebt, weil man davon ausging, dass man in Religionsfragen in Ruhe gelassen wurde.

Im Hochmittelalter gab es in jedem Jahrhundert eine sog. Ketzerbewegung. Das größte Schisma der Kirchengeschichte datiert von 1054, als der römische Papst auf den Altar der Hagia Sophia in Konstantinopel die Bannbulle gegen den Patriarchen von Konstantinopel deponieren ließ und damit die bis heute gültige Kirchenspaltung in Katholiken und Orthodoxen auslöste.

Es war vordergründig ein theologischer Streit, in Wahrheit ging es um Einfluss und Macht. Soziale Probleme des Kleinadels Europas wurden zwei Jahrhunderte lang unter christlichen Motiven in kriegerische Unternehmungen wie den Kreuzzügen verlagert, die, wie das venezianische Unternehmen 1204 mit der Eroberung Konstantinopels zeigte, auch innerchristlich ausgetragen wurde.

Die innerkirchlichen Protestbewegungen wurden aufgefangen durch die Gründung von Orden mit spezifischem Profil. Das in Ägypten entstandene Mönchstum erwies sich als eine sehr flexible Lebens- und Organisationsform. Orden konnten aber auch genutzt werden, alle, die nicht bestimmte Positionen und Abhängigkeitsverhältnisse (z. B. Rolle des Papsttums) anerkannten, zu vernichten (Katharer, Bogumilen). Aus der Kirche ausgeschlossen zu werden (Anathema) galt als eine härtere Strafe als der Tod.

Auch der Protestantismus gewann seine Unüberwindlichkeit nicht aus der theologischen Argumentation allein, sondern auch dadurch, dass es genügend mächtige Reichsfürsten (und später Könige wie in Schweden) gab, die Luther und seine Lehre gegen die Anhänger der katholischen Kirche verteidigten. Die Abspaltung der anglikanischen Kirche schließlich lässt sich fast vollständig als Machtauseinandersetzung verstehen.

Europa ist während zweier Jahrhunderte durch Religionskriege gekennzeichnet. Hinter der Frage, wer das richtige Christentum habe, wurden die Machtverhältnisse konfliktreich ausgetragen. Der große europäische Krieg von 1618 bis 1648, als Dreißigjähriger Krieg ins kollektive Gedächtnis eingegangen, hatte zum Ergebnis, dass man um der religiösen Wahrheit willen keinen Krieg führen oder gar gewinnen kann. Aus diesem schmerzlichen Erlebnis entwickelte sich schließlich der gesamteuropäische Gedanke der religiösen Toleranz und der beginnenden Trennung von kirchlicher und weltlicher Sphäre (Säkularisierung).

Die Rolle der Demokratie und der sozialen Frage bei der Herausbildung der modernen Identität Europas

Europa war immer mit sich selbst beschäftigt und entwickelte unter christlichem Wahrheitsanspruch das Selbstverständnis, zur kulturellen und religiösen Missionierung der ganzen Welt berechtigt zu sein. Aus diesem Geist, gekoppelt mit wirtschaftlichen Interessen, ist schließlich der Kolonialismus und Imperialismus entstanden. Dieser Gedanke war allerdings auch dem islamischen Osmanentum nicht fremd. Wer das heutige Europa verstehen will, muss allerdings zwei Entwicklungen der letzten 200 Jahre berücksichtigen, die heute konstitutiver Bestandteil der Identität Europas sind: die Aufklärung und die Entwicklung zu Nationalstaaten.

Die innere Loslösung der weltlichen Sphären (Staat, Wirtschaft, Wissenschaft) vom geistigen, auch politischen allumfassenden Anspruch der Kirchen ist ein langer Prozess gewesen. Er wurde geistig vorbereitet im 17. und 18. Jahrhundert und brachte die Gedanken der religiösen Toleranz, der Gewaltenteilung, der Trennung von Glaube und Wissen, der Befreiung von Sklaverei, der Bildung, der Volkssouveränität, der individuellen Freiheits- und Menschenrechte hervor. Heute kann man in europäischen Staaten verschiedene Formen der Nähe und Ferne von Staat und Kirche finden. Zwischen der relativen Kirchennähe in Polen bis zur vollständigen Trennung von Kirche und Staat in Frankreich ist alles vertreten. Grundlegend ist aber immer, dass es keine verfassungsrechtlich gesicherten Privilegien für die Religionen gibt, die die Grundrechte der Bürgerinnen und Bürger verletzen könnten.

Die Durchsetzung der demokratischen Beteiligungsrechte geschah seit der französischen Revolution in den Grenzen von Nationalstaaten. Die Loyalität der Untertanen verlagerte sich in etwa drei Generationen von den Fürsten auf das „Vaterland". Der Nationalismus wurde im 19. Jahrhundert das Problem. Dies hatte wiederum sehr verschiedenartige Formen. Die nationalen Bewegungen in Frankreich und England waren früher abgeschlossen, Die Niederlande wurden durch die Loslösung vom deutschen Reich im 16. Jahrhundert zur Nation, Deutschland und Italien errangen erst im 19. Jahrhundert ihre nationale Gestalt. Der Balkan wurde in Nationalstaaten transformiert einerseits durch den schleichenden Rückzug des Osmanischen Reiches, andererseits durch den Zerfall Österreich-Ungarns nach dem Ersten Weltkrieg.

Der Versuch des revolutionären Russland, nach dem 1. Weltkrieg mit der Gründung der Sowjetunion und der Herstellung einer klassenlosen Gesellschaft die Bildung von souveränen Nationalstaaten zu verhindern, war immer eine Illusion und ist nach 1991 endgültig gescheitert. Russland ist auch heute ein Vielvölkerstaat.

Nationalismus und Demokratie sind die beherrschenden Themen des 19. und 20. Jahrhunderts. Sie haben aber zum Hintergrund die ständig wachsende Bevölkerung und Industrialisierung. Diese entwickelte sich auf der Basis der Naturwissenschaften und Technik. Überall in Europa kam es zur Bildung großer Armut, Arbeitsmigration und in deren Gefolge zu erheblichen sozialen Spannungen. Die russische Revolution, die faschistischen und nationalsozialistischen Systeme, die Expansion der Sowjetunion haben ihre Ursachen in ungelösten sozialen und nationalen Spannungen. Wenn sie sich mit einem aggressiven Nationalismus und Rassismus wie in Deutschland 1933 bis 1945 verbanden, führten sie zu Völkermord und Weltkrieg.

Zur heutigen Identität Europas gehört nicht nur die lange Zeit der christlichen Grundprägung, sondern auch das Scheitern religiöser Fundamentalismen, die Akzeptanz demokratischer politischer Formen, die Wertschätzung der individuellen Freiheits- Rechte, die Lebensform des Nationalstaates bei Ablehnung von Nationalismus, die Erinnerung an und die Erfahrung von zwei Weltkriegen und ihre Vermeidungsstrategien, der Wille zu ökonomischen und informationellen Freiheiten. Dies alles ist in unterschiedlichen Ländern aus historischen Gründen unterschiedlich ausgeprägt. Europa befindet sich als ökonomischer einheitlicher Raum erst am Anfang (EU), als politisches Konstrukt noch unvollendet, als kulturelle Kraft vielfältig und attraktiv.

Fragen an die aktuelle Entwicklung im Nahen Osten?

Nach dem 11. September 2001 haben wir in Europa wie in den USA intensiv über die Gründe und Auswirkungen des islamistischen Terrors diskutiert. Seit dem 15. Jahrhundert gibt es auch kaum eine qualifizierte theologische Auseinandersetzung mit dem Islam, die als Wissensgut in die Allgemeinbildung in Europa eingegangen ist. Über diese religionspolitische Perspektive haben wir offenbar wichtige Realitäten der islamischen Länder und insbesondere der arabischen Länder übersehen.

Im Gegensatz zu den europäischen Ländern gibt es zwei charakteristische Unterschiede zur Geschichte und Situation in den arabischen Ländern, die Auswirkungen auf das Identitätsbewusstsein haben, nämlich die Religion und die arabische Sprache. Von den arabischen Ländern ist der Islam ausgegangen. Der Koran ist in arabischer Sprache verfasst. Das hat über Jahrhunderte das arabische Selbstbewusstsein geprägt und bis in das Hochmittelalter die kulturelle Überlegenheit ausgemacht (Philosophie, Lebensart, Medizin). Für die arabischen Völker waren die Kreuzzüge ein über ihre reale Bedeutung hinaus weiterwirkende und bis heute wach gehaltene Verletzung des Ehrgefühls. Als die Osmanen ihr Weltreich errichteten, gehörten die Araber bis zum Ersten Weltkrieg zu den Opfern. Das prägt auch heute noch das Verhältnis der Araber zu den Türken.

Im Gegensatz zu Europa, das durch die Existenz von mehr als 50 Sprachen und großen und kleinen unterschiedlichen Völkern geprägt ist, empfinden sich die Araber als eigenes Volk, das durch die Sprache, die geschichtliche Erfahrung und die gemeinsame Religion (mehrheitlich sunnitische Muslime) charakterisiert wird. Geistliche Zentren des Islam befinden sich in arabischen Ländern (Mekka, Medina, Kairo, Jerusalem).

Der Nationalstaatsgedanke, der aus Europa kommt, wurde in den arabischen Landstrichen nach dem Zerfall des osmanischen Reiches sowie der französischen und englischen Kolonialherrschaft in den arabischen Ländern durchgesetzt. Die Grenzziehungen orientierten sich an unterschiedlichen Vorgeschichten: Palästina, Saudi- Arabien, Jordanien, Irak, Ägypten, Libyen, Maghreb, Jemen usw. und dynastischen Interessen. Die Grenzen wirken schon allein durch ihre Linearität willkürlich.

Die Implementierung Israels nach einem halben Jahrhundert konfliktreicher zionistischer Besiedlung im Heiligen Land hat das Selbstwertgefühl der arabischen Länder zutiefst getroffen. Es hat dazu geführt, dass die arabischen Länder ihre eigenen politischen und ökonomischen Versäumnisse ständig mit dem Verweis auf den palästinensische-israelischen Konflikt verschleiern konnten. Der gemeinsame Feind Israel verhinderte allerdings nicht, dass die verschiedenen islamischen Länder zu Lasten der Palästinenser Politik betrieben haben.

Durch den enormen Ölreichtum in Arabien und in Nordafrika hat in den letzten Jahrzehnten eine zusätzliche ökonomische und soziale Spaltung eingesetzt. Es gibt Länder, die durch den Ölreichtum für sich und große Teile ihrer Bevölkerung gleichsam ein Rentendasein finanzieren können. Das geht einher mit einer unglaublichen Akkumulation von Reichtum in den Händen weniger Clans und Familien.

Demgegenüber stehen Länder mit relativ wenigen natürlichen Reichtümern, die darauf angewiesen sind, durch Bildung und reale Arbeit das Einkommen der Bevölkerung zu sichern. Dazu zählen Ägypten, Tunesien, Syrien und der Jemen. Diese Länder haben in den letzten Jahrzehnten einen starken Bevölkerungszuwachs zu verzeichnen. Die jungen Leute wurden gut ausgebildet, fanden aber keinen Arbeitsplatz. Arbeitloses gut ausgebildetes Personal bildet immer ein Unzufriedenheitspotential. Ausgehend von Tunesien und Ägypten haben wir in den letzten Wochen lernen müssen, dass es ein unglaublich engagiertes und demokratisch orientiertes Potential gibt. Die europäisch- amerikanische Fixiertheit in den letzten Jahren auf den Religionsfaktor hat dazu geführt, dass fast niemand die demokratie- und freiheitsbewussten Kräfte in den Ländern richtig eingeschätzt hat.

Wir müssen zur Kenntnis nehmen, dass unter den besonderen historischen Bedingungen der arabischen Länder ein neues demokratisches Identitätsgefühl entstanden ist. Revolutionäre Prozesse sind von langer Dauer. Frankreich 1789, Europa 1848, Russland 1917 zeigen dies. Sie sind auch historisch im Ergebnis nicht immer erfolgreich gewesen. Der Ausgang des arabischen demokratiegeleiteten Prozesses, der von Tunesien und Ägypten ausging, ist völlig offen. Die arabischen Demokratiebewegungen haben noch nicht gesiegt, aber Europa muss neu über seine alten und doch so unbekannten Nachbarn nachdenken und sich fragen, wie und wann es in eine Kooperation mit ihnen eintreten will.

Vielleicht haben sie eine viel komplexere und damit andere Identität als wir bisher geglaubt haben. Das trifft auch auf die Rolle der Religion zu. Der Gedanke der Trennung von säkularen politischen Freiheitsrechten und religiösen Rechten ist in den muslimischen Ländern nicht selbstverständlich. Und die Rolle solcher islamischer Erscheinungen wie der Muslim-Bruderschaft, des Wahabismus, der Salafisten oder der aggressiven Hisbollah ist für Europäer kaum nachvollziehbar und wird als Bedrohung wahrgenommen. Auch Erscheinungen christenfeindlicher Aktivitäten im Irak oder Ägypten zeigen, dass hier längst nicht der Gedanke der religiösen Toleranz unumstritten ist.

Auch die Rolle der Frau als gleichberechtigter politischer, sozialer und kultureller Partner verdient Diskussionen. Hier gibt es innerhalb der muslimischen und europäisch-christlichen *Sphäre* spezifische Asymmetrien und kultureller Ungleichzeitigkeiten. Dies ist kein Feld von westlicher Überheblichkeit. Das Wahlrecht für Frauen wurde z. B. auch in Europa erst im 20. Jahrhundert durchgesetzt.

Identitätsprobleme im heutigen Europa und Deutschlands

In vielen europäischen Ländern gibt es intensive Diskussionen über die Identität der jeweiligen Länder. In der nachkolonialen Zeit sind in Frankreich, den Niederlanden, Belgien und England Millionen von Menschen aus nichteuropäischen Ländern eingewandert. Sie bilden große ethnische, kulturelle und religiöse Bevölkerungsanteile und werden auf Dauer in diesen Ländern bleiben. Darunter befinden sich auch viele Millionen Muslime. In West- Deutschland sind seit den 1960er Jahren sogenannten Arbeitsimmigranten eingewandert, die inzwischen mehr als vier Millionen Menschen zählen. Es gibt viele Großstädte, in deren Schulen bereits 20 bis 25 Prozent der Schüler einen sogenannten Migrationshintergrund haben.

Sie sind in Deutschland und auch in den Nachbarländern in großer Zahl sozial und kulturell nicht integriert, sondern beginnen Parallelgesellschaften auszubilden. Dies wird in einigen Ländern als Bedrohung empfunden und führt zur Erstarkung von national orientierten Bewegungen und Parteien. In Frankreich und den Niederlanden ist dies besonders stark ausgeprägt.

In Deutschland hat innerhalb eines Jahres das Buch des ehemaligen sozialdemokratischen Finanzsenators von Berlin, Thilo Sarrazin, mit dem Titel „Deutschland schafft sich ab" eine Millionenauflage erreicht. Dort wird die These vertreten, dass es in Deutschland zu viele Ausländer gebe, die mehr Kinder als Deutsche bekämen. Deswegen würde in wenigen Generationen Deutschland nicht mehr Deutschland sein. Vor diesem Hintergrund hat auch die Aussage des neu gewählten Bundespräsidenten, dass der „Islam zu Deutschland gehöre", große Irritationen ausgelöst. Konservative Bevölkerungsteile urteilen, dass dieser Satz falsch sei, weil der Islam historisch bisher keine große Rolle in Deutschland gespielt habe.

Jedoch mit der dauernden Anwesenheit von mehr als vier Millionen Muslimen, mit der zunehmenden Vernetzung informationeller und ökonomischer Kommunikation und der Anwesenheit kultureller Pluralität steht das europäische Toleranzverständnis vor einer neuen Herausforderung. Dass es hierbei nicht um letzte Wahrheiten, sondern um das Aushandeln und den Geltungsanspruch von Ordnungsprinzipien und Verhaltensnormen geht, sollte allen klar sein. Dialogbereitschaft und Dialogfähigkeit können natürlich nur im Rahmen der geltenden Verfassungen und Gesetze geschehen.

Wie schwer das ist, zeigt die sog. Islamkonferenz, die der deutsche Innenminister mit ausgewählten Vertretern islamischer Organisationen führt. Bisher spielt sich dort ein sprachliches und begriffliches Desaster ab. Ein Beispiel kommunikativer Inkongruenz: In europäischen Ohren ist die Aussage, dass der Islam Friede bedeute und insofern keine Bedrohung darstelle, deswegen ohne Resonanz, weil der religiöse Begründungszusammenhang des islamistischen Terrors etwas Anderes nahe legt. Diese Aussage ist auch dann noch richtig, wenn man weiß, dass die überwiegende Mehrheit der Muslime friedliebende und gesetzestreue Menschen sind.

Aber auch die Berufung des Westens, nur um der Freiheit und der Demokratie willen in islamischen Ländern zu intervenieren, klingt in muslimischen arabischen Ohren unglaubwürdig, weil die Verletzung von Menschenrechten auch durch westliche Soldaten und die ökonomischen Interessen (Öl) und strategischen Überlegungen (Israel) dem offensichtlich widersprechen.

Unsere jeweilige Identität ist nicht vollständig abgeschlossen. Sie sollte sich auch immer offen halten. Dies ist schwer, weil sich ja keiner „abschaffen" soll und will. Aber so wie der einzelne Mensch sich im Laufe seines Lebens wandelt, so tun das auch Völker. Was bleibend gelten soll und was dem Wandel unterliegt, muss sich jeder bewusst machen. Es wird von niemandem verlangt, den islamischen oder den christlichen Gott für wahrhaftig zu halten. Aber dass wir vernünftig miteinander umgehen, verlangen beide. Das, und nur das, ist die Aufgabe.

KAPITEL 3

BETRÄGE ZUR GEDENK- UND ERINNERUNGSPOLITIK

Stephan Schaede

Beträge zur Gedenk- und Erinnerungspolitik

Einleitung in Kapitel 3

Umsiedlung und Vertreibung von einheimischer Bevölkerung durchzieht schon in der ersten Hälfte des 20. Jahrhunderts als ein weit verbreitetes Muster politische Handlungsmuster. Das führt der erste Beitrag dieses Teiles „Gedanken über Erinnerung an Flucht, Vertreibung und Integration – gestern und heute" vor Augen. Damit verknüpft werden prinzipielle Einsichten, die für den aktuellen Umgang mit Flucht und Migration einschlägig sind. (1) Versöhnung mit Vertreibungshistorien ist nur möglich, wenn die Wahrheit beim Namen genannt werden kann und nicht aus politischen Opportunitätsgründen verschwiegen wird. (2) Produktiv ist ein unsentimentaler Umgang mit Geschichte, der erlaubt, eigene aktuelle Erfahrungen einzuordnen, den in der Gegenwart erfahrenen Schmerz zu relativieren, überhaupt die Gegenwart besser zu verstehen und die Hoffnung auf Zukunft niemals aufzugeben. (3) Gedenk- und Erinnerungspolitik sensibilisiert für ein produktives Nachdenken über Migration und Migrationspolitik, u.a. dadurch, dass sich zeigt: Bedingung der Möglichkeit für gelingende Integration ist Mobilität und Bildungswillen auf der Seite der Migrierenden. Auf der Seite der einheimischen Bevölkerung bedarf es einer Akzeptanzbereitschaft sowie eines politischen Vertrauensvorschusses, der bereit ist, rechtlich, materiell und kulturell zu unterstützen. So gesehen schärft Erinnerungspolitik ein Bewusstsein davon, was politisch und gesellschaftlich gewollt werden kann: Von der Wahrung der Menschenrechte bis zur Bewahrung des Friedens.

Der zweite Beitrag steht paradigmatisch für das vielfältige Engagement Wernstedts als Vorsitzender des Landesverbandes Niedersachsen des Volksbundes Deutsche Kriegsgräberfürsorge. Die hier dokumentierte Rede aus Anlass der Gedenkfeier zum 50. Jahrestag der Eröffnung der deutschen Kriegsgräberstätte Costermano am 5. August 2017 wirbt eindringlich für eine angemessene Form des Totengedenkens. Die Frage ist: Wie kann es jenseits von Selbstgerechtigkeit der Nachgeborenen gelingen, von Schuld und Unschuld zu reden und zugleich die Gefahr in den Blick zu nehmen, dass eigene Verantwortung nicht übernommen werden will. Wie kann angesichts des durch Soldatenfriedhöfe dokumentierten Grauens deutlich werden, dass kein Spielraum für gewaltsame politische Lösungen mehr bestehen darf und besteht, und Freiheit und Würde die Instanzen sind, die zu gewaltsamem kriegerischen Ambitionen auf Distanz gehen lassen?

Im dritten Beitrag dieses Teils, der politische Philosophie im Kontext des Ersten Weltkrieges kritisch nachgeht, skizziert Wernstedt eindringlich die geistige Situation im ausgehenden 19. Jahrhundert mit Kaiser Wilhelm II. als „rhetorischem Sicherheitsrisiko" an der Spitze des deutschen Reiches verbunden mit Hinweisen auf kluge Vorahnungen der Grausamkeit, wie die etwa eines Helmut Moltkes oder Friedrich Engels. Wie Philosophie, Kirche und Theologie im Blick auf eine selbstdistanziert kritische Haltung zum Krieg versagten, indem sie dem Modell eines gerechten Krieges bei gleichzeitig erstaunlicher argumentativer Leere anhingen, wird eindrücklich entfaltet. Dass dabei selbst Kants den Idealen der Französischen Revolution verpflichtete Schrift „Zum ewigen Frieden" in nationalstaatlichen kriegstreibenden Chauvinismus überführt werden konnte und die Völkerbundidee nicht genügend friedensethische und friedenspolitische Energie aufbringen konnte, lässt nicht weniger staunen. Aufgerufen werden aus der kleinen Wolke jener Zeugen, die zur Selbstkorrektur fähig waren, der Philosoph Max Scheler und der evangelische Theologe Ernst Troeltsch. Immerhin der Hannoveraner Theodor Lessing war von vornherein zur politischen Kritik des Krieges in philosophischer Perspektive fähig. Mit Gottfried Wilhelm Leibniz im Gepäck erinnert Wernstedt daran, dass Gerechtigkeit Liebe und Weisheit zur Bedingung habe und stellt den Intellektuellen ein überaus kritisches Zeugnis aus. So wird dieser Beitrag für den der politischen Rationalität verpflichteten Autor zu einem kritischen Lehrstück in Sachen Intellektualität: Intellektualität allein, so wichtig sie ist, schützt vor argumentativer Verblendung und ethischer Blindheit nicht.

Gedanken über Erinnerung an Flucht, Vertreibung und Integration – gestern und heute[1]

In der ersten Hälfte des 20. Jahrhunderts ist in Europa und Deutschland so viel geschehen, dass es schwer fällt, eine Rangordnung des Erinnerungswürdigen zu erstellen. Es sind meist unerfreuliche Erinnerungen, die aus dem politischen und gesellschaftlichen Zusammenhängen alle Menschen betroffen haben. Sie dauern umso länger und führen zu umso stärkeren Nachwehen, je unverstandener und unbesprochener sie waren und sind.

Vor 100 Jahren war es der Erste Weltkrieg, der den Deutschen zwei Millionen Tote und mehr als fünf Millionen verwundete Soldaten abforderte, der Millionen Familien in Hunger und Not stürzte. Von dem namenlosen Elend gerade in Belgien, Frankreich, Russland, Polen und auf dem Balkan gar nicht zu reden.

Vor diesem Krieg begannen schon im Zusammenhang der Balkankriege massenhafte Zwangsumsiedlungen von Türken und Griechen. 15 Jahre später vertrieben im Zuge der Gründung der modernen Türkei die Türken fast alle Griechen aus Gebieten, in denen sie mehr als 3.000 Jahre lebten. Die Türken mussten Nordgriechenland verlassen.

Im Ersten Weltkrieg vertrieben die Türken mit Duldung der deutschen Verbündeten die Mehrzahl der Armenier und trieben diejenigen, die nicht gleich ermordet wurden, in die syrische Wüste, wo sie elendiglich umkamen: Europas erster Völkermord der neueren Geschichte. Alles fand danach seine völkerrechtliche Anerkennung in den sog. Pariser Vorortverträgen.

---

[1] Festrede aus Anlass der Eröffnung der Dokumentationsstätte zur Integration der Flüchtlinge und Vertriebenen in Niedersachsen und Nordwestdeutschland in Norden-Tidofeld, am 2. November 2013.

Die Revolution brachte in Deutschland nicht die erhoffte Befreiung vom Elend und auch nicht die Bestrafung der Schuldigen an dem Krieg, in dem Menschen, die sich kannten und verwandt waren, nämlich die europäische Herrscherfamilien, anderen Menschen, die sich nicht kannten, zwangen, sich gegenseitig umzubringen.

Die Deutschen hatten nach dem Ersten Weltkrieg die Zeche zu bezahlen, nicht nur die Reparationskosten, sondern auch durch die Inflation. Sie hinterließ einen dauernden Schock, der bis heute nachwirkt. In Deutschland ist bis heute Finanzpolitik nicht möglich, ohne das im Kopf zu haben. Weil die Deutschen in ihrer Mehrheit nicht vorbereitet waren auf die Niederlage, konnten die ehemaligen Eliten und ihre Helfer in der Gesellschaft (Hochschulen, Schulen, Gerichte, Verwaltung, Wirtschaft, Finanzen, auch die Kirchen usw.) so tun, als ob die Begründer und Verteidiger der demokratischen Weimarer Republik Schuld am Elend der Zustände waren.

Die verlogenste, aber wirksamste Parole war die sogenannte Dolchstoßlegende, die von nationalistischen Kräften ausging und eine ununterbrochene Hetze und Terror gegen die Vertreter der Weimarer Republik betrieben. Menschen wie Ludendorff und Hindenburg, die im September 1918 als Verantwortliche der Obersten Heeresleitung dringend den sofortigen Waffenstillstand gefordert hatten, waren sich nicht zu schade, die Niederlage den meuternden Matrosen, streikenden Arbeitern und die politische Misere ausbadenden Sozialdemokraten in die Schuhe zu schieben. Sie waren zu feige, die Verantwortung für die Kriegführung zu übernehmen und den Waffenstillstand zu unterschreiben. Das tat der Zentrumsabgeordnete Matthias Erzberger, der deswegen wenig später ermordet worden ist.

Die von Anfang an auf einen neuen Krieg und Verbrechen angelegte Politik der Nationalsozialisten war den konservativen Eliten Deutschlands weniger gefährlich als die demokratischen Kräfte, die sich um die Sozialdemokraten, die Linksliberalen, Teile des Zentrums und der Gewerkschaften scharten.

Diese Eliten waren es, die den greisen Hindenburg, kein Ausbund an Tapferkeit, dazu brachten, Hitler die Ernennungsurkunde zum Reichskanzler zu übergeben. Sie endeten als betrogene Betrüger. Es war keine Machtergreifung, sondern eine Machtübertragung. Jedenfalls war diese Machtübernahme nicht alternativlos.

Ohne 1933 ist die NS-Diktatur, die Vorbereitung und Durchführung des Zweiten Weltkrieges, die Vernichtung der europäischen Juden, das namenlose Elend fast aller europäischer Völker gar nicht zu verstehen. Hintergrund dieses beispiellosen Zivilisationsbruchs ist eine zügellose Rassenlehre, ein bis in die intellektuellen Kreise wirkender Antisemitismus, eine schamlose propagandistische Ausnutzung nationaler Gefühle. Den überfallenen und unter deutsche Herrschaft geratenen Völkern vor allem Osteuropas war nicht entgangen, dass es das Ziel der nationalsozialistischen Kriegführung war, die Völker auszurauben, zu versklaven, sie ihrer Führungskräfte zu berauben und eine dauernde Vorherrschaft auszubauen. Es gehörte zu den erklärten Zielen, im Osten einen sogenannten Lebensraum für deutsche Siedler zu beschaffen. Dafür nahm man die Umsiedlung, Vertreibung oder Vernichtung von bis zu 30 Millionen Menschen zwischen der Ostsee und dem Schwarzen Meer ins Visier. Angesiedelt werden sollten etwa drei Millionen ländliche und etwa 4,5 Millionen städtische deutsche Bevölkerung.

Der sogenannte „Generalplan Ost" von 1941/1942 hatte dies alles wissenschaftlich erarbeitet. Der Leiter dieser Wissenschaftlergruppe, der SS-Oberführer der allgemeinen SS, Prof. Dr. Konrad Meyer, war von 1956 bis 1959 ordentlicher Professor für Landesplanung an der TH Hannover. Sein „Generalplan Ost" wurde in einem Nürnberger Nachfolgeprozess als unpolitisch eingestuft.

Ich erinnere daran nur deshalb, um zu zeigen, dass die Umsiedlung und Vertreibung von einheimischer Bevölkerung (heute sprechen wir vornehmer von ethnischer Säuberung) ein weit verbreiteter Gedanke und gewollte politische Vorgehensweise war, die je nach politischer Opportunität zum Tragen kamen.

Als sich mit dem Ende des Zweiten Weltkrieges die Rote Armee deutschen Gebieten in Ostpreußen, Schlesien und Pommern näherte, erreichte der Krieg erstmals deutsche Gebiete, die bis dahin als relativ ruhig galten. Königsberg wurde erstmals im August 1944 bombardiert. Da lagen Hamburg und Hannover schon in Trümmern. Viele Stadtteile Berlins waren verwüstet.

Millionen von Deutschen machten sich auf den Weg nach Westen, weil sie Angst vor den Russen hatten. Häufig wurde die Zivilbevölkerung viel zu spät evakuiert oder die Genehmigung dazu viel zu spät erteilt. Städte wie Breslau oder Königsberg wurden zu Festungen erklärt und damit einer völlig überflüssigen Zerstörung überantwortet. Frauen, Kinder und Greise drängten sich in Pillau, Gotenhafen oder Swinemünde, um den kalten Weg und die oft tödliche Reise in die erhoffte Sicherheit anzutreten. Währenddessen verübten die SS-Schergen weiter ihr mörderisches Handwerk.

In denselben Tagen, in denen die Wilhelm Gustloff mit über 7.000 Zivilisten und einigen Verwundeten versenkt wurde (ein Kriegsverbrechen, über das man nicht schweigen darf), wurden aus Königsberg heraus Tausende jüdische Gefangene nach Palmnicken an die Bernsteinküste getrieben und dort auf dem Eis erschossen. Als am 27. Januar 1945 die ersten sowjetischen Truppen Auschwitz erreichten (Bundespräsident Roman Herzog hat diesen Tag 1996 zum Gedenktag an die Vernichtung der Juden erhoben), hatten sie zunächst gar keine Vorstellung von der Dimension und dem Charakter dieses Vernichtungs- und Arbeitslagers. Zehntausende waren auf den Todesmärschen ins Reich unterwegs. Die meisten deutschen Zivilisten zogen von zu Hause fort in dem festen Glauben, eines nicht zu fernen Tages wieder zurückkehren zu können.

Sie wussten nicht, dass sich die Alliierten schon darauf verständigt hatten, Umsiedlungen zur Arrondierung eines neuen Polen vorzunehmen. Die Beschlüsse sahen vor, dass die von Polen nach 1920 annektierten Gebiete an Weißrussland und die Ukraine zurückfielen und daraus die polnische Bevölkerung in die Gebiete ausgesiedelt werden sollte, aus denen die deutsche Bevölkerung geflohen war oder vertrieben werden sollte.

So geschah es, dass nach der Flucht eines großen Teils der deutschen Bevölkerung vor den Russen und den befürchteten Gräueln des Krieges ein weiterer Teil der deutschen Bevölkerung nach dem Ende des Krieges ausgewiesen wurde. Dieser Prozess dauerte bis weit in das Jahr 1948 hinein an. Dass es dabei auch zu Gräueln kam, ist nachgewiesen, aber noch nicht systematisch erforscht.

Als vor drei Jahren bei Ausschachtungsarbeiten für ein Hotel in Marienburg mehr als 2.000 Gebeine gefunden wurden, die offensichtlich in der Mehrheit von deutschen Flüchtlingen stammten, war das Aufsehen groß. Aufklären ließ sich der Vorgang bis heute nicht. Heinz Jonas, der langjährige Leiter der Integrierten Gesamtschule (IGS) Aurich, hat mir vor einigen Tagen erzählt, dass er bei seinen Nachforschungen aus seinem Heimatkreis Neiße in Schlesien auf die rechtlose und willkürliche Ermordung von Deutschen durch Polen gestoßen ist. Ich sage dies nicht, um irgendwelche Aufrechnungen aufzumachen. Ich sage dies deswegen, weil ich weiß, dass Versöhnung nur dann gelingen und gesichert werden kann, wenn die Wahrheit gesagt werden kann.

Es war, wie immer in solchen Zeiten, eine Katastrophe für Familien, die oft in extrem kurzer Zeit, manchmal innerhalb einer Stunde, manchmal innerhalb eines Tages, Haus und Hof verlassen mussten. Die Ausweisungen (Vertreibungen ist ein stärkeres Wort) haben sich im persönlichen, familiären und kollektiven Bewusstsein der Betroffenen tief und traumatisch eingegraben.

Woran also muss man sich und Andere erinnern? Die einzelnen Menschen natürlich an das, was ihnen persönlich widerfahren ist und worunter sie gelitten haben. Das ist auch notwendig, und wenn sie konnten, sollten sie darüber auch sprechen. Erinnerung und Sehnsucht kann man nicht verbieten. Und man darf sich darüber auch nicht lustig machen wollen. Man kann völkerrechtlich argumentieren und sagen, dass die Vertreibungen Unrecht waren und deswegen niemals anerkannt werden sollten. Dies war zwei Jahrzehnte lang in der Bundesrepublik üblich. Es kostete viel Kraft und hat den Vertretern den Vorwurf des Revanchismus eingebracht. Die Spirale von Unrecht und Rache hätte niemals aufgehört. Wohin das führt, sieht man an den Flüchtlingslagern im Nahen Osten, die seit 1948 im Zusammenhang der Gründung des Staates Israel bestehen und als aktuelles politisches Druckmittel ge- und missbraucht werden. Diese Art der Aufarbeitung hat in den sogenannten Ostverträgen, die die Anerkennung der Oder/Neiße- Grenze implizierte, ein Ende gefunden und zwanzig Jahre später im Prozess der Einigung Deutschlands seine völkerrechtlich bindende vertragliche Fassung.

Hier in Tidofeld wird jetzt die andere Seite dieses Flüchtlings- und Vertriebenenschicksals dokumentiert. Denn es wäre völlig falsch, die Erinnerung an die verlorenen Ostgebiete als wiederzugewinnende Gebiete zu konservieren und nicht zugleich die Art in Erinnerung zu rufen, in der sich die Ostdeutschen (sie waren es wirklich im Gegensatz zu denen, die man heute so nennt) ihrer Lage bewusst wurden und daraus etwas machten.

Die Flüchtlinge und Vertriebenen haben gegenüber den anderen Deutschen, obwohl sie nicht mehr Verantwortung für den Nationalsozialismus trugen als die „Reichsdeutschen", ein zusätzliches Opfer gebracht und erlitten, den Verlust der Heimat mit allem Eigentum und Identitätsumständen. Sie waren zunächst isoliert, häufig scheel angesehen und nicht geachtet. Die sog. Volksgemeinschaft, das Hohelied der Nazis, bewährt sich häufig nicht. Hässliche Geschichten sind aus ganz Deutschland überliefert.

Auch wenn es häufig nicht explizit politisch formuliert wurde, das Gefühl der Flüchtlinge und Vertriebenen, stärker für das gemeinsam verschuldete Elend herangezogen zu werden, war lange vorherrschend (und im Übrigen auch nicht ganz falsch). Eine ernsthafte politische Diskussion über die mitverschuldeten Ursachen für die Heraufkunft des Nationalsozialismus unterlag unter den Vertriebenen und Flüchtlingen denselben Schweigetabus wie unter der Gesamtbevölkerung. Erinnerung hieran findet man fast nur in jüdischen Erinnerungen, denn die ersten Vertriebenen Ostdeutschlands waren die Juden.

Ich stamme aus einem Dorf in der Altmark, einer Gegend nördlich von Magdeburg, in der im 19. Jahrhundert die Anzahl der Juden höher war als die der Katholiken. Dort herrschte ein unbefangener, manchmal selbstgerechter lutherischer Glaube, in dessen Gottesdienst Zweifel nicht vorkamen. Die evangelischen Flüchtlinge aus Pommern und Ostpreußen waren nach einigen Jahren integriert, durch Heirat, Arbeit, gemeinsames Spiel im Sportverein, Tanzvergnügen, im Konfirmandenunterricht oder in der Schule. Es grassierte aber lange Jahre das Vorurteil, vor den katholischen Flüchtlingen aus Schlesien müsse man sich in Acht nehmen, weil diese stehlen und nicht aufrichtig seien.

Die konfessionellen Animositäten gab es auch umgekehrt: In den 50er Jahren gab es in Hagen am Teutoburger Wald in der Schule drei Toiletten, eine für Mädchen, eine für Jungen und eine für Evangelische. Barackensiedlungen gab es in allen größeren Orten in Deutschland.

Häufig stammten sie noch aus Militärbenutzung (wie hier im Tidofeld) oder aus Arbeits- oder sogar Konzentrationslagern. Das zentrale Bundes-Jugend-

Durchgangslager für SBZ-Flüchtlinge, wie es damals hieß, in Sandbostel im damaligen Landkreis Bremervörde, in dem ich im Jahre 1958 vier Wochen verbrachte, ist aus einem Kriegsgefangenenlager und einer KZ-Außenstelle entstanden.

In der schönen und aufschlussreichen Schrift „Viele Flüchtlinge suchten sich ihre neue Heimat selbst" von Bernhard Parisius wird in sehr detailgenauer Schilderung ein Bild von den vielfältigen Aspekten der Integration in Nordwestdeutschland gezeigt. Wohnungsnot, Arbeitsuche, Ausbildung, Ernährungsbeschaffung, also alle Dinge des unmittelbaren materiellen Lebens und seiner Voraussetzungen standen in der ersten Zeit im Vordergrund.

Ich möchte zwei Aspekte herausgreifen, die zur Voraussetzung der gelingenden und schließlich auch gelungenen Integration beigetragen haben: den der Mobilität und den des Bildungswillens. Es ist bezeichnend, dass viele Flüchtlinge nicht in den Orten blieben, in denen sie zuerst eingewiesen oder gestrandet waren. Sie haben sich häufig, wenn es gerade auf dem Lande keine ausreichenden Arbeitsmöglichkeiten gab, auf den Weg gemacht und sind dorthin gezogen, wo es Arbeit gab (bis ins Ruhrgebiet und Hamburg). Ich glaube, dass Menschen, die einmal alles verloren haben und erlebt haben, dass es nicht nur auf die materielle Beheimatung ankommt, sondern darauf, was man erreichen will und wie man sich anstrengt, in der Regel flexibler und mobiler sind als die alteingesessene Bevölkerung. Für alteingesessene Bauern und Handwerker bewirkt die fremde Welt der Einwandernden zunächst Unsicherheit und instinktive Abwehr, zumindest dann wenn sie in großer Zahl erscheinen. Die Flüchtlinge müssen notgedrungen beweglich, kommunikativ und kreativ sein. Man kann fast dialektisch formulieren: Die Notwendigkeit, aus dem Elend herauszufinden, hat diese Menschen notwendigerweise für den anstehenden Aufbau Deutschlands nach dem Krieg anpassungsfähiger und tüchtiger gemacht als sie es vorher selbst waren und die Dagebliebenen sein mussten.

So ist aus dem Nachteil à la longue ein Vorteil geworden. Erleichtert wurde dieser Prozess dadurch, dass die Flüchtlinge vielfach einen Beruf vorweisen konnten, der sie sehr bald zu nachgefragten Fachkräften machte.

Der unbedingte Wille, wieder etwas auf die Beine stellen zu wollen, hat es dann Ende der 1950er /Anfang der 1960er Jahre mit sich gebracht, dass viele sich ein Häuschen bauen konnten und damit sesshaft wurden, unter Nutzung von Lastenausgleich und günstigen Krediten.

Die reale Unterstützung der Flüchtlinge in der Bundesrepublik bewirkte die Neu-Beheimatung in der Bundesrepublik und war natürlich subkutan ein Widerspruch zur politischen Revanche-Rhetorik. Aus dieser unmittelbaren Kriegs- und Verlusterfahrung stammt auch die für jede Bildungswerbung wichtige Schlussfolgerung, dass man einem alles wegnehmen kann, aber nicht das, was man gelernt hat. Wenn auch die, die in Steinhäusern wohnten, sich von denen, die in Baracken wohnen mussten, häufig indigniert abwandten, so wuchsen doch in den Barackensiedlungen häufig die intelligenten und lernbegierigen Kinder der Flüchtlinge heran.

Es ist gar nicht zu verkennen, dass die in den Dörfern auftauchenden Flüchtlinge samt ihren Kindern die dörfliche Gesellschaft „aufmischten", in den Schulen oft die besseren Schüler stellten und damit einen kontinuierlichen Veränderungsprozess auch in der eingesessenen Bevölkerung einleiteten. Sie wurden zu einem dynamisierenden Element der dörflichen Gesellschaft.

Dasselbe gilt für die städtische Entwicklung, in denen bei Entwicklung von Kleingewerken und Industrie die Flüchtlinge auf Grund ihrer Ausbildung und ihres Mutes eine beachtliche Rolle spielten.

Ich kann schwer einschätzen, welche Rolle die kulturelle Identität wirklich gespielt hat. Die erinnerungsträchtige Pflege der Volkskultur in Gesang, Tanz, Kleidung, Heimatdichtung und Sprache ist im Lichte moderner Industrialisierung keine wirkliche Kraft, so liebenswert sie im Einzelnen sein mag.

Bedeutsam scheint mir etwas Anderes: Ferdinand Lassalle nehmen wir nicht als Schlesier wahr, sondern als gesamtdeutschen Arbeiterführer, Immanuel Kant ist für uns nicht zuallererst Ostpreuße, sondern Weltphilosoph, und Hermann Sudermann hat zwar litauisch/memelländische Literatur geschrieben, aber sie ist darüber hinaus bedeutsam. Danach zu fragen, welchem Stamm Rübezahl angehört, ist in sich unsinnig. Solche Erinnerungen schaffen ein Bewusstsein dafür, dass Kultur, Geschichte, Wissenschaft, Politik aus dem ostdeutschen Raum uns allen gehört.

Gleichwohl haben die Elemente einer Alltags- und Wohlfühlkultur in den Lagern eine große Rolle gespielt. Die Einrichtung der Wohnungen und Räume, die Gestaltung der Festlichkeiten, die Überlieferungen der Speisekarte (vom Schlesischen Mohnkuchen bis zum Königsberger Klops mit Roter Beete), gemeinsames Singen, Gottesdienste usw. haben in den Wohn-Baracken-Siedlungen zur seelischen Entspanntheit mit Sicherheit beigetragen.

Bei verständiger Interpretation und Erinnerung daran, wie es denn bei den zunächst sehr schrecklich erscheinenden Ausgangspositionen zu einer solch erfolgreichen Integration der Flüchtlinge hat kommen können, kann man, glaube ich, folgendes festhalten:
1. Flüchtlingsschicksal ist bedauernswert, aber nicht automatisch hoffnungslos. Voraussetzung dafür ist allerdings der Wille, sich im Rahmen der gegebenen Gesellschaft und ihrer Regeln um Qualität, Aufgeschlossenheit und Anstrengung zu bemühen.
2. Hier in Ostfriesland haben wir es mit Flüchtlingen zu tun, die dieselbe Sprache sprechen und sich in die bestehende Strukturen eingebracht haben und vielfach auch Verbesserungen bewirkt haben.
3. Gelingen kann ein solcher Prozess nur, wenn die eingesessenen Menschen bereit sind, den Beitragswillen der Zuwandernden zu akzeptieren.
4. Gelingen kann ein solcher Prozess aber auch nur, wenn es einen Vertrauensvorschuss für den Integrationswillen auch politisch gibt, indem politische Bedingungen die Integration rechtlich, materiell und kulturell stützen.
5. In Ostfriesland ist neben der tausendfachen Integration der ostdeutschen Flüchtlinge auch eine Integrationsleistung hervorzuheben, die erst einige Jahrzehnte zurückliegt: Die Integration der Bootsflüchtlinge aus Vietnam.

Schauen wir genauer hin, so sehen wir, dass Flucht und Migration nie aufgehört haben. Es sind nicht mehr auf einmal elf bis zwölf Millionen, wie in den Jahren 1944 bis 1948. Aber die Flucht aus der Sowjetischen Besatzungszone und der späteren DDR hat bis 1961 mehr als zwei Millionen, vor allem junge und arbeitsfähige Menschen in die Bundesrepublik gebracht. Sie haben sich im Großen und Ganzen ohne große Schwierigkeiten in die Bundesrepublik

Deutschland integriert, weil sie gut ausgebildet kamen, und das trotz der arroganten Unterstellung, man könne ein Abitur, das nach zwölf Jahren Schule abgelegt würde, nicht anerkennen. Übrigens wurde die Bildungsreform in der Bundesrepublik Deutschland durch diesen Zuwachs um etwa zehn Jahre verzögert.

Verstehen kann man das alles nur, wenn man auch die historischen Hintergründe und Ursachen im Blick hat. Kenntnis von Geschichte erlaubt die Einordnung eigener Erfahrung, relativiert ihren Schmerz und hilft, die Gegenwart besser zu meistern und die Hoffnung auf die Zukunft nicht zu verlieren. Sie ist ein Kraftquell, wenn man mit ihr kritisch und nicht sentimental umzugehen gelernt hat.

Und das eindeutige Recht auf politisches Asyl ist eine direkte Folge der Erfahrungen aus der Zeit des Nationalsozialismus. Es hat bis heute viele Menschen zu uns geführt. Die Diskussion um die syrischen Flüchtlinge ist entsprechend brennend heiß.

Die Zuwanderung der Ostflüchtlinge einschließlich aus der DDR war gerade abgeschlossen, als das anhaltende Wirtschaftswachstum in der Bundesrepublik dazu nötigte, sogenannte Gastarbeiter aus Italien, Spanien, Jugoslawien, Griechenland, Portugal und dann ab Anfang der 1970er Jahre der Türkei in die Bundesrepublik kommen zu lassen. Das waren nun keine politischen Flüchtlinge. Schwierigkeiten mit den Gastarbeitern gab es zunächst nicht. Sie machten schwere und schmutzige Arbeit, die teilweise Deutsche nicht mehr machen wollten, und wohnten in Wohnungen, in denen Deutsche nicht mehr wohnen mochten. Manche Krankenhäuser hätten aber auch ohne koreanische Schwestern schließen müssen.

Die Deutschen gaben sich mit der Hoffnung zufrieden, die Gastarbeiter würden nach getaner Arbeit wieder nach Hause fahren. Die Erinnerung an die Zwangsarbeiterinnen und Zwangsarbeiter aus dem Zweiten Weltkrieg (es waren insgesamt zehn Millionen) hatte ja gezeigt, dass dies organisierbar war. Um die menschliche Befindlichkeit der Zwangsarbeiterinnen und -arbeiter hatte man sich in den meisten Fällen keine Gedanken gemacht. Diese Hoffnung hat sich jedoch schließlich als Illusion erwiesen. Die überwiegende Mehrzahl blieb hier, heirate und gründete Familien. In Hannover sind bereits 40 Prozent der Grundschulkinder solche mit sogenanntem Migrationshintergrund. Wir haben in Niedersachsen ganze Stadtteile mit spezifischen Nationalitäten: Italiener in Wolfsburg, Portugiesen in Nordhorn, Griechen in Hannover – und überall Türken. Es täte uns allen gut, die beispielhaften Biografien von Familien bewusster wahrzunehmen.

Dass diese überwiegend Arbeit suchten und der heimatlichen Armut entrinnen wollten, gehörte zu den normalen und nachvollziehbaren Begründungsfaktoren. Das, was sich zunehmend als Problem herausstellte, dass nicht nur Arbeiter gekommen waren, sondern Menschen mit unterschiedlichen sprachlichen, kulturellen oder religiösen Hintergründen, das konnte und kann zu Spannungen führen, da die Eingesessenen vieles als fremdartig empfanden und empfinden, bei Arbeitslosigkeit sehr schnell ausländerfeindliche Ressentiments entstehen oder mobilisiert werden können. Die Integration dieser Menschen ist schwieriger zu gestalten als es bei den Ostflüchtlingen aus dem eigenen Land war.

Hier spielen Institutionen eine große Rolle: Die Gewerkschaften in den Betrieben, die Sportvereine in Städten und Dörfern, die Kirchengemeinden überall, und vor allem die Kindergärten und Schulen. Aber die Schwierigkeiten beginnen im Detail: Wie sichert man die Chancen der Kinder, die mit nur unzureichenden deutschen Sprachkenntnissen in die Schule kommen? Wie verhindert man, dass sich aus Scheu, Unkenntnis oder kultureller Eigenheit Parallelgesellschaften bilden? Wie entschieden muss man reagieren, wenn Clanstrukturen und religiöse Einstellungen zur Negierung unseres Rechtssystems führen? Wie geht man mit einer Religion um, deren Kenntnis minimal ist und als Bedrohung empfunden wird? Wie redet man mit Kriegsflüchtlingen und ihren Traumatisierungen? Welche individuellen Möglichkeiten einschließlich der Berufsausbildung oder Qualifizierung stellen wir zur Verfügung? Welche Erwartungen dürfen wir stellen? Welche fairen Chancen sind nötig (Bleiberecht, Arbeitserlaubnis, doppelte Staatsbürgerschaft usw.)? Wie stellen wir uns zu den millionenfachen Armuts- und Bürgerkriegsflüchtlingen dieser Welt? Gehört es nicht in den Gesamtzusammenhang, dass Globalisierung mit ihren Finanzspekulationen, dem unbegrenzten Handel, der Rohstoffausbeute, dem Waffenexport den modernen Informationsmöglichkeiten mit dazu beitragen, dass die Konflikte sich in der Welt vermehren und verzweifelte Menschen bei uns Schutz und Lebensmöglichkeiten suchen?

Der moderne Weltkapitalismus zeigt sich auch in seiner hässlichen Seite, indem er den politischen Entscheidungsträgern überlässt, die negativen Folgen von Krieg und Vertreibung zu lösen. Die Politik ist in ihrem gegenwärtigen Zustand damit überfordert.

Wenn das oberste Gebot unseres Handelns die Bewahrung des Friedens in der Welt ist, brauchen wir ein komplexeres Bewusstsein von den Ursachen der Konflikte und die Herausarbeitung von Konflikt-Vermeidungs-Strategien, und zwar auch im Alltag. Dieses Bewusstsein speist sich aus historischen Erfahrungen, eigener Verantwortung, ethischen und religiösen Überzeugungen, politischen Grundsätzen und dem Willen, unseren sehr individuellen Teil beizutragen. Wir müssen dazu beitragen lernen, das Gleichgewicht in der Welt zu finden, dass Menschen nicht fliehen müssen aus Hunger, Aggression, Bürgerkrieg, Fanatismus, Unfreiheit und Ausbeutung.

Als die Ostflüchtlinge aus Schlesien, Ostpreußen oder Pommern hier im Tidofeld lebten und sich als Nachbarn auch gemeinschaftlich in Norden einbrachten und Häuser bauten, geschah dies in dem Willen, sich selbst und der Gemeinde eine Zukunft zu bauen. Auch heutige Flüchtlinge wollen dies in den allermeisten Fällen. Die fast zwei Millionen Russland-Deutschen, die in den letzten gut zwanzig Jahren nach Deutschland kamen, haben vielen Respekt abgenötigt, wenn man ihren Willen zum Aufbau ihrer Existenz betrachtete, die von Ausbildung der Kinder, Erwerb von Wohnraum, Nachbarschaftshilfe und Arbeitswillen geprägt ist. Die volle Integration ist allerdings noch nicht erreicht. In der Hannoverschen Stadtbahn hört man heute noch von jungen Menschen vielfach russisch als Unterhaltungssprache. Es braucht manchmal mehr als eine Generation, um wirklich anzukommen. Moderne Friedensarbeit ist Völkerverständigung.

Die Dokumentationsstätte Gnadenkirche Tidofeld hat sich eine Aufgabe gestellt, die nur scheinbar rückwärts gerichtet ist. Sie hat, wenn sie die bis heute anhaltende Migration im Blick hat, außerordentlich viel Zukunftspotential. Es ist die einmalige Chance darzustellen und zu lernen, dass Erinnern nur dann fruchtbar ist, wenn sie mehr will als nur bewahren, nämlich ein schärferes

Bewusstsein davon entwickeln, was wir wollen: Die Respektierung der Menschenwürde überall, den Frieden, soziale Gerechtigkeit und Rücksicht auf die Natur um der zukünftigen Generationen willen.

Literatur

Haddinga, Johann: Bewegte Zeiten in Norden, Norden 2010

Heinemann Isabel / Oberkrome, Willi / Schleiermacher, Sabine / Wagner, Patrick: Wissenschaft, Planung, Vertreibung. Der Generalplan Ost der Nationalsozialisten. Katalog zur Ausstellung der Deutschen Forschungsgemeinschaft, Bonn 2006

Kossert, Andreas: Kalte Heimat. Die Geschichte der deutschen Vertriebenen nach 1945, München 2008

Parisius, Bernhard: Viele Flüchtlinge suchten sich ihre neue Heimat selbst, Aurich 2. Auflage 2005

Wernstedt, Rolf: Deutsche Erinnerungskulturen seit 1945, Kassel 2009

Nachdenken über Schuld und Unschuld, Verantwortung und Freiheit

Zur Bedeutung einer Kriegsgräberstätte für sachgerechte Erinnerungspolitik[1]

Alle zehn Jahre bittet der Volksbund Deutsche Kriegsgräberfürsorge Angehörige, offizielle kommunale und staatliche Personen, kirchliche Würdenträger und Interessierte nach Costermano auf diese deutsche Kriegsgräberstätte zu einer Gedenkfeier.

Jedes Mal in den letzten 50 Jahren haben die Redner für den Frieden gesprochen, um den Frieden gebetet und ihren Willen zum friedlichen Zusammenleben bekundet. Das war auch richtig und gut. Aber wir wissen, dass es eine notwendige, aber keine hinreichende Tat ist. Es sterben gegenwärtig in Kriegen und durch ausgelöste Folgen Hunderttausende.

Und dennoch: Die persönliche Trauer der Angehörigen um die hier liegenden Toten ist ein eindrucksvolles Zeichen für die nicht enden wollende Betroffenheit. Auch wenn heute bereits die unmittelbare Nachkriegsgeneration im höheren Alter ist, die Menschen, die die hier Begrabenen noch kennen, immer weniger werden, bleibt ein weiterwirkender Schrecken über die Generationen hinweg bestehen.

Ja, es gibt Zeichen, dass die Enkelgeneration sich wieder mehr an den Schicksalen ihrer Vorfahren interessiert zeigt. Als der Volksbund vor 16 Jahren das Grab meines in Russland gefallenen Vaters gefunden hatte und die Umbettung anstand, wollten meine Töchter unbedingt dabei sein. Ich weiß, wie den Angehörigen zumute sein kann. Meine Mutter, die im letzten Jahr im

---

[1] Rede aus Anlass der Gedenkfeier zum 50. Jahrestag der Eröffnung der deutschen Kriegsgräberstätte Costermano am 5. August 2017.

Alter von 96 Jahren gestorben ist, kam bis an ihr Lebensende nicht wirklich über den Tod ihres mit 19 Jahren bei Woronesch gefallenen Bruders hinweg.

Costermano ist einer von mehr als 800 deutschen Soldatenfriedhöfen im Ausland. Ich habe in den letzten Jahren an mehr als 30 solcher Kriegsgräberstätten gestanden und manchmal auch gesprochen: in Rossoschka bei Stalingrad, in La Cambe in der Normandie, in Maleme auf Kreta, in Ysselsteyn in Holland, in Istanbul am Bosporus und in Masuren, in Monte Cassino und in Sologubowka am Ladogasee, auf den Begräbnisstätten in Flandern und bei Budapest. Es mögen mehr als 400.000 Menschen gewesen sein, über deren Einzelgräber oder Massengräber mein Blick ging. Über ganz Europa verstreut liegen die Toten fast aller Länder. Sie zeugen von dem unvorstellbaren Grauen des Ersten und Zweiten Weltkrieges.

Zwei Generationen in Deutschland haben gleichsam einen Dreißigjährigen Krieg erlebt. Zählt man die etwa 15.000 Kriegsgräberstätten der soldatischen und zivilen Toten innerhalb Deutschlands mit den begrabenen Kriegsgefangenen, Zwangsarbeiter(innen), Bombenopfern, Vertriebenen und politischen Opfern hinzu, beschleicht uns die Ahnung davon, vor welch unzähligen politischen und persönlichen Katastrophen wir stehen. Es waren zum einen zehn und zum andern mehr als 55 Millionen Tote.

So sehr uns das einzelne Schicksal rührt und das Andenken an die hier ruhenden meist in jungen Jahren umgekommenen Soldaten nahe geht, so wissen wir doch, dass das Gedenken und die Andacht nur ein Teil dessen sein kann, was wir zu lernen und als Auftrag der hier liegenden Toten zu erfüllen haben. Die überwiegende Zahl der hier Ruhenden stand in wehrpflichtigem Dienst und glaubte wohl auch, für ihr Land kämpfen zu müssen.

Dass die politische Führung des Vaterlandes, für das sie im Notfall ihr Leben zu geben bereit waren, dieses Vaterland politisch und moralisch längst verraten hatte, konnten die meisten sich nicht vorstellen. Andere, wie z. B. auch der Vater meines ehemaligen Fahrers, waren strafversetzt zum Fronteinsatz, weil sie widerständige Flugblätter gedruckt hatten oder anderweitig unbequem waren.

Wir Nachgeborenen wissen das. Wie geht man damit um, ohne selbstgerecht und ungerecht zu sein? Unmittelbar einleuchtend ist der tiefe Wille, nie mehr Bedingungen entstehen lassen zu wollen, in denen Menschen in den Krieg ziehen müssen oder wollen. Hier in Italien heißt das, dass wir alles tun wollen und müssen, unser tägliches Leben so zu leben und zu zeigen, dass wir gegenseitigen Respekt, Offenheit und Friedfertigkeit ausstrahlen müssen.

In den Jahrzehnten nach dem Zweiten Weltkrieg ist uns das eigentlich ganz gut gelungen. Und dass die Italiener uns trotz des Krieges als gutes Nachbarvolk behandeln, als Urlauber, Besucher oder Berufstätige, nehmen wir mit Dank zur Kenntnis. Und was haben wir Deutsche nicht alles von ihnen gelernt! Ich rede nicht nur von Eis, Pizza und Mode, sondern auch von einer sympathischen Art, das Leben zu verstehen.

Das alles heißt nicht, entstehenden Problemen und Konflikten aus dem Wege zu gehen und diese nicht zu benennen. Aber die Bilder dieses Friedhofs im Kopf und in der Erinnerung zu haben, lässt uns keinen Spielraum mehr für gewaltsame politische Lösungen. Auf diesem Friedhof arbeiten in jedem Jahr auch Jugendliche an den Gräbern, vertiefen sich in die historischen Zusammenhänge und lernen sich gegenseitig kennen. Sie kommen meistens aus Bayern und Niedersachsen.

Im letzten Jahr habe ich ihnen, nachdem sie hier in Costermano und in Wolfsburg an den Gräbern italienischer Zwangsarbeiter gearbeitet hatten, beim Abschluss eines Camps gesagt, dass wir in Europa außer in einigen wenigen Gebieten (Balkan) seit mehr als 70 Jahren in Frieden leben, und dass ich ihnen für ihr Leben das auch wünsche. Und wenn das gelingen soll, dann müssten sie ein paar Dinge beachten, die als Mahnung von diesen Gräbern ausgeht. Wie bei allen ehrlichen Erinnerungen und historischen Untersuchungen muss man sich vergegenwärtigen, unter welchen Vorstellungen, Bewertungen und Überzeugungen die Menschen einer vergangenen Zeit gelebt haben. Die Soldaten der Wehrmacht waren noch erzogen worden im Geist der selbstverständlichen nationalen Einstellung und gaben unter diesen Gedanken ihren Eid. Nationale Einstellungen waren in allen Ländern selbstverständlich. In Deutschland kam zu dieser Grundeinstellung noch die in weiten Kreisen ablehnende Haltung zur demokratischen Weimarer Republik hinzu.

Übertriebener Chauvinismus, angereichert durch völkisch antisemitische Hetze, dominierte weite Teile der Öffentlichkeit. Der Nationalsozialismus hatte zwar nie eine demokratische Legitimation, aber als der Zweite Weltkrieg mit dem Überfall auf Polen eroberungssüchtig und völkermörderisch angezettelt wurde, war es für einen demokratischen Widerspruch, geschweige denn Widerstand zu spät. Das Unheil war schon seit 1933 nicht mehr abwendbar.

Von den meisten sogenannten einfachen Soldaten, auch denen, die hier liegen, konnte man während des Krieges gar nichts anderes erwarten als Gehorsam. Manche, die wir heute zu Recht wegen ihres Widerstandes gegen das NS- Regime rühmen und ehren, wie Claus Schenk Graf von Stauffenberg oder Henning von Tresckow, stimmten 1939 noch dem Überfall auf Polen zu.

Etwas ganz Anderes ist die Frage, wer für tatsächlich auch in Italien begangene Kriegsverbrechen verantwortlich war und was man zum Einsatz von SS-Angehörigen sagt, die ausschließlich zu Mordzwecken nach Italien geschickt worden sind, hier umgekommen sind und auf diesem Friedhof liegen.

Niemand von den hier liegenden Soldaten sollte ohne eindeutigen individuellen Nachweis mit diesen Verbrechern in einem Atemzug genannt werden. Die drei hier nachgewiesenen Verantwortlichen der Ermordung von zwei Millionen Juden in den Vernichtungslagern Belzec, Sobibor und Treblinka haben zu ihren Lebzeiten gewusst, was sie taten. Und so sollten auch wir sie einschätzen. Die Italiener, die seit 30 Jahren von uns erwarten, uns von solchen Toten zu distanzieren, haben Recht. Die Trauer und der Respekt, die wir der Masse der umgekommenen Soldaten schulden, schließt diese nicht ein. Der kurze historische Text in der Empfangshalle des Friedhofs versucht seit zehn Jahren dieser Problematik gerecht zu werden. Er ist mit dem Auswärtigen Amt der Bundesrepublik Deutschland und vielen namhaften Historikern abgestimmt. Und in den Jugendcamps wird darüber in aller Nüchternheit und Wertung informiert.

Im Herbst 1944 und Frühjahr hat der deutsche Dichter Rudolf Hagelstange als Redakteur der Soldatenzeitung „Südfront" in Venedig und Verona gearbeitet. Viele der hier liegenden Toten mögen seine Texte gelesen haben. Er hat aber zugleich auch Gedichte, sog. Sonette, formuliert, in denen er seine innere Distanz und seine Zweifel an der Richtigkeit des Krieges auch in Italien zeigt. Er macht deutlich, dass die Menschen verloren sind, wenn sie nicht beizeiten auf ihre Freiheit und die Würde des Anderen achten. Er beklagt die Sucht seiner

Zeit, keine eigene Verantwortung zu übernehmen: Er meint seine Zeitgenossen, also auch die Soldaten, wenn er formuliert:

„*allein*
Seid ihr gelähmt bis in das Mark der Seele
Und wartet voller Inbrunst auf Befehle,

um, wie ihr wähnt, geschirmt und stark zu sein.
Der Markt war Euer Platz, das Glück die Menge.
Die Freiheit aber darbte in der Enge."

Und noch schärfer beim Nachdenken über die Soldaten:
„*... Ach, hätten sie erkannt:*
Nur Freien bleibt ein freies Vaterland".

Es ist für uns nicht aufgebbar, dass wir uns und unseren Nachfahren vor Augen zu führen, sich nicht ängstigen zu lassen im politischen und menschlichen Streit. Wir wollen das Schicksal der hier liegenden Toten nicht vergessen, von denen erst in den letzten Jahren noch Namen identifiziert werden konnten.

Hagelstange hatte Recht, als er den toten Kameraden zurief:
„*... Die Uhren schlagen,*
und ungelebte Stunden tragt ihr fort.
Ihr habt den Namen hochgeborener Erben
Und seid gestorben, ohne noch zu sterben."

Wir wollen trotz aller Scheußlichkeiten der Gegenwart nicht glauben, dass diese Einstellung vergeblich ist, solange uns, um abschließend Hagelstange zu zitieren, die Lust doch geblieben ist, „Ein Geist zu sinnen und ein Herz zu lieben".

Philosophisches Nachdenken zum 100. Jahrestag des Ersten Weltkrieges[1]

Der 100. Jahrestag des Beginns des ersten Weltkrieges hat mehr historische und auch öffentliche und geschichtspolitisch bedeutsame Diskussionen und Erkenntnisse ausgelöst als man in der Zeit davor erwarten konnte.

Im Bewusstsein der deutschen Öffentlichkeit und ihrer Einrichtungen (Schulen, Medien, Hochschulen, Erwachsenenbildung u. ä.) war der Erste Weltkrieg hinter der Bedeutung und der Wucht der ethischen Fragen im Zusammenhang des Zweiten Weltkrieges zurückgetreten.

Das Ergebnis des Erste Weltkrieges erlaubte den Siegern, im Versailler Vertrag den Deutschen und seinen Verbündeten die Alleinschuld am Ausbruch des Krieges und damit die Ungerechtfertigtheit des deutschen Kriegseintritts zuzuweisen (Artikel 231 des Versailler Vertrages).

Durch das ganze 20. Jahrhundert bis heute hin zieht sich die politische und historische Frage nach und Diskussion über die Berechtigung dieser Bestimmung. Zur wirksamen propagandistischen Vorgeschichte des Nationalsozialismus und des Zweiten Weltkrieges gehört die Ablehnung dieser Schuldzuweisung ohne Zweifel.

Sehr frühe Editionen aus den Archivbeständen aller Seiten, biografische Rechtfertigungen beteiligter Akteure und historische Arbeiten darüber gibt es bis heute. In der Bundesrepublik hat die Fischer-Kontroverse lange nachgewirkt und bis heute die Überzeugung der überwiegenden Schuld der Deut-

---

[1] Leicht Gekürzte und bearbeitete Fassung auf der Grundlage eines Beitrages im Rahmen des Festivals der Philosophie am 15. März 2014 in Hannover, Künstlerhaus (Veröffentlicht in „Krieg und Frieden 1914–2014" Beiträge für den Geschichts- und Politikunterricht, Schwalbach/ Taunus. 2014, S. 9–27, sowie in „Die Jahre 1915 bis September 1918", Europa– Menschen–Toleranz, Schriftenreihe Regionale Gewerkschafts-Blätter Heft 66 der Akademie Regionale Gewerkschaftsgeschichte für Niedersachsen und Sachsen-Anhalt in Braunschweig, Braunschweig 2015, S. 8 –29)

schen Reichsführung und ihrer Militärs am Ausbruch des Ersten Weltkrieges befestigt.

Allerdings wird in neueren Gesamtuntersuchungen eine gleichmäßigere Schuld oder Verantwortung aller beteiligten Kombattanten hervorgehoben. Christopher Clark, Herfried Münkler, Gerd Krumeich sowie Niall Ferguson stehen paradigmatisch dafür.

Mein Interesse gilt nicht den diplomatischen, militärischen oder anderen mit dem unmittelbaren Kriegsgeschehen verbundenen Aspekten, sondern der philosophischen Begründung und des Sinnzusammenhangs des Krieges, der als Urkatastrophe des 20. Jahrhunderts gilt (Nach einer Kennzeichnung von George F. Kennan 1979). Ich möchte die geschichts-, rechts-, religions- und kulturphilosophischen und biologischen Argumentationen, wie sie im Zusammenhang des Ersten Weltkrieges geführt wurden, diskutieren.

Herangezogen werden einige besonders herausragende Vertreter. Eine vollständige Übersicht ist noch ein Forschungsdesiderat (vgl. Flasch). Meine Frage zielt auf die Funktion dieses Denkens für die gesamte Kriegführung. Ich übergehe auch bewusst den im September 1914 verfassten und publizierten Aufruf der 93 Gelehrten und Intellektuellen „An die Kulturwelt", der als Verteidigungsschrift gegen die Vorwürfe der westlichen Länder gegen die deutsche Kriegführung in Belgien formuliert worden war. Dass sich bei den Unterschriften fast die gesamte Elite der deutschen Gelehrten befand, erstaunt bis heute.

Zur geistigen Situation in Deutschland vor dem Krieg

Wer sich der geistigen Situation des Jahres 1914 nähern will, muss sich darum bemühen, die reale politische und ökonomische Situation des deutschen Kaiserreichs zu Beginn des 20. Jahrhunderts zu vergegenwärtigen und das herrschende Selbstbewusstsein zur Kenntnis zu nehmen.

Man muss konstatieren, dass die Vereinigung Deutschlands im Gefolge der Kriege von 1864, 1866 und 1870/1871 mit einer beispiellosen Phase der Industrialisierung, der ökonomischen Prosperität, des ausgreifenden Welthandels, der Verdoppelung der Einwohnerzahlen und des wissenschaftlichen und technischen Fortschritts verbunden war. Diese Frühphase der kapitalistischen Entwicklung produzierte immanent zugleich eine ständig wachsende Zahl von Industriearbeitern und arbeitenden Frauen, brachte gar keine oder nur notdürftige soziale Unterstützungssysteme für die in Not und Elend und unter teilweise grausigen Arbeits- und Wohnbedingungen lebenden Menschen.

Die geistige Situation war jahrzehntelang geprägt durch eine tiefe Spaltung. Einerseits wurde von den herrschenden aristokratischen und bürgerlichen Schichten die nationale Einheit, die wachsende ökonomische Stärke und die kulturelle Blüte (unter Einschluss der technisch- wissenschaftlichen Dimension) gefeiert, zugleich aber die politische Mitwirkung des Bürgertums und des wachsenden Proletariats möglichst gering gehalten. Die von den Gewerkschaften und Sozialdemokraten geführten Massen wehrten sich trotz organisatorischer Repressionen durch die Selbstorganisation ihrer kulturellen und politischen Ansprüche.

Unbeeindruckt davon interpretierten die herrschenden Schichten die ökonomische Stärke und den damit einhergehenden europäischen und weltpolitischen Bedeutungszuwachs als ihr Verdienst und das Verdienst des sie tragenden militärischen und Verwaltungssystems. Ausdruck fand dies in immer wieder stattfindenden patriotischen Bekundungen, Feiern, Denkmälern, Publikationen. In den jährlich stattfindenden Sedansfeiern perpetuierte sich der Siegesrausch. Schulische und publizistische Beeinflussung sicherten die Massenloyalität.

Offen zur Schau getragene Verachtung gegenüber den Repräsentanten der Arbeiterschaft und die fortdauernde Diffamierung der SPD als „vaterlandslose Gesellen" (wegen des Internationalismus und der Ablehnung der Kriegskredite durch August Bebel und Wilhelm Liebknecht im Norddeutschen Reichstag 1870) führten zu einer so tiefgreifenden geistigen Spaltung der deutschen Gesellschaft, dass man von zwei Parallelgesellschaften reden konnte. Es nützte nichts. Bei den Reichstagswahlen 1912 erreichten die Sozialdemokraten mit 34,8 Prozent so viel (männliche) Stimmen, dass sie die stärkste Fraktion bilden konnten, aber ohne tatsächlichen Einfluss auf die Regierungsgeschäfte blieben.

Die außenpolitische Entwicklung war gekennzeichnet vom ausgreifenden Kolonialdrang Englands, Frankreichs und Russlands (im Hintergrund USA).

Deutschlands Politiker und herrschende Kreise fühlten sich mit seinen Kolonien unter Wert und Bedeutung abgespeist. Krisenhafte Situationen (Boxeraufstand in China 1900, Marokkokrisen, russisch-japanischer Krieg 1904/05, Bosnien-Krise 1908, erster (1912) und zweiter (1913) Balkankrieg wurden nicht zu bewaffneten Konflikten mit einer jeweils anderen Großmacht, zeigten aber die Brüchigkeit des Mächtegleichgewichts.

Imperiale und Welthandelsansprüche bewegten sich im gelegentlichen Gerede, wobei der unbeherrschte deutsche Kaiser durch vielfach undiplomatische und häufig undurchdachte Reden auffiel. Für gemäßigte Diplomaten galt Wilhelm II. als rhetorisches Sicherheitsrisiko.

Charakter moderner Kriege

Aufmerksame Beobachter widmeten der realen materiellen Seite der modernen Waffentechnik und ihrer Auswirkung auf den Charakter zukünftiger Kriege präzisere Beobachtungen. Helmut von Moltke d. Ä. äußerte bereits im Reichstag 1890

> „Die Zeit der Kabinettskriege liegt hinter uns, wir haben jetzt nur noch den Volkskrieg. ... Wenn der Krieg, der jetzt schon mehr als 10 Jahre lang wie ein Damoklesschwert über unseren Häuptern schwebt – wenn dieser Krieg zum Ausbruch kommt, so ist seine Dauer und sein Ende nicht abzusehen. ... Es kann ein siebenjähriger, es kann ein dreißigjähriger Krieg werden – und wehe dem, der Europa in Brand steckt, der zuerst die Lunte in das Pulverfass schleudert" (Helmut von Moltke: „Gesammelte Schriften und Denkwürdigkeiten, Band VII, Berlin 1892, S. 137f.).

Und Friedrich Engels, der ja als kluger Militärbeobachter seit Jahrzehnten in englischen und amerikanischen Zeitungen publizierte, schrieb 1887:

> „Und endlich ist kein anderer Krieg für Preußen-Deutschland mehr möglich als ein Weltkrieg, und zwar ein Weltkrieg von einer bisher nie geahnten Ausdehnung und Heftigkeit. Acht bis zehn Millionen Soldaten werden sich gegenseitig abwürgen und dabei ganz Europa kahlfressen ... Hungersnot, Seuchen, allgemeine, durch akute Not hervorgerufene Verwilderung der

Heere wie der Volksmassen, rettungslose Verwirrung unseres künstlichen Betriebs in Handel, Industrie und Kredite, endend im allgemeinen Bankrott, Zusammenbruch der alten Staaten und ihrer traditionellen Staatsweisheit, derart, dass die Kronen zu Dutzenden über das Straßenpflaster rollen und niemand sich findet, der sie aufhebt." (MEW Band 21, Berlin 1962, S. 350 ff.)

Und nach den Erfahrungen des amerikanischen Bürgerkriegs und vor allem des russisch- japanischen Krieges konnte man sich vorstellen, wie ein allgemeiner großer Krieg unter den Bedingungen moderner Waffen wie Maschinengewehren, Flammenwerfern, Giftgas, Minen, U-Booten und „flächendeckendem" (ein Ausdruck, der damals entstand) Artilleriebeschuss aussieht und welche Wirkungen er auch auf den einzelnen Soldaten haben würde. Wilhelm Lamszus hat dies 1912 in seinem Buch „Das Menschenschlachthaus" so beschrieben, als ob es eine Vorwegnahme der Schlacht vor Verdun sei (in Krull: Krieg von allen Seiten, S. 35–44). Allerdings blieb diese Perspektive nicht mehrheitsfähig und wurde häufig als pazifistisch und die nationale Moral untergrabend denunziert.

Philosophie des Krieges

Rudolf Eucken

Im Nachhinein interessiert die Frage, welche philosophischen Gedanken über den Krieg unter den Philosophen und Intellektuellen in Deutschland herrschten.
Wir treten damit ein in die Welt der Geschichtsphilosophie. Seit Fichtes Forderung, dass das höchste Gut des menschlichen Strebens der Dienst an der Nation sei („Reden an die deutsche Nation"), beriefen sich immer wieder schlichtere Geister auf ihn. Ernst Moritz Arndt scheute sich auch nicht, im Dienste der nationalen Befreiungsidee nicht nur antifranzösische (napoleonische), sondern auch scharfe antisemitische Töne anzustimmen.
Im Gegensatz zu den nationalen Euphorikern am Beginn des 19. Jahrhunderts hielten sich solche Geistesgrößen wie Goethe oder Eichendorff von der vaterländischen Rhetorik fern. (Eichendorff 1808: „Das alte Lied, das spiel ich

neu / da tanzen alle Leute / Das ist die Vaterländerey / O Herr, mach uns gescheute").

Auf die Höhe des Begriffs brachte erst Hegel die geschichtsphilosophische Gesamtsicht. Auch wenn sich die Hegelsche Auffassung, der preußische Staat sei der Gipfel der Weltgeschichte, in dem der Weltgeist zu sich gekommen sei, im Laufe des Jahrhunderts ad absurdum geführt hatte, enthielt seine Meinung, ein großes welthistorisches Individuum müsse manche unschuldige Blume zertreten, manches antihumane Potential.

Der bekannteste Philosoph vor dem ersten Weltkrieg war der in Jena lehrende Rudolf Eucken, heute fast vergessen. Er hatte 1908 den Nobelpreis für Literatur erhalten und galt als Hauptvertreter des deutschen Spätidealismus. Im März 1914 hatte er in vierter Auflage sein Buch „Der Sinn und Wert des Lebens" veröffentlicht. Er beklagt darin die Entfremdung der Arbeit vom geistigen Gehalt der menschlichen Bestimmung. Er formulierte:

> „Die Arbeit gerät in Gefahr, ihren geistigen Gehalt einzubüßen und mehr und mehr Technik zu werden, die selbst in der Steigerung zur Virtuosität kein fruchtbares Schaffen erreicht; die Seele aber, nicht mehr durch die Arbeit zusammengehalten, löst sich in einzelne Fasern auf und verliert mehr und mehr einen beherrschenden Mittelpunkt." (Eucken: Sinn und Wert des Lebens, S. 368)
>
> „Vom Ereignis ... zum Erlebnis vorzudringen, dahin geht ein starkes Sehnen der Gegenwart." (a.a.O., S. 368)

In diesen sehr allgemein und nebulös formulierten Umschreibungen kommt ein Unbehagen zum Ausdruck, das die Spaltung von Arbeitsleben und Sinn bezeichnet. Diese Spannung aber mit dem unbestimmten Hinweis auf die Höherrangigkeit des Erlebnisses auflösen zu wollen, ist ein Freibrief für jeden erlebnisorientierten Unsinn. So ist es auch nicht verwunderlich, dass Eucken sofort nach Ausbruch des Krieges einer der meistgefragten Redner aus dem akademischen Bereich war, der sich in der tiefsinnigen Erklärung und Rechtfertigung des Krieges erging. Bereits im August 1914 referierte er vor tausenden Studenten und Jenenser Bürgern über „die weltgeschichtliche Bedeutung des deutschen Geistes" und wiederholte Gedanken daraus in mehr als 50 Veranstaltungen in ganz Deutschland.

Der Gang der deutschen Geschichte wird als doppelte Neigung zu Innerlichkeit und Tatendrang interpretiert, und zu dieser These werden unhistorisch Versatzstücke geliefert: Die Schlacht im Teutoburger Wald, die Gründung des mittelalterlichen deutschen Reiches, die deutsche Mystik, die Reformation, die deutsche Dichtung bis Goethe werden als wundervoller Ausdruck deutschen Wesens verstanden, die sich im 19. Jahrhundert in vorbildlicher Weise in der Entwicklung von Wissenschaft und Technik und Erziehung als zukunftsweisend erwiesen hätten. „Die deutsche Philosophie ist wesentlich verschieden von allen anderen Philosophien", sagt Eucken, „ sie ist nicht ein bloßes Sichorientieren über eine gegebene Welt, sondern ein kühner Versuch, die Welt von innen heraus zu verstehen." (a.a.O., S. 12f.).

„Das deutsche Leben enthalte zwei verschiedenartige Bewegungen, einmal das Streben nach Unterwerfung der sichtbaren Welt und damit die Entfaltung einer Arbeitskultur, sodann aber ein Sichversetzen in die Innerlichkeit der Seele, ein Weben und Wirken aus ihren tiefsten Gründen, das Schaffen einer Seelenkultur." (a.a.O., S. 14)

„Auf seiner Höhe und auch im Kern seines Lebens hat das deutsche Volk jenen Gegensatz überwunden und dabei Leistungen hervorgebracht, die einzigartig dastehen, und auf deren Festhaltung und Fortsetzung die Zukunft der Menschheit beruht." (a.a.O., S. 15)

Der Deutsche mache eine Sache um ihrer selbst willen, nicht nur wegen der Nützlichkeit. Ein solches Leben, „das im Ringen von Seele und Welt sich uns bildet, hat zunächst den Charakter der Größe". (a.a.O., S. 18)

„In diesem Sinne dürfen wir sagen, dass wir die Seele der Menschheit bilden, und dass die Vernichtung der deutschen Art die Weltgeschichte ihres tiefsten Sinnes berauben würde". So sicher wir daher überzeugt sind, dass die Weltgeschichte einen Sinn hat, so sicher dürfen wir daher überzeugt sein, dass die deutsche Art unentbehrlich ist, und dass sie sich gegen alle feindlichen Angriffe siegreich behaupten wird" (a.a.O., S. 23)

Man kann diese Wortgebirge heute kaum nachvollziehen, geschweige denn rational verstehen. Sie sind wilde historische Konstruktionen, willkürliche Begriffsbildungen und unerklärte Sinndeutungen. Sie erfüllen aber dennoch einen propagandistischen Zweck, denn im Gegensatz zu den von Eucken herangezogenen deutschen Charaktereigenschaften, stehen die Eigenschaften, die man den Engländern, Franzosen und Russen zuordnete, nämlich Neid, Hass, Faulheit, Händlergeist, Verschlagenheit und Wildheit. Euckens philosophische Lobpreisung des deutschen Geistes atmet den Geist der Überheblichkeit und der Verachtung anderer Nationen. Es ist reiner Kulturchauvinismus.

Damit hat die völkerverhetzende primitive Kriegspropaganda ihre akademische Weihe empfangen. Aus der tiefsten Seele deutscher Innerlichkeit wird nicht die Pforte zum Himmel, sondern das Tor zur Hölle aufgestoßen. Zwanzig Jahre später wird aus dieser Gefühlslage der Satz aus Emanuel Geibels Gedicht von 1861, dass am deutschen Wesen die Welt genesen möge, aus dem Zusammenhang gerissen und großdeutsch chauvinistisch umgedeutet.

Die Diskussion um die Gerechtigkeit des Krieges

Die Äußerungen deutscher Professoren der Philosophie und Geschichte nahmen den durch die offiziellen Verlautbarungen vorgezeichneten Begründungszusammenhang für den Kriegsausbruch auf. Danach war mit der Ermordung des österreichischen Thronfolgers, dem berechtigten Interesse Österreich-Ungarns gegen Serbien einschließlich der mit deutscher Deckung erfolgten Kriegserklärung an Serbien und dem Mobilmachungsbeistand Russlands der Tatbestand der gerechtfertigten Kriegserklärung gegen Russland und Frankreich gegeben. Dass es sich um einen „gerechten Krieg" handelte, schien allen Beteiligten unzweifelhaft. Das gilt inhaltlich für die Gründe zum Kriegseintritt (*ius ad bellum*) als auch für die Kriegführung (*ius in bello*) selbst. Dies beanspruchten sowohl die Mittelmächte als auch die alliierten Verbündeten. Jeder behauptete, er sei angegriffen oder bedroht worden.

Die in zwei Jahrtausenden ausgebildeten und diskutierten Bedingungen eines gerechten Krieges (bei Cicero, Augustin, Thomas von Aquin, wonach ein *bellum* nur dann *iustum* sein kann, wenn er eine *causa iusta* (einen gerechten Grund), eine *intentio recta* (eine gerechte Absicht) und eine *auctoritas principis* (Ermächtigung eines Fürsten) habe, wurden als erfüllt vorausgesetzt, ohne dass sie problematisiert wurden. Auch die Verletzung des Völkerrechts durch den Einmarsch der Deutschen in Belgien war für die Engländer eher ein willkommenes Argument als ein Grund für den Kriegseintritt (Dieselbe

Problematik wird in diesen Tagen am Konflikt um die territoriale Integrität der Ukraine vorgeführt).

Die seit Hugo Grotius entwickelten Kriterien für einen gerechten Krieg und die internationalen Bemühungen in den Haager Konferenzen 1900 und 1907, die auf Anregung Russlands zu Stande gekommen waren, machten den Kombattanten keine Kopfschmerzen.

Bei näherem Hinsehen konnten aber weder unzweifelhafte Gründe (*iusta causa*) noch gerechte Absichten (*intentio recta*) angeführt werden. Wenn sich jeder als der Angegriffene fühlt, kann er auch keine Absichten haben außer der Besiegung der jeweiligen Angreifer. Was dies aber bedeuten konnte, lag nicht von Anfang an auf dem Tisch. Der Umstand, dass jede Seite ihr Handeln für gerechtfertigt ansah, hatte im Laufe der Zeit auch Auswirkungen auf die Ethik der Kriegführung selbst. Denn wenn man selbst einen gerechten Krieg führte, konnte der Gegner nur einen ungerechten führen und ein besonders böswilliger Feind sein, den zu bekämpfen auch bis dahin unübliche Kriegsmittel erlaubt sein mussten (Giftgas, schlechte Behandlung der Kriegsgefangenen, Rücksichtslosigkeit gegenüber Zivilisten, wahlloser U-Boot-Krieg etc.).

Gustav Radbruch sagte dazu 1916 „Wäre der gerechte Krieg wirklich nichts anderes als Notwehr gegen Unrecht, so wäre der Widerstand des Gegners, da Notwehr gegen Notwehr unsinnig ist, ein weiteres Unrecht, der Krieg eine Strafexpedition gegen einen sittlich minderwertigen Gegner, der Feind ein Verbrecher, und der Ritterlichkeit der Kriegführung, die nur verbürgt ist, wenn das Recht sich ein nicht minder achtenswertes Recht gegenüber weiß, jede ideelle Grundlage entzogen" (Radbruch: Zur Philosophie dieses Krieges, S. 140).

Eine weitere Folge der Unschärfe des Gerechtigkeitsverständnisses war, dass sich alle Beteiligten andere, allgemeine Begründungen für die Rechtfertigung des entfesselten Krieges ausdenken mussten.

Es ist dieser Umstand, der solche Leute wie Eucken dazu brachte, allgemeinphilosophische Begründungen für die Auserwähltheit Deutschlands und die Perfidie der Kriegsgegner zu liefern.

Kapitel 3

Friedrich Meinecke, August Bebel, Thomas Mann und die allgemeine Russophobie

Selbst ein so besonnener und rationaler Mann wie Friedrich Meinecke, Historiker in Berlin, fiel gleich zu Beginn des Krieges in schwärmerische Überlegenheitsgefühle. Am 3. August 1914 notierte er:

> „Dieser Krieg rührt nun mit einem Male an alles, was wir haben und sind. Mit einem plötzlichen Ruck fordert der Staat von uns, es ihm blindlings hinzugeben: Hab und Gut, Leib und Leben, Faust und Fuß, Wissen und Können. Jeder Einzelne hat sich von jetzt an nur noch als ein Stück der großen Armatur des Staates zu betrachten. ..." (Meinecke: Deutsche Erhebung, a.a.O., S. 39)

> „Die Frage drängt sich auf, ob hier nicht letzten Endes ein furchtbarer Missbrauch der Kultur durch den Staat vorliegt." (a.a.O., S. 40)

Er fragt sich, ob die Russen und die Slawen-Völker „ihren wilden, primitivern Nationalismus und ihre halbbarbarische Ethik in eine der deutschen ebenbürtige Geisteskultur" verwandeln könnten (a.a.O., S. 43). Russlands Macht sei böse. „Sie ist eine kulturarme Politik".

> „Während unmittelbar und greifbar in diesen gewaltigen Tagen unsere Kultur ganz in den Dienst des Staates gepresst wird, dient im Reiche des Unsichtbaren heute unser Staat, unsere Machtpolitik, unser Krieg den höchsten Gütern unserer nationalen Kultur." (a.a.O., S. 45)

Und fast pathetisch schließt er:

> „Allen harten Realitäten des Lebens mit furchtlosem Blicke gewachsen zu sein und zugleich doch mit dem inneren sonnigen Auge in alle Tiefen des Geistes zu schauen. Dies Ideal wollen wir der Welt erkämpfen und erhalten." (a.a.O., S. 46)

Bei Meinecke tauchen dieselben Topoi auf wie bei Eucken. Er arbeitet aber deutlicher noch als Eucken die Rolle der Kultur heraus, die zwar im Kriegsfalle den Interessen des Staates untergeordnet sei, zu deren Verteidigung aber der ganze Krieg eigentlich geführt werde. Dass dabei das undifferenzierte russophobische Ressentiment schnell zu verächtlichen und überheblichen Formulierungen führte, zeigt ein typisches Muster, das von den Ordinarien der Universitäten bis in die letzten Arbeitsstuben reichte.

Schließlich hatten die deutschen Arrangeure der politischen Szenerie in den Juli-Tagen darauf geachtet, dass die friedensorientierten, unter sozialdemokratischem Einfluss stehenden Arbeitermassen ihre negative Einstellung gegenüber dem russischen Staat und ihrer „niederen" Kultur erfüllt sahen. August Bebel hatte schon am 7. März 1904 vor dem Reichstag erklärt:

> „Wenn der Krieg ein Angriffskrieg werden sollte, ein Krieg, in dem es sich dann um die Existenz Deutschlands handelte, dann ... sind wir bis zum letzten Mann und selbst die ältesten unter uns bereit, die Flinte auf die Schulter zu nehmen und unseren deutschen Boden zu verteidigen, nicht Ihnen, sondern uns zu Liebe, selbst meinetwegen Ihnen zum Trotz."

Konkreter wird er ein Jahr später:

> „Dort im Osten steht unser wahrer und gefährlicher Feind. Sollte es jemals gegen Russland, das ja nur vorübergehend durch den japanischen Krieg lahmgelegt ist, losgehen, so würden wir Sozialisten ‚wie eine Knoche' marschieren."

Meinecke hat kein Verhältnis zur deutschen Arbeiterbewegung. Aber seinen am 19. August 1914 veröffentlichten Satz „Siegen wir, so siegen wir nicht nur für uns, sondern auch für die Menschheit." (a.a.O., S. 52), hätten auch die Sozialdemokraten unterschrieben. Dass sich unter solchen euphorischen Sätzen unterschiedliche Vorstellungen verbargen, was denn nach einem gerechten Krieg ein gerechter Frieden sein könnte, ist eine andere Sache.

Die Historiker, Politiker und Diplomaten bemühen sich seit 85 Jahren, dies aufzuklären. Meineckes scharfe Unterscheidung von staatlicher und kultureller Sphäre leistete denjenigen Vorschub, die die besondere deutsche Innerlichkeit als ein Wesensmerkmal deutschen Wesens verstanden. Thomas Mann hat in seinen seit 1916 verfassten und 1919 veröffentlichten „Betrachtungen eines Unpolitischen" die gegenüber den westlichen Ländern absetzende Unterscheidung von Kultur und Zivilisation nachhaltig und literaturfähig gemacht.

Dass Thomas Manns Position lange Zeit als prinzipiell demokratiefeindlich verstanden wurde, kennzeichnet eher ungenaues Lesen als genaue Analyse. Die bissige Rivalität zu seinem Bruder Heinrich hat größere Aufmerksamkeit erzeugt als die historisch-politische Interpretation.

Immanuel Kants „Zum ewigen Frieden" und die Kriegsbegründung

Während des Krieges gab es unter deutschen Philosophen aber neben der ungehemmten affirmativen Verhaltensweise auch den Versuch, Immanuel Kants Schrift „Zum ewigen Frieden" argumentativ nutzbar zu machen. Kants Spätschrift ging davon aus, dass ein dauerhafter Frieden nur möglich sei, wenn freundlich gesinnte Republiken einen Staatenbund bilden, der zu keinem Souveränitätsverzicht führe. In diesem Sinne sind bei ihm Staats- und Völkerrecht identisch.

Der Gießener Philosoph August Messer nannte den ewigen Frieden in Anlehnung an Kant den Leitstern des deutschen Handelns.

> „Die Selbstbehauptung eines Staates und einer Kultur sei der sinnvolle und notwendige Zweck des Krieges, auch des deutschen Waffengangs in diesem Krieg. Dabei seien dann auch alle notwendigen Mittel gerechtfertigt." (Hoeres, Kants Friedensidee, a.a.O., S. 92)

> „Ja. Man darf wohl ohne Selbstüberhebung behaupten, dass ein Sieg der Deutschen am meisten der Verwirklichung des Menschheitsgedankens dienen würde; denn unser Volk hat sich bisher am meisten fähig und gewillt gezeigt, auch den andern Völkern Gerechtigkeit angedeihen zu lassen. Darum dürfen wir uns auch fühlen als Vorkämpfer einer sittlichen Weltordnung." (a.a.O., S. 92)

Verbunden mit dieser hypertroph erscheinenden Auffassung geht eine Idee einher, die damals sehr populär war, nämlich die der Einrichtung eines internationalen Schiedsgerichtes.

Den offenbaren Widerspruch zwischen dem Gedanken des ewigen Friedens und den tatsächlichen Kriegserlebnissen versuchte Herrmann Cohen, das inoffizielle Oberhaupt der Marburger Schule des Neukantianismus, mit dem Hinweis auf den schwierigen Prozess, der zum ewigen Frieden führe, eine fortschritts-philosophische Deutung zu geben, indem er den Soldaten schrieb: „In der Gerechtigkeit unserer Sache bringt ihr dem ewigen Frieden die Verwirklichung bei." (a.a.O., S. 93).

Als Arabeske erscheint aus heutiger Sicht Cohens Auffassung, Deutschland sei das „Mutterland der abendländischen Judenheit" (a.a.O., S. 94, denn Judentum und Patriotismus fließen bei Cohen in der Idee des ewigen Friedens zusammen. Cohen sieht mit einem Sieg Deutschlands Gerechtigkeit und Völkerfrieden in der Welt begründet.

Es wäre wohl die Überheblichkeit des Nachgeborenen, wenn wir uns darüber nur erheben würden. Offensichtlich haben sich die Kriegstreiber in Deutschland und breite Teile der intellektuellen Elite des Landes tatsächlich in dem Glauben befunden, Vorreiter des sittlichen Fortschritts zu sein. Selbst ein philosophischer Einzelgänger wie Leonhard Nelson (der spätere Begründer des Internationalen Sozialistischen Kampfbundes ISK) ging von einem deutschen Sieg aus und machte im September 1914 Vorschläge für einen allgemeinen Staatenbund, wobei dies gekoppelt war mit der Forderung nach innenpolitischen Reformen in Deutschland. Die Intention dieser Denker (auch Cornelius u. a.) war es, dass nur durch ein machtvolles Deutschland die Grundlage für ein gesichertes Friedenzeitalter auf der Welt gelegt werden könne.

Es zeichnet sich ein nationaler Universalismus ab. Auf diese Weise ist Immanuel Kants Vision, die eher an den Idealen der Französischen Revolution orientiert war, in die deutsche Nationalstaats-Überheblichkeit transformiert worden.

Der nächste Schritt dieses Verständnisses ist dann die Feststellung, dass in einer zukünftigen Staatengemeinschaft eine Führung bestehen müsse (Kroner). Der Gedanke ist nicht weit, eine solche Führung könne natürlich nur die deutsche sein. Geschichts- und staatsrechtsphilosophisch ist damit die Symbiose aus Kant und Hegel vollzogen, wonach der Weltgeist in Preußen-Deutschland zu sich selbst komme (Hegel) und dies in der Völkerbundkonstruktion den ewigen Frieden garantiere (Kant). Damit wurde Kants Idee gleichsam eingedeutscht. Diese gedankliche Vorarbeit führt 25 Jahre später zur Einreihung von Kant in die Galerie der wesensmäßig deutschen Philosophen.

Der realpolitische Gehalt dieser deutschen Gelehrtendebatten zeigt sich im Verlauf des Krieges in der auch im politischen Raum diskutierten Idee eines Völkerbundes. Der amerikanische Präsident Woodrow Wilson hat daran große Hoffnungen geknüpft. Wir wissen, dass die Lösung, die im Versailler Frieden und in den Pariser Vorort-Verträgen gefunden worden ist, zu schwach war. Sie boten Anknüpfungspunkte für vielfache Vergeltungslegitimationen und Revanchepropaganda. Die damals ungelösten Probleme kehrten nach der Wende von 1989/1890 auf die europäische Bühne bis heute zurück.

Machtpolitische Interessen Nazi-Deutschlands haben den Völkerbundgedanken lahmgelegt. Aber auch die nach dem Zweiten Weltkrieg gefundenen Institutionellen Formen der UN geraten bei Konflikten an ihre Grenzen, wie alle kriegerischen Auseinandersetzungen zeigen (Korea, Vietnam, Israel, Syrien, Irak, Balkan, Ukraine usw.).

Immerhin zeigt die Debatte, dass man bei Kriegsausbruch Rechtfertigungsgründe braucht. Man kann das als Wirkung der alteuropäischen Auseinandersetzung um die Gerechtigkeit eines Krieges deklarieren. Das ganze 20. Jahrhundert über ist das zu beobachten. Dieses Verfahren hat jedoch in signifikanten Fällen versagt (Zweite Weltkrieg, Vietnam, Irak, Falkland etc.). Überflüssig ist es nicht, aber nicht ausreichend.

Die Rolle der Kirchen und ihre religiösen Interpretationen des Krieges

Man würde die euphorische Stimmung bei Ausbruch des Krieges, wie sie neben den nationalistischen und militaristischen politischen Kreisen vor allem von der akademischen Jugend, den Gymnasiasten, den Intellektuellen getragen wurde, nicht unvollständig begreifen, wenn man die Rolle der Kirchen nicht berücksichtigte. Der Hofprediger Ernst von Dryander gab im Dom zu Berlin am 4. August 1914 die Richtung vor. „Im Aufblick zu dem ...Vaterland, in dem die Wurzeln unserer Kraft liegen, wissen wir, wir ziehen in den Kampf für unsere Kultur gegen die Unkultur, für deutsche Gesittung wider die Barbarei, für die freie, deutsche, an Gott gebundene Persönlichkeit wider die Instinkte der ungeordneten Masse". Friedrich Gogarten behauptete gar, dass „die Schöpfung in unserem Volke am Werke" sei. „Die Ewigkeit will deutsch werden ... Und Gott will sich in uns Deutschen offenbaren." (Mommsen: Der Erste Weltkrieg, S. 169).

Es gibt aus diesen Wochen zahllose Beispiele religiöser Kriegspropaganda, die aus heutiger Sicht nichts anderes als Hybris und Verblendung waren. Karl Barth beklagte damals, dass „Vaterlandliebe, Kriegslust und christlicher Glaube in ein hoffnungsloses Durcheinander geraten" seien (a.a.O., S. 171). Der Tod im

Felde wurde mit dem Opfertod Christi in Parallele gesetzt. Christentum und Heldentum bildeten eine Einheit.

Die naheliegende Frage, welche theologischen und Verhaltens- Konsequenzen es haben müsste, dass alle Kriegsteilnehmer zum selben Gott beteten und von ihm Beistand erhofften, wurde nicht öffentlich diskutiert. Einzelne kritische Stimmen aus dem kirchlichen Lager wurden kaum gehört.

Bis zum Kriegsende waren die Kirchen freiwillig treue Diener der Kriegspropaganda, auch wenn es im Laufe des Krieges immer schwieriger wurde, den Soldaten und den Daheimgebliebenen die Opfer als sinnvollen gottgefälligen Opfergang zu verkaufen. Kirchenbesuche erlangten nach 1915 wieder dieselben niedrigen Zahlen wie vor dem Krieg, nachdem die Anfangsbegeisterung von 1914 verflogen war. Den nachklingenden Verbund aus Kirche und Krieg kann man noch heute in zahlreichen Kriegerdenkmälern oder Epitaphen und Gefallenentafeln in Kirchen und auf Friedhöfen besichtigen.

Vielleicht sollte man auch heute in den Kirchen noch einmal darüber nachdenken, dass ihr Autoritätsverlust und die mangelnde Glaubwürdigkeit ihrer Botschaft auch mit dem unseligen Erbe zusammenhängt, die Leiden der Menschen, zu denen auch Kriegserlebnisse gehören, nicht nur als didaktischen Ausgangspunkt für allgemeine religiöse Aussagen, sondern als existentielle christliche Anfragen an Gott zu begreifen.

Zwei Geschichtsphilosophen aus christlichem Geiste: Max Scheler und Ernst Troeltsch

Je ein prominenter katholischer und evangelischer Denker haben sich am Anfang des Krieges als begeisterte Verteidiger der deutschen Seite betätigt.

Max Scheler schrieb 1915 ein Buch mit dem Titel „Der Genius des Weltkrieges und der deutsche Krieg", in dem die Meinung vertreten wird, dass der Weltkrieg ein Aufruf zur geistigen Wiedergeburt des Menschen und eine Zerfallserscheinung des Kapitalismus sei.

Ernst Troeltsch, evangelischer Theologe in Bonn und seit 1915 Philosoph in Berlin wandelte sich wie Scheler vom begeisterten Kriegsverteidiger der deutschen Seite in geschichtsphilosophischen Überlegungen zu einem Skeptiker der Kriegsbegeisterung. Grundgedanken ihrer Geschichtsphilosophie ist die Rolle religiöser Werte und ihre Möglichkeit, für alle Kulturen eine Vermittlerrolle zu übernehmen. Am Anfang der Weimarer Republik gehörten beide zu den wenigen intellektuellen Verteidigern der Republik

Politische und philosophische Kritik, in Hannover: Theodor Lessing

Die intellektuellen Kritiker des Krieges waren nicht zahlreich. Die politische Opposition, zunächst vor allem in der Sozialdemokratie und den pazifistischen Kleinorganisationen versammelt, wurde durch die mit schlechtem Gewissen erfolgte Zustimmung zu den Kriegskrediten geschwächt und brach sich erst während des Krieges zunehmend in Streiks, Hungerdemonstrationen und partieller Verweigerung Bahn und endete schließlich in der Revolution 1918.

Die Begründung für die Zustimmung zu den Kriegskrediten trug am 4. August 1918 der spätere Führer der USPD Hugo Haase vor:

> „Für unser Volk und seine freiheitliche Zukunft steht bei einem Siege des russischen Despotismus, der sich mit dem Blute der Besten des eigenen Volks befleckt hat, viel, wenn nicht alles auf dem Spiel. Es gilt, diese Gefahr abzuwehren, die Kultur und Unabhängigkeit unseres eigenen Landes sicherzustellen. Da machen wir wahr, was wir immer betont haben: wir lassen in der Stunde der Gefahr das eigene Vaterland nicht im Stich." (Stenografische Berichte des Deutschen Reichstag, Band 306, S. 8 f.)

Damit war keine Zustimmung für die Auslösung und die Begründung des Weltkrieges gegeben. In der Marxschen Theorie, und diese war die herrschende in der SPD, war nicht jeder Krieg verwerflich. Es wurde ein Unterschied gemacht zwischen revolutionären und Befreiungskriegen einerseits und imperialistischen Kriegen andererseits, die als Angriffs-, Raub-, Kolonial- oder andere Verteilungskriege in Erscheinung traten. Dass man trotz des als imperialistisch interpretierten Krieges in die Lage kam, den Kriegskrediten zuzustimmen, lag an den nicht zu Ende gedachten Folgen der Russenfeindschaft und des Patriotismus.

Einer der wenigen Menschen, die sich allen gängigen Kriterien für die Rechtfertigung des Krieges widersetzten, war der Hannoversche Philosophiedozent und Arzt Theodor Lessing. Er arbeitete im Ersten Weltkrieg in einem Lazarett in Hannover, in dem heute das Polizeipräsidium untergebracht ist.

In seinem im Winter 1914 erschienenen Buch „Europa und Asien" schrieb er in seinem Vorwort entsetzt:

> „ Die vorliegende Schrift ist aus jener Stimmung von Schmerz, Scham und tiefem Menschenekel geboren, die eine kleine Schar Einsamer und Unzeitgemäßer aus allen Ländern Europas zur Notbrüderschaft zusammenschmiedete, in dem selben Augenblick, wo Europas Menschen – allen voran die führenden Geister – am großen Flammenrausch des Vaterlandes zu Verzückungen politischen Machtwillens entbrannten." (Lessing, Europa und Asien, a.a.O., S. 7)

In dieser Zeit sind erschütternde kleine Porträts von Verwundeten und Gestorbenen verschiedener Nationen entstanden. Während des Krieges und unter dem Eindruck des Krieges begann Lessing mit seinen geschichtsphilosophischen Arbeiten zu seinem 1919 erschienenen Buch „ Die Geschichte als Sinngebung des Sinnlosen".

Es sei ein zeitloses Zeichen, heißt es dort, dass sich die Gewinner eines Krieges eine „von Gott gewollte Sendung zubilligen, womöglich gar mit jener scheinheiligen Demut der Selbstgerechtigkeit, die wir bei allen plötzlichen Machtrauschtaumeln der Geschichte, in Deutschland z. B. 1870/1871 und nach den ersten Siegen im August 1914 wahrnahmen." (Lessing: Geschichte als Sinngebung, S. 59). Oder:

> „Millionen Menschen, welche allesamt nicht über ihren nächsten Tag hinaussehen und deren jeder das denkt, was irgendein öffentlicher Mund ihm zu denken anbefiehlt, finden sich in eine ungeheure mit kalter Sachlichkeit arbeitende Menschen-Vertilgungs-Maschine hineingeworfen. Tausende werden zermalmt, andere Tausende verstümmelt; andere unversehrt ausgespien. Wen es trifft, den trifft's. Die Überlebenden preisen die Geopferten als Helden und leben weiter."

Währenddessen rottet sich „hinter den Fronten der Schlachten eine geistige Hyänenschar zusammen. In Pressequartieren, in kleinen Cafés schlachtenbenachbarter, aber sicherer Orte hocken sie in klugen Rudeln. In Autos und Eisenbahnen durchjagen sie das geschändete Land." (a.a.O., S. 95). Dies ist ein anderer Ton als ihn die Masse der philosophierenden Zeitgenossen anschlug, Konkretheit, Sarkasmus und Gesellschaftskritik in einem.

> „Dem schönsten Augenblick der europäischen Geschichte (4. August 1789 folgte ihr ruchlosester (4. August 1914). Da empörte sich Maschine gegen Maschine, jeder schuldig an jedem, taten einander, was keiner wollte. Die bloße Tatsache, dass wir dieses Zeitalter überdauern, behaftet auch den Schuldlosesten mit unaustilgbar brennender Scham." (a.a.O., S. 165)

Für Lessing liegen die tieferen Gründe für den Krieg in biologischen Anlagen des Menschen. Resigniert stellte im Oktober 1914 der österreichische Philosoph Fritz Mauthner fest, dass die ruhige Philosophie ausgedient habe. Heute gelte es nur noch, darüber nachzudenken, welchen Sinn der Tod im Kriege habe.

> „Wer stirbt, stirbt nicht mehr sich selber. Der Rausch des Todes ist über unser Land gekommen" (Philosophie Magazin. Sonderheft: Das Jahrhundert im Spiegel seiner großen Denker, S. 10).

Es gab vor hundert Jahren philosophische Theorien, die nicht aus dem historisch-politischen Arsenal ihre Argumente holten. So wurde damals die populäre Theorie der Entstehung der Arten von Charles Darwin für kriegserklärende Statements nutzbar gemacht. In vergröberter Form war demnach der Krieg nichts anderes als Ausdruck eines Selektionsmechanismus, der sich im Kampf ums Dasein nicht nur im Überlebenskampf der Individuen und Arten, sondern auch der Völker abspielt. In dieser Sichtweise braucht der Krieg eigentliche keine Begründung, denn früher oder später würde er sowieso ausbrechen.

Geschichts- und kriegsphilosophische Theorien sind aber auch heute noch auffindbar. Vor zwei Jahren, 2013, erschien aus nüchterner kulturanthropologischer Sicht das Buch von Ian Morris „Krieg. Wozu er gut ist". Morris zufolge habe sich fast jeder Krieg in der überlieferten Weltgeschichte auf die lange Wirkung gesehen als positiver Anstoß erwiesen. Dies sei zwar schade für die davon betroffenen Individuen, die in ihrer Generation eben nicht so lange Zeit zur Verfügung haben, um diese positiven Früchte zu ernten. Kriege hätten die Erde jedoch zu einem besseren Wohnort gemacht, weil sie durch die Gründung von Staaten und Reichen zu größerer Sicherheit geführt haben. Dies ist ein neues Feld der Argumentation.

Alle Kriegsphilosophen hätten sich bei Gottfried Wilhelm Leibniz geistig erkundigen sollen, der als Voraussetzung für Gerechtigkeit die Liebe und die Weisheit nannte. Es muss mehr als befremden, dass noch 1917 nach der Friedensresolution des Reichstags 1906 deutsche Professoren eine annexionistische Resolution unterschrieben. Von der caritas sapientis (Liebe des Weisen), die Leibniz voraussetzte, waren sie nicht berührt. Auch wenn sie sich so dünkten. (vgl. Leibniz: Gedanken über den Begriff der Gerechtigkeit)

Es fällt schwer, sich von heute aus in die Denkmuster von damals hineinzuversetzen. Dennoch darf man aus friedensphilosophischer Sicht und den Kriegs- und Unterdrückungserfahrungen des 20. Jahrhunderts heraus urteilen, dass theoretische Konstruktionen selbst nicht wertfrei sein können, sondern auf wertenden Grundlagen aufbauen. Max Weber und Jürgen Habermas haben dies in zwei Generationen schlüssig vorgetragen. Klugheit schützt vor argumentativer Dummheit und ethischer Blindheit nicht. Die Deutschen haben es erst lange nach 1945 gelernt. Es ist nicht die Überheblichkeit der Nachgeborenen, wenn man in aller caritas sapientiae (Liebe zur Weisheit) sagt, dass die meisten Intellektuellen 1914 wie von Sinnen waren.

Literatur

Clark, Christopher: Die Schlafwandler, Wie Europa in den ersten Weltkrieg zog, München 2013.
Eucken, Rudolf: Die weltgeschichtliche Bedeutung des deutschen Geistes, Stuttgart und Berlin 1914.
Eucken, Rudolf; Der Sinn und Wert des Lebens, Berlin 1914
Ferguson, Niall: Der falsche Krieg, Der Erste Weltkrieg und das 20. Jahrhundert, München 2013.
Fischer, Fritz: Griff nach der Weltmacht, Die Kriegszielpolitik des kaiserlichen Deutschland 1914-1918, Düsseldorf 1961.
Friedrich, Jörg: 14/18: Der Weg nach Versailles, München 2014.
Flasch, Kurt: Die geistige Mobilmachung, Die deutschen Intellektuellen und der Erste Weltkrieg, Ein Versuch, Mainz 2000.
Hoeres, Peter: Kants Friedensidee in der deutschen Kriegsphilosophie, in: Kantstudien 93. Jahrgang, 2002, S 84-112.
Hoeres, Peter: Krieg der Philosophen. Die deutschen und britischen Philosophen im Ersten Weltkrieg, Paderborn, 2011.
Janssen, Wilhelm: Krieg in: Geschichtliche Grundbegriffe, Historisches Lexikon zur politisch-sozialen Sprache in Deutschland, Hgg. Otto Brunner/ Werner Conze/ Reinhard Koselleck, Stuttgart 1982, Band 3, S. 567–615.
Kant, Immanuel: Zum ewigen Frieden, Berlin 1795, Reprint der Erstausgabe, Berlin 1985.
Kolb, Eberhard :Der Frieden von Versailles, Beck'sche Reihe Nr. 2375, München 2005.
Kimmenich, Otto: Krieg in: Historisches Wörterbuch der Philosophie, Hgg. Joachim Ritter/ Karlfried Gründer, Band 4, Basel 1976, Sp. 1230–1235.
Krull, Wilhelm (Hg.): Krieg von allen Seiten, Prosa aus der Zeit des Ersten Weltkrieges, Göttingen 2013.
Krumeich Gerd / Hirschfeld Gerhard: Deutschland im Ersten Weltkrieg, Frankfurt am Main 2013.
Kruse, Wolfgang: Der erste Weltkrieg, Darmstadt 2009.
Leibniz, Gottfried Wilhelm: Gedanken über den Begriff der Gerechtigkeit, Hg. W. Li., Hannover 2014, S. 23- 51.
Lessing, Theodor: Europa und Asien, 2. Aufl. Hannover 1924
Lessing, Theodor: Geschichte als Sinngebung des Sinnlosen, München 1919 (Nachdruck München 1983).
Lessing, Theodor: Untergang der Erde am Geist, Hannover 1924 (erste Auflage Winter 1914).
Lessing, Theodor: Wir machen nicht mit, Schriften gegen den Nationalismus und zur Judenfrage, Bremen 1997.
Mann, Thomas: Betrachtungen eines Unpolitischen, Berlin 1919.
Meinecke, Friedrich: Die deutsche Erhebung von 1914, Vorträge und Aufsätze, Stuttgart und Berlin 1914.

Mommsen, Wolfgang J.: Der erste Weltkrieg, Anfänge vom Ende des bürgerlichen Zeitalters, Frankfurt a. M. 2004, darin: Die christlichen Kirchen im Ersten Weltkrieg, S. 168-179.
Morris, Ian: Krieg. Wozu er gut ist, Frankfurt am Main 2013, dazu sein Interview im DER SPIEGEL, Nr. 2, 2014, S, 102-105.
Münkler, Herfried: Der große Krieg, Die Welt 1914-1918, Berlin 2013.
Neitzel, Sönke: Weltkrieg und Revolution, 1914-1918/19, Bonn 2011.
Radbruch, Gustav: Zur Philosophie dieses Krieges. Eine methodologische Abhandlung, in: Archiv für Sozialwissenschaft und Sozialpolitik, 44. Band, Tübingen 1917/18, S. 139-160.
Rürup, Reinhart: Der ‚Geist von 1914' in Deutschland. Kriegsbegeisterung und Ideologisierung des Krieges im Ersten Weltkrieg, in: Hg. Hüppauf, Bernd-Rüdiger: Ansichten vom Krieg. Vergleichende Studien zum Ersten Weltkrieg in Literatur und Gesellschaft, Königstein 1984: Forum Academicum, S. 1-30.
Scheler, Max: Der Genius des Weltkrieges und der Deutsche Krieg, 1915.
Wette, Wolfram: Militarismus in Deutschland, Geschichte einer kriegerischen Kultur, Frankfurt am Main 2008.
Wernstedt Rolf/Manfred Quentmeier/Martin Stupperich (Hgg.): Krieg und Frieden 1914–2014, Beiträge für den Geschichts- und Politikunterricht, Schwalbach 2014.

Sehr lesenswerte Magazine, die seriös und medial gut präsentiert zu haben sind:

Philosophie Magazin, Sonderheft 1914-2014, Das Jahrhundert im Spiegel seiner großen Denker, Berlin 2014.
1914 – Das Schicksalsjahr des 20. Jahrhunderts, GEO-EPOCHE, Das Magazin für Geschichte Nr. 65/2014.
Der Erste Weltkrieg 1914-1918, Als Europa im Inferno versank, DER SPIEGEL GESCHICHTE Nr. 5, 2013.
Das Jahr 1914. Europa – Menschen – Toleranz, Blickwinkel aus Niedersachsen und Sachsen- Anhalt, Braunschweig 2013.
Der Erste Weltkrieg. Ereignis und Erinnerung PRAXIS GESCHICHTE, November, Ausgabe Nr. 6, 2013.
Beispiele Praxis, Unterrichtsideen und Materialien, 14/18 Mitten in Europa, Herausgegeben vom Volksbund Deutsche Kriegsgräberfürsorge e. V., Seelze 2014.
Der Erste Weltkrieg 1914-1918. Der Große Krieg: Wie er begann und wie die Menschen ihn erlebten ‚ZEIT-Geschichte 1/14, Hamburg 1914.
I. Weltkrieg, Das Ringen der Völker 1914-1918, Clausewitz-Spezial, München, 2014

KAPITEL 4

RELIGION UND BILDUNG

Stephan Schaede

Religion und Bildung

Einleitung in Kapitel 4

Der erste Beitrag exponiert eine aktive Auseinandersetzung und Orientierung an der Bibel als einschlägiges Bildungsereignis. Skizziert wird u.a., wie aufgrund der Bibelübersetzungsleistungen eines Martin Luthers deutsche Sprache in ihren Wurzeln theologische Sprache ist, wie diverse geisteswissenschaftliche Disziplinen in der Bibel Stoff für methodische und konzeptionelle Anreicherung finden, wie die biblischen Geschichten paradigmatisch anthropologische Grundkonstanten erfassen und die Bibel Artikulationsangebote selbst für solche Menschen anbietet, die nicht glauben, jedoch für unsagbares Elend und Entsetzen sprachliche Formen finden.

Im zweiten Beitrag, ein Impulsreferat im Gewerkschaftskontext, macht Wernstedt die Bedeutung einer Wertereflexion in der Politik für einschlägige Solidaritätsfragen deutlich. Es zeigt sich: Erst kraftvolle Ideen, Überzeugungen und eine nicht allein aus materiellen Auskommen gespeiste Zuversicht lassen gesellschaftliche Phasen des Verzichts aushalten. Technokratische Reformen, und sei es im Bereich von Sozial- und Arbeitspolitik, bleiben also geistlos, wenn sie nicht an einer Neujustierung von Solidarität orientiert sind. Diese Neujustierung eröffnet die Frage, wie zur jeweiligen Zeit Wertvorstellungen handlungsorientiert in Gesellschaft und Politik implementiert werden sollen. Dabei gilt es unvermeidbare Gerechtigkeitsambivalenzen auszuhalten, diese in politisch kluger Weise transparent zu machen und zugleich das politische Handeln trotz dieser Ambivalenzen an starken Überzeugungen zu orientieren, wie sie etwa im ersten Artikel des Grundgesetzes wirkungsvoll annonciert werden.

Kapitel 4

Eine Thesenreihe zur religiösen Bildung im weltanschaulichen Pluralismus arbeitet als dritter Beitrag bündig heraus, wie sich religiöse Bildung von religionskundlichem oder ethisch-philosophischem Kenntnisreichtum einerseits und religiöser Frömmelei unterscheidet.

Daran schließt nahtlos der vierte Beitrag an, der ausführt, weshalb Religionsunterricht mit gutem Grund als ordentliches Lehrfach gelten könne. In einer religiös amalgamierten sich kulturell pluralisierenden Welt sind religionskompetente Deutungshilfen unerlässlich. Als produktiv erweist sich das Hinausgehen über Interessenlagen, die vornehmlich an einem selbst interessiert sind, die Transzendierung der endlichen Bedingungen endlichen Lebens und irdischen Daseins und das Potential des Religionsunterrichtes, Leben in Widersprüchen, ethische Dilemmata auszuhalten und im Angesicht so mancher Lebensratlosigkeit Empathie und Hoffnung geltend zu machen. So erweist sich gelingender Religionsunterricht als ein Beitrag zur Persönlichkeitsentwicklung, der mit seinem Alleinstellungsmerkmal Gott keineswegs hinter dem Berge halten sollte.

Dass sich damit keine Missionsambition im klassischen Sinne verbinden kann, macht der fünfte Beitrag deutlich, ein Auszug aus einer Podiumsdiskussion im Rahmen der sechsten Tagung der 24. Landessynode der Ev.-luth. Landeskirche Hannovers vom Juni 2010. Eine Verknüpfung von Mission und Bildung wird dort entschieden abgewehrt, allein schon wegen der im kirchenexternen Milieu vorprogrammierten Missverständnisse, die sich mit dem Missionsbegriff verbinden.

Für humanitäre Überzeugungen zu werben – und dies auch in einem religionsfernen Kontext – für diese Ambition Wernstedts steht der sechste Beitrag gut. Im Zuge einer Ansprache während einer Jugendweihfeier appelliert er nicht nur an eine Haltung, an anspruchsvollen, weil nicht risikofreien, Entscheidungen festzuhalten. Vielmehr nutzt er auch das biblische Diktum aus 5. Mose 8,3 „Der Mensch lebt nicht vom Brot allein", um darauf aufmerksam zu machen, wie sehr Menschen soziale konsum-transzendierende Wesen sind, denen bei aller Versuchung zur Aggression Frieden zu stiften und dafür einzutreten entspricht.

Im Kontext einer Diskussion einer anthropologischen Werterelevanz, der der siebte Beitrag gewidmet ist, markiert Wernstedt für den Wert der Toleranz markant. Religionen, die in Deutschland von einer staatlichen Garantie der Toleranz profitieren, sollen und müssen selbst einen signifikanten Beitrag zu dieser Garantie von Toleranz leisten und aktiv für eine solche Toleranz in ihren eigenen Reihen und in der Gesellschaft eintreten. Zugleich gilt es im religionsübergreifenden Gespräch Alltagskonflikte, die durch religiöse Praxis auftreten können, gemeinsam zu bewältigen. Das kann nur gelingen, wenn religiöse Praxis gerade auch in der jüngeren Generation wechselseitig und mit dem nötigen Respekt besichtigt werden. Das kann vor allem nur dann gelingen, wenn hinreichend Kenntnisse über die eigene Religion und deren Praxis vorliegen. Zugleich sei durch die Wahrheitsansprüche der jeweligen Religionen die Toleranz anspruchsvoll herausgefordert. Sie selbst wie auch der Staat seien, wie Wernstedt an einer Debatte um die Novellierung der Niedersächsischen Landesverfassung zeigt, unter den Vorbehalt des Vorletzten durch Gott gestellt. Es liegt nach Wernstedt am humanen und gesellschaftlichen Kultivierungs- und Bildungswillen der Religionen selbst, ob sie zu Friedenstiftern oder Konfliktverstärkern werden.

Bildung und Bibel – Erbe und Zukunft[1]

Natürlich hat Bildung (bei uns in Deutschland, in Europa und in manchen Teilen der Welt) mit der Bibel zu tun. Alle diejenigen, denen Bildungsinhalte, Bildungsgegenstände (oder überhaupt Bildungsgüter) wichtig sind, könnten darüber geradezu Unendliches beitragen, weil unter Bezug auf die Bibel ganze Wissenschaften aufgerufen sind, ihre Fragestellungen, ihre Erkenntnisse und ihr spezielles methodisches Handwerkzeug aufzubieten.

Zu allererst ist die Theologie aufgerufen mit all den komplizierten jüdischen und christlichen Interpretationen und Auslegungen. Weder inhaltlich noch zeitlich scheint es hier ein Ende zu geben. Dies kann auch nicht Gegenstand meiner Überlegungen sein.

Sodann die Geschichte, die der Frage nachgeht, welche Geschichten in der Bibel im historischen Sinne tatsächlich stattgefunden haben, welche wahrscheinlich sind, welche unbestimmt bleiben und wie da Ganze zusammenhängen mag. Ganze Bibliotheken gab es davon. Hierhin gehört auch die Archäologie, die ihr mühsames Geschäft mit der Überlieferung der Bibel vergleicht und sogar daraus Forschungs- und politische Motivationen schöpft. Die Archäologie in Israel beispielsweise hat immer auch politische Implikationen. Ich möchte nur auf mögliche biblische Lokalitäten hinweisen, die sofort im nahöstlichen Raum Gebietsdiskussionen auslösen, wie seinerzeit die Interpretation der in Ebla gefundenen Tontafeln. Werner Kellers berühmter Bericht „Und die Bibel hat doch recht" ist fast in jedem Haushalt zu finden. Seine Auflage hatte schon nach wenigen Jahren die Hunderttausend überschritten.

---

[1] Vortrag vor der Bibelgesellschaft Hannover aus Anlass der Eröffnung der Räumlichkeiten im Kloster Hannover-Marienwerden am 5. Juni 1998, in: Braunschweiger Beiträge für Theorie und Praxis von Religionsunterricht und Kunstunterricht 3, 1998. Mit freundlicher Genehmigung des Arbeitsbereiches Religionspädagogik und Medienpädagogik der Ev.-luth. Landeskirche Braunschweigs.

Ohne die Philologie des Hebräischen, Griechischen und Lateinischen (auch anderer zeitgenössischer Sprachen bis Aramäischen) ist die Bibel gar nicht handhabbar. Jede Übersetzung ist bereits eine Interpretation, wie wir wissen. Der Gedanke erschließt sich aus dem Wort und dem Zusammenhang. Aber was bedeutet schon welches Wort? Melanchthon hat beispielsweise deshalb das Griechische so gelobt, weil das Neue Testament und die Überlieferung von Jesus in Griechisch abgefasst sind.

Von nahezu konstitutiver Bedeutung für das Verständnis der Bibel ist die Text- und Überlieferungsgeschichte. Das feine Instrumentarium, das hier die Altphilologie entwickelt hat, hat unser Wissen über die Texte des Alten und des Neuen Testaments nicht unwesentlich beeinflusst. Sowohl die Textbestände der Bibel als auch deren verwandte Texte (Apokryphen) sind ohne diese Arbeit nicht einfach verwendbar. Was bedeutet diesem Gesichtspunkt die in der katholischen Liturgie verwendete Formel „Worte des lebendigen Gottes"?

Gar nicht abschätzbar, weil bis heute fortwirkend, ist die auf die Bibel sich direkt zurückführende Kunstproduktion. Wer erinnert in der deutschsprachigen Literatur nicht gern an Thomas Mann „Joseph und seine Brüder", an Stefan Heyms „Ahasver" oder den „König-David-Bericht", an biblische Motive in den Werken von Bert Brecht, Franz Kafka, Rudolf Hagelstange, Frans Timmermans, Manfred Hausmann usw. Von der Literatur vergangener Jahrhunderte will ich gar nicht reden.

Die gesamte malerische und darstellende Überlieferung des Mittelalters bis zur Renaissance kennt nur biblische Motive. Jede Kirche, jedes Kloster ist bis heute hin natürlich der Bibel verpflichtet. Gerade hier hat sich ja eine ziemlich oberflächliche Bildungsvorstellung eingenistet. Wer am besten und am meisten Bilder identifizieren kann, gilt als gebildet. Es macht natürlich Freude, in einer wildfremden Kirche, irgendwo in Europa, oder in einer Galerie biblische Motive wiederzuerkennen, darüber zu erzählen und Eindruck machen zu können. Niemandem soll auch die Lust daran genommen werden. Aber ob mit der kunstgeschichtlichen Einordnung oder Interpretation der Geist, aus dem ein Bild oder eine Plastik entstand, erfasst ist, ist durchaus fraglich. Wenn nicht, ist alles nur eitel Wissen.

Gar nicht beschreibbar ohne Bibel ist die Musik. Gesänge, Lieder, Symphonien, Opern, Messen, kleinere und größere Stücke zu allen Zeiten der europäischen Musikgeschichte fallen hier ins Gedächtnis. Und die Produktion, direkt bezogen auf biblische Inhalte, ist längst nicht am Ende. Es sind noch keine zwei Jahre her, dass in der Marktkirche in Hannover ein während der Sowjetzeit entstandenes Paulus-Musikstück uraufgeführt wurde, mit großer Kraft und eindringlichen Klangbildern. Eine unschätzbare Fundgrube ist die Bibel für Ethnologen, die aus der 1000jährigen Geschichte, die im Alten Testament beschrieben wird, ihre Fragen und Antworten entwickeln, natürlich im Vergleich mit anderen Informationen.

Auch die Naturwissenschaften finden in der Bibel Gegenstand ihres Interesses. Zu den ergiebigsten Bildungserlebnissen gehört zum Beispiel ein Büchlein „Die schönsten Pflanzen der Bibel", das mir unlängst in die Finger gekommen ist. Und wer hat nicht seinen Spaß an den Weisheiten und Sprüchen, die sich aus der Bibel gewinnen lassen? Sprichwörter und Redewendungen gibt es zuhauf. Das kleine Büchlein „Sündenbock und Jubeljahr" von Lisbeth Haase zeigt dies einfühlsam und kenntnisreich (Hannover, 1992).

All dies und noch viele andere Gesichtspunkte verbinden sich mit der Bibel und ihren Überlieferungen. Es kann überhaupt kein Zweifel bestehen, dass in diesem Sinne eine unendliche Fülle an Gegenständen, Assoziationen, Kenntnissen und Sachverhalten bildungsmäßige Bedeutung haben. Mit Bezug auf die Bibel könnte man heute sogar ein reichhaltigeres Curriculum entwerfen als es zu den Zeiten möglich war, als man wie zum Beispiel in Preußen vor 350 bis 150 Jahren vor uns üblich war, nur lesen und schreiben lernte, um die Bibel lesen zu können. Gerade der aufgeklärte und auch wissenschaftlich begründete Umgang mit der Bibel vermag an vielen Stellen auch Auswüchse zu verhindern. Man kann dies an den Debatten um den Ursprung der Welt und die Deszendenztheorie ablesen, die bei wörtlicher Übernahme der in der Bibel vorgefundenen Textstellen zu sehr dogmatischen und auch gefährlichen Entwicklungen führen kann, wie das in Teilen der Vereinigten Staaten zu besichtigen ist.

Noch einige andere Aspekte sind wichtig, in denen der Zusammenhang von Bildung und Bibel gedacht werden muss. Diese Aspekte scheinen mir wichtiger, weil hintergründiger, als die vielen Einzelheiten, an denen man so viel Bildungsfreude erfahren kann.

Für uns Deutsche ist dies unsere Sprache. Erst die Übersetzung der Bibel ins Deutsche durch Martin Luther (und seine Freunde) hat die Grundlage für das Medium unseres Sprechens, Schreibens und Denkens gelegt. Zusammen mit den Vervielfältigungsmöglichkeiten weniger Jahrzehnte nach der Erfindung der Buchdruckerkunst hat die Art der Sprachführung und Wortschöpfung erst dazu beigetragen, dass eine muttersprachliche einheitliche Kommunikation in Deutschland möglich wurde. Sprachschatz, Wortwahl, Gleichnisse, Sprechweisen sind in unsere Sprache eingeflossen. Sie wirken natürlich auch dann, wenn man dies nicht auf biblische Herkunft zurückführen kann. Mit der Bibelübersetzung ist die deutsche Sprache in gewisser Weise von ihren Wurzeln her theologische Sprache. Bis dahin waren es eher Dialekte oder – vor allem im Hanse-Raum – das Niederdeutsche, das der sprachliche Ausdruck unseres Volkes war (Lingua franca in den Kontoren der Hanse zwischen London – Bergen – Brügge und Nowgorod).

Es ist wohl auf die Bibelübersetzung zurückzuführen, dass neben den theologischen Aspekten der deutschen Sprache vor allem auch die Fähigkeiten, den philosophischen Gedanken zu formulieren, sich entwickeln konnte. Nicht umsonst wird in geistesgeschichtlichen Abhandlungen der deutschen Philosophie auf Luther und seine Wirkung hingewiesen. Eine Philosophie wie die Hegels ist weder sprachlich noch systematisch ohne die Trinitätsvorstellungen des Christentums denkbar. Schließlich sollte man nicht vergessen, dass die Bibel die Botschaft einer Offenbarungsreligion enthält, die fast 2000 Jahre lang wegen ihrer Kompliziertheit ständig philosophisch begleitet worden ist. Es ist für unser kulturelles und religiöses Selbstverständnis von nicht zu unterschätzender Bedeutung, auch gerade in der heutigen Zeit im Vergleich und in der Auseinandersetzung mit anderen Religionen, dass die Philosophie als Ausdruck rationaler Welterklärung immer die Begleiterin der Theologie war. Zwar hat dies im Selbstverständnis des Mittelalters in einem Abhängigkeitsverhältnis stattgefunden (philosophia ancilla theologiae), aber Tertullian,

Augustinus, Boethius, Anselm von Canterbury, Thomas von Aquin, Pascal u. v. a. haben der rationalen Argumentation ihre Reverenz erwiesen.

Die widersprüchlichen Aussagen der Bibel haben zu allen Zeiten gereizt, den vorausgesetzten Sinn herauszufinden. Abaelard hat im 12. Jahrhundert das erste große Kompendium „Sic et non", „Ja und Nein", erarbeitet. Wer nicht mit Widersprüchen leben kann, wird diese Struktur der Bibel als für ihn nichtssagend begreifen. Wer sich von ihnen affizieren lässt, für den kann diese Beunruhigung produktiv wenden. So scheint mir die Bibel in ihrer sprachlichen Erscheinung und ihrer philosophischen Begleitung unser geistiges Dasein stärker zu beeinflussen als dies den meisten Menschen bewusst ist.

Ob es darüber hinaus Aspekte gibt, die aus dem hebräischen Gewand der Sprache auf Argumentationsgewohnheiten und Selbstverständlichkeiten hinweisen, möchte ich nur gefragt haben.

Unabhängig davon, wie man zum Christentum steht, ist noch eine ganze andere Dimension der Bibel wichtig und in unser heutiges Leben hineinreichend: die historische. Die Bibel erzählt die Geschichte des jüdischen Volkes und seines Gottes vor allem von etwa 1000 v. Chr. an; bis zur römischen Zeit und im Neuen Testament die Menschwerdung Gottes in Jesus Christus. Dies alles sind Geschehnisse und Überlieferungen, die weit weg sind und zunächst mit unserer Zeit nichts zu tun haben. Antike und vorantike orientalische Geschichte, eingewoben in mythologische und kaum verifizierbare Erzählungen und Dichtungen. Und dennoch wirkt das Ganze nicht nur rätselhaft, sondern vielfach sehr direkt, ja geradezu überzeitlich. Für den Gläubigen ist das nicht überraschend, für den von außen Blickenden aber schon. Es sind bei näherer Betrachtung eben nicht einmalige historische Geschichten, sondern in ihnen steckt Dauerhaftes. Wer könnte sich der Unbegreiflichkeit und Suggestion des Buches „Hiob" entziehen? In ihm steckt mehr an Fragen über menschliche Existenz als es jemals psychologische Theoreme anbieten können. Die Bibel liefert somit Bilder und Erzählungen, die es möglich machen, Unsagbares zu formulieren. Und es geschieht heute in der Sprache Luthers.

Es ist nicht von Ungefähr, dass in den letzten beiden Tagen am Unglücksort des zerschellten Zuges in Eschede Theologen hinzugerufen wurden, um den

Angehörigen und den Rettungs- und Bergungsmannschaften seelisch beizustehen. Organisatorische Leistungen, medizinische Perfektion, technische Ausgeklügeltheit und aufopfernde Hilfsbereitschaft sind die eine Seite, das seelische Entsetzen der Menschen die andere. Was sagt man angesichts dieses namenlosen Elends, dem sich kein Sinn erschließt?

Ob gläubig oder nicht, Im Angesicht zerfetzter Menschen schweigen die Menschen oder suchen nach Sätzen, die sie sonst nicht sprechen. In der Bibel gibt es so etwas – nochmals, unabhängig vom Glauben!

Mir kommt in den Sinn, was in den Kriegszeiten eigentlich von den Soldaten und den Zivilpersonen zu verarbeiten war, wenn sie täglich mit ähnlichen Bildern konfrontiert waren. Man ahnt, wie viel Unverarbeitetes in jedem Volke stecken muss, das Kriegszeiten hinter sich hat.

So kommt bei dieser Betrachtung zum Vorschein, dass fremde Geschichten in fremden Zeiten „Wahrheiten" enthalten, die nicht auf die Frage nach richtig oder falsch antworten.

Diese Auffassung hat viel mit unserem Bildungsverständnis zu tun. In dem von der Evangelischen Kirche Deutschlands vor einigen Jahren formulierten „Evangelischen Bildungsverständnis in einer sich wandelnden Arbeitsgesellschaft" (EKD-Texte 37, Hannover 1991) heißt es: Es „ist aus evangelischer Bildungsverantwortung heraus solchen bildungspolitischen Vorhaben entgegenzutreten, die Bildung nur als Anpassung an technisch-ökonomische Erfordernisse verstehen. Noch immer ‚Fachbildung' gegenüber einer die philosophischen politischen und religiösen Fragen einbeziehenden Bildung den Vorrang zu geben, bleibt hinter dem zurück, was die derzeitige Entwicklung der Industriegesellschaft erfordert" (Evangelisches Bildungsverständnis, S. 20f.).

Die Bibel hat auch etwas mit unserem aktuellen Staatsverhältnis zu tun. Die Reformation ist letztlich das Produkt eines Streites um das rechte (richtige) Verständnis der Bibel. Die Unmittelbarkeit des Gläubigen in seinem Verhältnis zu Gott verändert letztlich auch die Funktion der staatlichen Gewalt. In dem Streit um die Rechtfertigungslehre taucht dieses in einer alten und in moderner Zeit doch gewandelten Form wieder auf. Wenn man heute von der weltanschaulichen Neutralität des Staates oder von seiner säkularen Ordnungsfunktion spricht, so kann man diese Gedankengänge nur dann begreifen, wenn man ihre reformatorische Tiefendimension kennt. Und damit ist auch dieses rückbezüglich auf die Bibel zu sehen.

Letztlich führt die Entwicklung mehrerer Konfessionen (nachdem der heute gar nicht mehr nachvollziehbare Grundsatz „cuius regio eius religio" gescheitert war) zu einem Tolerierungsverhalten gegenüber den unterschiedlichen religiösen Bekenntnissen der Menschen eines Landes. Damit ist historisch gesehen das Grundrecht auf Religionsfreiheit als der Ursprung aller anderen Grundrechte in den amerikanischen und europäischen Verfassungen angesprochen. Der dahinter liegende abstrakte Begriff der Toleranz gehört zu den selbstverständlichen Voraussetzungen eines jeden Bildungsauftrages von Schulen, Hochschulen und demokratischer Gesellschaft.

So ließe sich in der Entwicklung modernen Bibelverständnisses viel Einwirkung auf die geistigen Grundlagen unserer Verfassung und unseres Staates gewinnen. Dass man bei direkter wörtlicher Auffassung der Bibel, wenn sie noch gekoppelt sind mit rationalen und irrationalen Herrschaftsinteressen, zu ganz schrecklichen und abstoßenden Entscheidungen kommen kann, zeigt die Geschichte der Inquisition und der Hexenverfolgungen. Die vorstaatlichen Überzeugungen, die im Dekalog und in der Bergpredigt enthalten sind, sind nicht unmittelbares Gesetz, aber Grundlage von Verfassung und Staat.

So erscheint mir der Zusammenhang von Bildung und Bibel nicht nur evident in den direkten Bezügen historischer, archäologischer, philologischer u.a. Natur, sondern vor allem in ihrer grundlegenden Wirkung auf unsere Sprache, auf mögliche Antworten in religiösen Grundbedürfnissen und auf unsere Fundamente demokratischer Staatlichkeit. Eingeschränkt bezogen auf mein Thema „Bildung und Bibel – Erbe und Zukunft" ließe sich formulieren, dass das traditionelle und nachweisbare Erbe, das die Bibel uns in fast allen Wissensgebieten hinterlassen hat, schon deswegen Zukunft hat, weil man ein solches Erbe nicht einfach negieren kann und darf. Man kann damit aber noch mehr anfangen, wenn man die Bibel nicht nur als Verkündigung glauben muss, sondern sich mit ihr aktiv auseinandersetzt und Orientierung sucht. Dieses können leider heute die meisten Menschen nicht mehr.

Ich möchte schließen mit einem Bibelzitat, das mich seit Jahren beunruhigt. In Prediger 1,18 steht (nach Luther): „Denn wo viel Weisheit ist, da ist viel Grämens, und wer viel lernt, der muss viel leiden". Martin Buber übersetzt: „Denn in einer Fülle von Weisheit ist Verdrusses die Fülle, und wer Kenntnis mehrt, mehr Schmerz".

Der Sinn ist wohl eindeutig, er sollte aber nicht dazu verführen, nicht mehr lernen zu wollen, weil man ungebildet eventuell fröhlicher wird oder bleibt. Im Lichte dieser Bibelstelle wäre Bildung das unausweichliche Aushalten auch von Widersprüchen. Denn wer wirklich angefangen hat zu lernen, hört damit nicht auf.

„Der Mensch lebt nicht vom Brot allein"

Funktion und Bedeutung von Werten in der Politik[1]

Die meisten Menschen kennen den Satz „Der Mensch lebt nicht vom Brot allein". Wenige wissen, dass er aus der Bibel stammt und dort zweimal auftaucht (5. Mose 8,3 und Matthäus 4,4). Noch weniger kennen seinen Zusammenhang: Am Ende der 40-jährigen Wanderung Israels aus Ägypten durch die Wüste Sinai mit Qualen des Hungers, Durstes, der Verfolgung und der Todesangst sagt Gott dem Moses – etwas lax ausgedrückt : Eine solche Schinderei hättet ihr niemals ausgehalten, wenn ich nicht bei euch gewesen wäre und ihr nicht an mich geglaubt hättet. Und das trotz aller Zweifel und Anfechtungen. Ihr habt nur überlebt, weil ihr an mehr gedacht habt als nur an Essen und Trinken, nämlich an mich geglaubt und meinem Wort vertraut habt. (Im Matthäus-Evangelium antwortet Jesus nach 40 Tagen Fasten in der Wüste dem Teufel, er werde nicht Steine in Brot verwandeln, da geschrieben steht, der Mensch lebt nicht vom Brot allein).

Die Mahnung Gottes gilt auch für die Zukunft: Wer nicht an ihn glaubt und ihm nicht vertraut, ihm nicht die Ehre und Anerkennung erweist, wird untergehen. Auch wenn man nicht religiös christlich oder jüdisch denkt, ist der Sinn ziemlich deutlich: Entbehrungen und Zumutungen hält man lange Zeit nur durch, wenn man eine Idee, eine Zuversicht, eine Überzeugung davon hat, dass hinter der Schinderei eine vernünftige Zielsetzung steht, für die es sich lohnt, Entbehrungen oder Zumutungen auf sich zu nehmen. Die Bibel erweist sich hier wie an vielen Stellen als eine Textsammlung, in der menschliche Erfahrung unabhängig vom religiösen Gehalt festgehalten ist.

---

[1] Überarbeitetes Impulsreferat auf einer Veranstaltung des DGB Landesbezirks Niedersachsen-Bremen-Sachsen-Anhalt in Hannover, Landesmuseum, am 2. Juli 2003, zum Thema „Ist Solidarität out? – Ideen für eine gerechtere Welt."

Damit sind wir mitten im Thema, zu dem der DGB-Landesbezirk eingeladen hat: „Ist Solidarität out?" Also : Ist es vernünftig oder gar notwendig, über die Sorge um das tägliche Brot oder die Mehrung des materiellen Wohlstands hinaus, wozu auch Arbeit, Wohnung, Gesundheit etc. gehören, auch auf Anderes zu achten, z. B. auf Ideen, Ideale, Werte, geistige Vorstellungen? Und wenn ja, auf welche? Und wie hängt das zusammen? Gibt es eine Reihenfolge dergestalt, dass man erst fürs Materielle sorgt und dann erst darüber nachdenkt, wozu man noch lebt?

Um darüber halbwegs verständlich und verantwortlich reden zu können, möchte ich keine systematischen Darstellungen über die Werteproblematik in Philosophie, Theologie oder Politik versuchen, sondern ethische Fragestellungen an aktuellen politischen Beispielen diskutieren.

Zum Gerechtigkeitsproblem

Politische Systeme brauchen zu ihrer Rechtfertigung eine innere Legitimation, weil jede Herrschaft sich rechtfertigen muss. Eine Herrschaftsidee kann religiös, historisch, dynastisch, personal, ideologisch oder auch prozedural verankert sein. Demokratische Systeme verschaffen sich Legitimation durch transparente und kontrollierbare Verfahren, deren Sinn darin besteht, die „Volksherrschaft" durch bestimmte Sicherungssysteme zu garantieren. Durch Wahlen, unabhängige Gerichte und unabhängige Öffentlichkeit, Kontrolle der Regierung und andere Grundsätze soll verhindert werden, dass das System in Gefahr gerät. Dabei scheint es ein ungelöstes Problem, wenn Kontrollinstrumente selbst wieder kontrolliert werden (Fernsehen im Italien Berlusconis).

Verfahren allein geben allerdings noch keinen Sinn für eine Herrschaft, auch nicht für eine demokratische, sondern sollen prinzipiell eine für jede Bürgerin und jeden Bürger gleichberechtigte Teilhabe an der Herrschaft ermöglichen. Im Anspruch auf gleiche Rechte steckt eine über das Verfahren hinausreichende werthaltige Idee, die der Gerechtigkeit. Demokratischen Systemen liegt die Idee der Gerechtigkeit zugrunde, von denen die Verfahrensgerechtigkeit nur ein Ausdruck ist.

Aber auch die Verfahrensgerechtigkeit garantiert keine inhaltlich gerechten Beschlüsse und Zielsetzungen. Die Gerechtigkeit in jeder Gestalt ist gebunden an Wertvorstellungen, die in Grundwertevorstellungen, wie sie z. B. im Grundgesetz benannt sind, ihren Ausdruck finden können.

In demokratischen Gesellschaften erscheint die Gerechtigkeit somit zugleich als Zweck und Weg. Denn auch Grundwerte können nur dann als geschützt gelten, wenn das Zustandekommen der Schutzmaßnahmen dem Gebot der prozeduralen Gerechtigkeit entspricht. Insofern ist die Gerechtigkeit ein Wert, dessen Inhalt nicht einfach definitorisch bestimmt werden kann, sondern sich aus bestimmten Verhältnissen erschließt.

Gerechtigkeit ist insofern kein vom menschlichen Empfinden unabhängiger Wert, der dennoch Gültigkeit beansprucht. Gerechtigkeitsgefühl- und Gerechtigkeitsempfinden spielen in politischen Zusammenhängen eine große Rolle. An einigen Beispielen mag dies deutlich werden:

Als gerecht wird heutzutage (Das kann in anderen Zeiten und anderen Kulturen ganz anders aussehen!) empfunden, wenn:
- jeder Mensch gleiche Rechte hat,
- absolute Armut vermieden wird,
- für gleiche Leistung gleicher Lohn gilt (Geld, Vergütung, Zensuren usw.),
- zur Bewältigung von Notsituationen gleiche Maßstäbe für alle gelten,
- wenn Ausnahmen nur gemacht werden bei objektiv nachvollziehbaren Kriterien (Alter, körperliche Leistungsfähigkeit, besonderes Schicksal, Vorbildung u.ä.),
- für bessere Leistung besseres Entgelt bezahlt wird,
- weniger Qualifizierte weniger erhalten usw.

Als ungerecht wird demgegenüber empfunden, wenn:
- bei ständig wachsendem Reichtum einer Gesellschaft die Spanne zwischen den Wohlhabenden und weniger Wohlhabenden zu groß wird,
- bei gleichen Rechten, sofern die sozialen und familiären Startbedingungen ungleich sind, nicht institutionell das Angebot gemacht wird, diese zu kompensieren,

- bei gleichen Beschränkungen sich einige Vorteile verschaffen oder dies können,
- von den Geldern, die Bürger bezahlen (Steuern, Sozialabgaben u.ä.), Menschen und Einrichtungen partizipieren, die dazu nichts beigetragen haben,
- unverschuldete Benachteiligungen nicht berücksichtigt werden.

Widersprüche im Gerechtigkeitsempfinden

Schaut man sich die angerissenen Beispiele an, wird deutlich, dass man von dem hehren Wert der Gerechtigkeit nicht unmittelbar und ohne neue Verständigung zu praktischem Verhalten (auch politischem!) kommt. Man muss sogar konstatieren, dass es innerhalb des Gerechtigkeitsempfindens ein und desselben Menschen Widersprüche gibt. In der Politik ist dies besonders prekär, weil Dilemmata dieser Art in der Regel nur der Politik angelastet werden und nicht gesehen wird, dass jeder Mensch darin verwickelt ist. An der Debatte um die Sozialsysteme ist dies nachweisbar.

Arbeitslosenproblematik:
Wer gearbeitet und eingezahlt hat, möchte im Fall der Arbeitslosigkeit mehr haben als der, der nicht gearbeitet hat und Sozialhilfe erhält. Das wird als gerecht empfunden. Aber hat die allein stehende Mutter mit Kindern nicht gearbeitet?

Rentenproblematik:
Wer 30 oder 40 Jahre gearbeitet und eingezahlt hat und dessen Geld die Vorfahren aufgebraucht haben für ihre Rente, möchte seine Rente ungeschmälert genießen können. Das wird als elementar gerecht gegenüber der eigenen Lebensleistung empfunden. Zugleich wissen diejenigen, die jetzt einzahlen und noch jung sind, dass sie wahrscheinlich und bei unverändertem System nachrechenbar nicht dieselbe Höhe der Rente erwarten können wie ihre Vorfahren. Die Vorstellung der Generationengerechtigkeit lässt sie daher das gegenwärtige System als für sie ungerecht erscheinen.

Es ist ein ethisches Dilemma, ob es gerecht ist, die Aussiedler oder die ehemaligen DDR-Bürger in die Rentenversicherung aufgenommen zu haben. Es ist ihnen gegenüber gerecht, wenn man ihr Schicksal betrachtet, es ist rechnerisch ungerecht, weil es zum Nachteil der Perspektive jüngerer Einzahler wirkt.

Gesundheitsproblematik:
Es wird als gerecht empfunden, wenn jede Krankheit mit den bestmöglichen medizinischen Mitteln behandelt wird. Dafür werden Krankenversicherungsbeiträge bezahlt. Wenn dies nicht mehr ohne Weiteres bezahlbar ist, muss man gerechte Kriterien finden, was nicht mehr bezahlt wird. Müssen Placebos bezahlt werden? Müssen Krankenhäuser, Ärzte, Pharmaindustrie und Dienstleister so viel verdienen, wie sie möglicherweise erhalten? Sollten Menschen nicht verantwortlicher mit ihrer Gesundheit umgehen? Ist es ungerecht, unvernünftige Ernährung, gefährliche Sportarten, Leichtsinn und z. B. Rauchen und Trinken und deren Folgen nicht mehr von allen mitfinanzieren zu lassen? In den Fragen der Transplantationsmedizin (Wer erhält als nächster ein Organ, wer nicht?) und bei Fragen der Sterbehilfe stehen solche Fragen in jeder Klinik und an jedem Tag schon heute auf der Tagesordnung.

Wir haben einen dringenden Bedarf, uns über die realen Gehalte der Gerechtigkeitsvorstellungen, die in die Politik hineinragen, neu zu unterhalten. Die Politik umgeht diese Debatte und verhält sich wie ein Mikado-Spieler. Regierung und Opposition wissen, wer den Stab der Gerechtigkeit ins Wackeln bringt, hat im Spiel um die Macht verloren, obwohl alle wissen, dass gespielt werden muss. Aber es wird nichts helfen. Solange die Gerechtigkeitsvorstellung schwammig bleibt und nicht geklärt wird oder zumindest allen Beteiligten bewusst ist, dass die Klärung notwendig ist, wird es keine Erlösung aus dem Jammertal geben.

Die IG-Metall erlebt es in diesen Tagen. Sie hat das Gerechtigkeitsthema aufgegriffen – dass es nämlich ungerecht sei, im Osten noch 38 Stunden und im Westen nur 35 Stunden zu arbeiten – und dafür mobilisiert. Das Ungerechtigkeitsgefühl im Osten war groß. Die IG-Metall aber hat übersehen, dass der Wert „Arbeit zu haben" höher angesiedelt ist als der der gleichen und damit gerechten Arbeitszeit. Man wird nicht darum herumkommen anzuerkennen, dass es so etwas wie „gerechte Ungleichheit" gibt.

Im Bildungssystem haben wir gegenwärtig dieselbe Konstellation. Eingebildete individuelle Leistungsfähigkeit (mein Kind muss aufs Gymnasium) und offensichtliche soziale Ungerechtigkeit des Bildungssystems werden nicht gegeneinander abgewogen, sondern z. T. sogar ausgeblendet. Allgemeine Ungerechtigkeit, wie hier die offensichtliche Benachteiligung der Kinder sozial schwacher Familien, ist von sich aus nicht mobilisierungsfähig, sondern nur dann, wenn sie gekoppelt ist mit konkretem individuellem Ungerechtigkeitsempfinden.

Hinter diesen praktischen Fragen steckt noch ein prinzipielleres Problem: Solange offensichtliche Benachteiligungen und Armut (Arbeitslosigkeit, Wohnungsnot, Entlohnungen usw.) benennbar waren, ist die Forderung nach „sozialer Gerechtigkeit" gut einsehbar und politisch mobilisierungsfähig. Am Ende einer solchen Phase, wo es keine wirkliche Wohnungsnot, geregelte Arbeitszeiten, hohe Entlohnungen, verbesserte Bildungschancen und für die Mehrheit der Bevölkerung keine gravierende Armut mehr gibt, fallen das Gerechtigkeitsgefühl (keine Armut) und das Gleichheitsgefühl auseinander (Verteilungsgerechtigkeit). Was ist in einer solchen Gesellschaft noch gerecht? Der amerikanische Sozialphilosoph John Rawls macht den Vorschlag, es für gerecht zu halten, wenn im Zuge der Entwicklung sicher gestellt werden kann, dass es allen immer etwas besser geht, selbst dann, wenn der absolute Abstand zwischen den Einkommensschichten tatsächlich wächst.

Dies auszusprechen klingt ziemlich provokativ. Tatsächlich verhalten sich aber auch die Gewerkschaften real seit vielen Jahren so, die Sozialdemokraten und die Grünen übrigens auch. Ideologisch wird dies allerdings nicht ausgesprochen. Unterschiedliche Lohngruppen gelten als gerecht. Es müsste aber gerade bei stagnierender Wirtschaft und dem notwendigen und beabsichtigten Umbau des Sozialsystems präzise dargelegt werden, welcher Gerechtigkeitsgehalt in einer Maßnahme steckt. Wenn dies nicht geschieht, werden die Einen „Abbau" wittern und die Andern offensichtliche Ungerechtigkeit als Privatsache definieren und den Kampf dagegen diffamieren. Jedenfalls kann man Politik ohne präzise Gerechtigkeitsvorstellungen nicht erfolgreich betreiben. Sie verkommt zur Technokratie. Man muss die Probleme der Wirtschaft „in den Kulturzusammenhang menschlicher Zwecke zurücknehmen", fordert Oskar Negt (Frankfurter Rundschau vom 25.8.2003). Ein den Kulturzusammenhang der Menschen konstituierendes Merkmal ist die Gerechtigkeit, auch die soziale.

Ein anderes Feld im Wertezusammenhang tut sich auf, wenn wir die Grundwerte diskutieren, die am Anfang des Grundgesetzes stehen. „Die Würde des Menschen ist unantastbar" steht als Artikel 1 pathetisch vorneweg. Als Erfahrung aus der NS-Zeit und der Entwürdigung von Menschen aus religiösen, rassischen, politischen und körperlich-geistigen Gründen, die als Lebewesen ohne Würde behandelt, d.h. verfolgt und umgebracht wurden, ist dies eine der werthaltigsten Pfeiler unseres Gemeinwesens. Für den Staat und alle seine Glieder und Institutionen ist dieser Grundsatz unmittelbar geltendes Recht. Dennoch muss man sich im Klaren darüber sein, dass diese Forderung im Alltagsleben eine schwer einzuhaltende Maxime ist.

Die Würde eines anderen zu achten heißt nämlich auch, ihn korrekt, höflich und rücksichtsvoll zu behandeln. Tun wir das immer? Mancher Wettbewerb, manches Mobbing, manche Gleichgültigkeit, manche Vernachlässigung und manch böses Wort verletzen ständig die Würde eines anderen. Sog. Sekundärtugenden wie Verlässlichkeit und Aufrichtigkeit sind offenbar mit der Würdevorstellung gekoppelt und insofern keine Sekundärtugenden.

Das Gleiche gilt für die Toleranz. Fast niemand hat Schwierigkeiten damit; tolerant zu sein scheint selbstverständlich, in der Mode, der Weltanschauung, der geschlechtlichen Orientierung, der Religion, des Hobbys. Im Alltag sieht es häufig anders aus. Wie ist es mit dem Kopftuch in der Schule? Kann und darf man tolerant gegenüber Intoleranz sein? Wir haben lernen müssen, dass religiöse Toleranz dort ihre Grenze hat, wo Religionen oder Sekten Teile der Grundrechte nicht akzeptieren. Wer sich dies nicht klar macht, dessen Toleranz wird zur naiven Akzeptanz der Intoleranz verführt.

Ein gerade in der Politik immer wieder traktierter Wert ist der der Glaubwürdigkeit. Dahinter steht die Vorstellung, in der Politik, der Demokratie zumal, müsse es unter allen Umständen ehrlich zugehen. Das ist eine gute und richtige und notwendige Erwartung. Häufig machen es sich aber diejenigen, die nicht in der Politik stehen, zu einfach mit dem Problem. Denn es ist auch Erfahrung: Wer in der Politik „ungeschminkt" und „brutal" die Wahrheit sagt, z. B. über die Kürzung von Subventionen, erhöhte Leistungsanforderungen, drohende Belastungen oder nur Veränderungen, verhält sich wie Kassandra. Aber Kassandra wird nicht gewählt. Alle Politiker wissen das und verhalten sich so. Es gibt eine Wechselwirkung zwischen Wählerschaft und Politik, die es objektiv schwer macht, immer und überall die volle Wahrheit zu sagen. Nennt man vor einer Wahl konkrete Vorhaben, wird man bei Nichterfüllung gnadenlos der Lüge bezichtigt. Das geschieht unabhängig davon, ob dies schuldhaft oder wegen unvorhergesehener Ereignisse so ist. Formuliert man seine Vorstellungen vor der Wahl ehrlicherweise unschärfer, wird man gerade deswegen kritisiert.

Das Wahrheits- und Lügenproblem liegt viel tiefer. Wer sich mit der Kulturgeschichte der Lüge beschäftigt, kann lernen, dass unter den Helden der Weltgeschichte mehr Lügner als Tugendhafte erwähnt werden: Odysseus, Augustus, Päpste, Dogen, Feldherrn, Könige, Ministerpräsidenten oder andere Entscheidungsträger. Helmut Kohl beharrt auf seinem Gesetzesbruchs in der Parteispendenaffäre, ohne dass dies seinem Ansehen in der sonst gegenüber Sozialdemokraten mit harten moralischen Maßstäben agierenden Anhängerschaft nachteilig auffällt. Und das Volk schilt die Bonus-Meilen-Jäger, nimmt aber jedes Schnäppchen mit.

Eine Glaubwürdigkeitsdebatte täte Not. Es geht dabei selbstredend nicht um platte Lügen oder Betrügereien. Aber ob die Erschleichung der Zustimmung der amerikanischen und britischen Öffentlichkeit zum Irak-Krieg durch dreiste Falschinformation (wie seinerzeit schon im Vietnam-Krieg, wie die Pentagon-Papers nachgewiesen haben) nicht den Kern allgemeiner politischer Moral treffen, gehört auf die Tagesordnung. Aber gleichermaßen gehört dann in die Diskussion, wie es in diesem Lande mit der allgemeinen Steuermoral bestellt ist, welche moralische Gesinnung hinter der Prozesshanselei steckt, wie es mit der Bestechlichkeit im Kleinen bestellt ist, was die Augenzwinkerei und die Doppelmoral in Alltag und Politik bedeutet.

Die einfache Einsicht, dass Moral unteilbar ist, würde auch die Folgerung implizieren, dass die Vergebung unteilbar ist. Demokratische Gesellschaften vergeben ungern. Dort wird man abgewählt, bis die Nutznießer des Fehltritts selber überführt werden .

Mit der Solidarität ist es auch komplizierter als es in den schmissigen Arbeiterliedern gesungen wird. Im konkret erfahrbaren Milieu von Ungerechtigkeit, Unterdrückung (wozu z. B. auch nationale oder ethnische gehören!) und Benachteiligung ist Solidarität leichter herzustellen als bei Zielsetzungen und Aktionen, die abstrakter Natur sind. Gegen vermittelt wirkende Ungerechtigkeit des Kapitalismus demonstrieren bestenfalls Schüler und Studenten, Arbeiter demonstrieren gegen zu lange Arbeitszeiten, Arbeitsplatzverlust oder Lohnsenkungen. Die unmittelbaren Interessen an halbwegs erträglichen Lebensverhältnissen wirken allemal stärker als die darüber hinausgehende Empathie mit den verelendeten Massen der Entwicklungsländer, der Umwelt oder mit den Friedensinteressen. Z. B. war den Arbeitern auf der Thyssen-Nordseewerft der Erhalt der Arbeitsplätze wichtiger als aus Friedensgründen den Auftrag für den U-Boot-Bau für Taiwan abzulehnen. Solidarität verlangt immer Gegenleistung. Ist sie nicht einlösbar, wird die Solidarität brüchig.

Vor dieser Situation steht die Politik der Regierung. Bei der gegenwärtigen wirtschaftspolitischen Situation mit der absoluten Freiheit der Kapitalbewegungen gehen die bisherigen Rechnungen nicht auf: Grundvorstellungen der Gerechtigkeit, die sich in den Entgelterwartungen für Arbeit konkretisiert, also in Lohn, Arbeitsplätzen, Gesundheitsdiensten, Bildung, Rente, werden nicht mehr in dem Umfang eingelöst wie bisher. Wie das unter den heutigen Bedingungen möglich ist, ist strittig. Abstrakt gesprochen scheint es unter Aufrechterhaltung von akzeptierter und fairer Denkweise nicht aussichtsreich, das Problem lösen zu können. Allerdings nur von Einschnitten zu schwadronieren, ohne einen sinnvollen Gesamtzusammenhang mit ethischer Fundierung aufzuzeigen, provoziert die Gegenfrage, ob es denn dabei wohl gerecht zugehe.

Solange keine Formel gefunden ist, wie man an diesem Prozess der Neujustierung von Leistung und Ertrag auch die Wohlhabenden des Landes beteiligen kann, haben wir eine Gerechtigkeitslücke.

Die Solidaritätsforderung ist heute nicht mehr die einer unterdrückten Klasse oder eines Volkes oder eines definierbaren Teils eines Volkes, sondern allgemein und für alle geltend. Dies ist bei erhöhtem Bildungsstand und starker Arbeitsteilung im modernen Kommunikationszusammenhang anspruchsvoller als es die herkömmliche Agitationssprache vollbringt.

Historisch gesehen gibt es keine Bereitschaft zur dauernden Solidarität mit anderen, wenn man nicht erwarten kann, dass eine faire und ausgehandelte Gegenleistung erbracht wird. Formen des asketischen Altruismus sind kein Gegenbeweis. In den gegenwärtigen Auseinandersetzungen ist deswegen so wenig reale Bewegung, weil es kein Vertrauen in faire Lösungen gibt. Die Regierung Schröder mit ihrem erklärten Verzicht auf über Rechnungen hinausgehende Begründungen verzichtet damit bewusst auf Vertrauensbildung. Entweder will dies die Regierung nicht oder sie erkennt die Notwendigkeit nicht oder sie begreift es gar nicht.

Der Wert der Freiheit gehört neben dem der Gerechtigkeit und der Solidarität zu den wichtigsten. Sie wird nicht nur als persönliches Gut begriffen, sondern auch als Produktivkraft. In rechtlich und ökonomisch freien Gesellschaften geht es nicht automatisch gerecht zu. Dass die einen die Freiheit als existentielle Unsicherheit erleben, während die anderen sie als Börsenjobberei nutzen ist gewiss nicht gerecht. Wenn allerdings mit Freiheit mitgedacht wird, dass hemmende Bedingungen nicht nur für die Produktion, sondern für jede individuelle Persönlichkeitsentwicklung abzubauen sind, haben wir eine moderne Freiheitsvorstellung.

Noch ein Wort zum oft beklagten Wertewandel. Ich glaube, dass sich nicht die Werte wandeln, sondern ihre Geltung und die Hierarchie ihrer Geltung immer neu diskutiert werden muss. Den größten Wertewandel im Sinne des Außerkraftsetzens humanistischer und christlicher Werte haben in Deutschland die Nationalsozialisten vollbracht. Heutige Veränderungen sind verhältnismäßig gering. Pünktlichkeit ist eine Tugend, wenn man verabredungsgemäß etwas gemeinsam unternehmen will. Unpünktlichkeit ist eine Missachtung des andern. In Zeiten der flexiblen Arbeitszeit ist das allerdings nur eine Sekundärtugend.

Es gibt in unserem Zusammenhang die Forderung nach Wertevermittlung. Pädagogisch und philosophisch ist längst klar, dass die Kenntnis von Werten allein keine Bindungen und Loyalitäten schafft. Da Menschen, auch Kinder und Jugendliche, nicht ohne wertmäßige Bezüge, die sich immer im Verhältnis zu anderen Menschen äußern, existieren können, muss man den Geltungsanspruch von Werten konkret diskutieren. Dann mögen sich Loyalitäten einstellen. In Zeiten extremer Individualisierung ist dies ein schwieriges Unternehmen. Die Erwachsenen haben angesichts der ökonomischen und politischen ungelösten Probleme hier keinen einfachen Vorbildstatus.

Veränderungen größeren Ausmaßes im Denken, im Lebensgefühl, in der Selbstwahrnehmung und im Verhältnis zu andern kann man nicht ohne Wertvorstellungen vornehmen. Das geht weder individuell noch politisch. Deswegen sind rein technokratische Reformen geistlos und letztlich wirkungslos. Sie schaffen keine Legitimation, geschweige denn Zustimmung. Es ist nicht nur das Brot allein, das die Menschen zufrieden macht. Man muss wissen, dass man mehr braucht. Und das hatte ja auch schon Moses gesagt.

Religiöse Bildung im weltanschaulichen Pluralismus

Fünf Thesen[1]

These 1:

Die Aussage, dass wir in einem weltanschaulichen Pluralismus leben, sagt nicht, dass alle Menschen dieser Gesellschaft eine bewusste Weltanschauung haben. Sie besagt nur, dass sie eine solche haben dürfen und dafür keine Nachteile befürchten müssen, wenn sie sich im Rahmen unserer Verfassung und der darin niedergelegten Grundsätze bewegen und entsprechend öffentlich agieren.

These 2:

Gleichwohl kann man nicht leben, ohne eine Vorstellung über den Gesamtzusammenhang der Welt einschließlich der religiösen Dimension zu haben. Wie bewusst dies geschieht, ist eine andere Frage. Auch diejenigen, die behaupten, sie glaubten an nichts und brauchten dies auch nicht, argumentieren religiös.

These 3:

In Deutschland steht im Osten Religion unter starkem Ideologieverdacht (die einzige wirkliche geistige Nachwirkung des Marxismus). Im Westen kann man unter volkskirchlichem Aspekt häufig unpräzise und unbewusste traditionelle Zusammenhänge erkennen.

These 4:

Religiöse Bildung meint zweierlei:
a. Kenntnisse über Argumentations- und Haltungsmuster religiöser Denkweisen besitzen und damit umgehen können. Dies geschieht im Horizont

---

[1] Thesenreihe für ein Podiumsgespräch im Rahmen des 30. Evangelischen Kirchentages am 28. Mai 2005 in der Dreifaltigkeitskirche Hannover.

religionskundlicher Ansprüche und umfasst nicht nur das Christentum, sondern auch andere Religionen. Diese Kenntnis ist in der Regel mangelhaft

b. Religiöse Fragestellungen nicht nur rezipieren, sondern auch für sich gelten lassen können. Dies bedeutet, auf die existentiellen Fragen, die in der Religion behandelt und für den Glaubenden beantwortet werden, sowie auf den religiösen Anspruch, nicht nur weltliche Maßstäbe gelten zu lassen, positiv reagieren zu lernen.

These 5:
Weder religionskundliche noch ethisch-philosophische Kompetenz sind mit religiöser Bildung identisch, obwohl beide zur religiösen Bildung gehören. Religiöse Bildung ist allerdings auch nicht pure Frömmelei.

Warum und zu welchem Zweck soll es Religionsunterricht geben? Was kann und sollte Religionsunterricht leisten?[1]

Nach unserer Verfassung ist Religion ein ordentliches Unterrichtsfach an allen Schulen. Ein solches Privileg besitzt sonst kein anderes Fach. Diese Tatsache ist das Resultat geschichtlicher Entwicklungen nach dem Ersten Weltkrieg. Die Aufnahme der Religion als Unterrichtsfach in die Weimarer Verfassung diente dem inneren Frieden in Deutschland.

Für mich gibt es auch heute noch gute Gründe für einen Religionsunterricht in Schulen, wenn er seine Potentiale gründlich präsentiert und modern interpretiert.

Es sind nach meiner Einschätzung drei Gründe, die diese Aussage rechtfertigen:

1. Die politische Weltgegenwart ist ohne Kenntnis und Nachvollziehbarkeit religiöser Haltungen und ihrer politischen Wirkungen nicht verständlich. Für Demokratien ist aber aufgeklärte politische Bildung unerlässlich.
2. Unsere Geschichte und Kultur in Kunst, Musik, Literatur, Architektur, Rechtssystem etc. ruht auf religiösen Grundlagen, dominant vertreten durch das Christentum, aber auch durch Judentum und Islam. Dies zu wissen bzw. dechiffrieren zu können ist ein wesentlicher Beitrag zur existentiellen Identitätssuche aller Menschen, die unsere Schulen besuchen.
3. Im Religionsunterricht können Fragen verhandelt werden, die in den auf abfragbares Wissen oder operationalisiertes Fragen ausgerichteten Fächern nicht vorkommen. Religion kann dies aufgreifen und Hilfestellungen bei

---

[1] Veröffentlicht in „Was sollen unsere Kinder und Jugendliche im Religionsunterricht lernen?", Jahrbuch der Religionspädagogik (JRP) Band 27 (2011), S. 20-22. Mit freundlicher Genehmigung des Verlages Vandenhoeck&Ruprecht Göttingen.

Fragen bieten, die Menschen jeden Alters bewegen. Das sind Fragen nach Leben und Tod, Gut und Böse, Anfang und Ende, Sinn und Irrtum, nach Gott und Hoffnung usw.

Ad 1.

Auch dann, wenn es in den ersten Jahrzehnten nach dem zweiten Weltkrieg den Anschein hatte, dass religiöses Interesse und Wirkungen auf dem Rückzug waren, hat spätestens die iranische Revolution von 1979 gezeigt, dass es die gesamte muslimische Welt zutiefst berührt, wie ihre religiösen Überzeugungen gelebt werden können und wie das Verhältnis von Staat und Religion definiert werden. Der internationale Terrorismus, der sich islamisch versteht, sorgt für aktuelle Beunruhigung in fast allen Ländern. Aber auch der einzige aus dem 20. Jahrhundert herrührende nicht gelöste Konflikt, der israelisch-palästinensische Streit, spielt auf religiösem Boden. Zudem breiten sich christliche Freikirchen in Afrika, Asien und Amerika so stark aus, dass sie zahlenmäßig bereits das Luthertum überflügeln.

Es wäre falsch, diese Konflikte nur religiös zu verstehen und die sozialen, geografischen, kulturellen, ethnischen und politischen Fragen aus den Augen zu verlieren.

Junge Menschen in Deutschland wachsen heute viel bewusster in unterschiedlicher religiöser oder nichtreligiöser Nachbarschaft und Atmosphäre auf und brauchen deshalb nicht nur für die Bewältigung der unmittelbaren schulischen Nachbarschaft, sondern auch für ihre gesamte Lebensgestaltung im 21. Jahrhundert eine Sprache, die dies reflektieren kann und ihnen dabei hilft, sich auf religiös und kulturell plurale Lebenkonstellationen einstellen zu lernen.

Ad 2.

Es ist Tatsache, dass man die kulturellen Schöpfungen Europas gar nicht verstehen kann, wenn man ihren biblischen und christlichen Hintergrund nicht kennt. Denn es ist völlig ausgeschlossen, die Bildergalerien, Skulpturen in Museen, Kirchen, Büchern oder im Internet zu entschlüsseln, wenn man von den Gestalten und Geschichten noch nie etwas gehört hat. Es ist dabei völlig gleichgültig, ob es sich um Giottos Fresken in Padua, um El Grecos Bilder in Madrid, um Raffaels Sixtinische Madonna in Dresden, um Holzschnitte von Dürer oder um Baselitz' auf dem Kopf gehängten Jesus handelt.

Die Stadtansichten wurden bis ins vorige Jahrhundert hinein nur von Kirchenbauten dominiert. Erst die Hochhäuser des 20. Jahrhunderts haben das in einigen Großstädten geändert. Die gemessen an der heutigen Besucherzahl überdimensionierten Kirchen sind Gegenwart und müssen verstanden werden.

Es wäre auch ignorant und bildungsbürgerlich überheblich zu meinen, nur die Vergangenheit ließe sich von der Bibel inspirieren. Kreuzigungsmotive, Hiob-Szenen sind in der Kunst der Gegenwart genauso präsent wie Alttestamentarische Gestalten in der Literatur. Ich will nur an Thomas Manns „Joseph und seine Brüder", Stephan Heyms „König David" oder Lessings „Nathan der Weise" erinnern. Brechts Antwort auf die Frage nach dem für ihn bedeutsamsten Buch ist bekannt: „Die Bibel". Von Bachs oder Mendelsohns Musik will ich gar nicht reden. Auch dann, wenn man berücksichtigt, dass es sog. reinen Kunstgenuss auch ohne Kenntnis der religiösen Bezüge und Intentionen geben mag, bleibt ihre Existenz und damit unser Bezug dazu religiös grundiert.

Besonders deutlich wird dies bei modernen Medien. Die Filme „Titanic" oder „Matrix", bei jungen Leuten von höchstem Interesse, spielen in modernen Formen mit religiösem Hintergrund. Man wird bei der Betrachtung oder dem Genuss dieser Kunstwerke nicht religiös, wenn man es nicht schon vorher war. Aber auf die tatsächlichen Zusammenhänge nicht hinzuweisen wäre ein schweres Versäumnis. Und wenn man es im Religionsunterricht oder in Kooperation mit anderen Fächern, Museumsleuten, Musikern, Schauspielern u.a. macht, besteht die Möglichkeit, das nicht nur im Stile einer schlechten Museumsführung zu bearbeiten. Da kein Mensch sich nur mit nachrechenbaren und quantifizierbaren Perspektiven zufrieden gibt, haben wir hier ein Stück Bildungschance vor uns, die junge Menschen befähigen könnte, Anderes zu verstehen und dazu einen Standpunkt zu gewinnen. Es besteht die Chance, sich mit mehr als mit sich selbst zu identifizieren. Und das ist der Ausgangspunkt aller Toleranz.

Ad 3.

Die vielleicht wichtigste Bedeutung des Religionsunterrichts liegt aber in etwas Anderem. Jede Religion beansprucht für sich, das irdische Leben zu transzendieren. Sie ist der einzige menschliche Ort, an dem es gewagt wird, Aussagen über die Überwindung des Todes zu machen. Die Religionen nehmen die Sinnfragen des menschlichen Lebens auf und gruppieren alle anderen Aussagen und Forderungen darum herum, einschließlich religiöser Rituale. Zur Religion gehört deshalb auch immer die Gemeinschaft mit Andern, zumindest das Wissen darum.

Dies ist ein Denk- und Verhaltensmuster, das gar nicht vergleichbar ist mit dem, was in den PISA-Diskussionen verhandelt wird. Die Beantwortung von Sinnfragen sind den in PISA erwarteten Antworten gleichsam vorgelagert. Ihre vernünftige oder von Hoffnung gespeiste Bearbeitung könnte vielleicht dazu beitragen, Lernhemmnisse zu verringern, weil sie zu lernen erlauben, dass Fragen nicht nur auf richtig oder falsch hin zu betrachten sind.

Menschen, also auch Kinder und Jugendliche, haben entgegen mancher Überheblichkeit von Erwachsenen einen Sinn für „letzte Fragen", seien es philosophische oder religiöse. Sie können noch über Dinge staunen, über die manche Alltagsroutine längst hinweg sieht. Sie können die Erwachsenen angesichts ihres gestorbenen Lieblings-Meerschweinchens mit der Frage in arge Verlegenheit bringen, ob denn ihr Liebling nun im Himmel sei. Sie erleben die Erwachsenen genauso rat- und hilflos wie sich selbst, wenn ein Verwandter, Bekannter oder geliebter Mensch plötzlich stirbt und über Tod, das Warum und das Danach gesprochen werden muss.

Es gibt keinen Kinderglauben. Es gibt nur einen mehr oder weniger ernsthaften und seriösen Umgang mit Fragen, die einer platten Beantwortung nicht zugänglich sind. Um den Religionsunterricht dennoch nicht zu einem unqualifizierten Allerweltsgerede werden zu lassen, muss man sich im Klaren darüber sein, was man dort leisten kann und will. Die Lektüre biblischer Texte ist dabei Ansatzpunkt und metaphorisches Angebot von aktueller Lebenserfahrung und -deutung.

Man muss als Lehrerin und Lehrer sehr gut sein, wenn man mit den scheinbar leichten Fragen glaubhaft und kompetent umgehen will. Die Klärung von Fragen, die Aufdeckung von Widersprüchen, die Erfahrung von Liebe und Enttäuschung, das Aushalten ethischer Dilemmata, die Behauptung und Relativierung eigener Positionen, Empathie- und Sensibilitäts-Erfahrungen mit sich und Anderen, die Überwindung von Ratlosigkeit, Verzweiflung, die Möglichkeit von Hoffnung usw. tauchen in jedem Leben auf. Dazu gehört auch die Frage, was die religiöse Dimension akzeptabel machen könnte. Das ist alles nicht in Lernziele oder Standards übersetzbar. Sich damit aber suchend und nicht nachlassend zu beschäftigen ist nützlich für die Persönlichkeitsentwicklung.

Wenn sich diese Suche im Rahmen biblischer Aussagen abspielt, kommt allerdings PISA sehr wohl ins Spiel. Denn die verständige, nicht überwältigende biblische Interpretation und Inbeziehung-Setzung zu meinem Leben ist nichts Anderes als die Erfüllung des PISA-Kriteriums der dritten Kompetenzstufe des reflektierten Umgangs mit einem Text. Dass man dabei ohne die Kategorie Gott nicht auskommt, ist, um es im Jargon des Wissenschaftsmanagements auszudrücken, das „Alleinstellungsmerkmal" des Religionsunterrichts.

Mission und Bildung[1]

Herr Tyra (Moderator): Sehr geehrter Herr Präsident, liebe Synode! Wie missionarisch darf eigentlich Bildung sein? Diese Frage stellt sich, seitdem die Ankündigung der EKD, im nächsten Jahr Glaubenskurse unter dem Motto „Erwachsen glauben" in die Landeskirchen der EKD zu bringen, bekannt ist. Wir freuen uns über zwei hochkompetente Referenten. Zu meiner rechten, ich muss Landessuperintendent Dr. Burghard Krause aus Osnabrück nicht vorstellen, aber vielleicht doch erwähnen, dass er der Spezialist für Mission ist. Sein Kurs „Christ werden – Christ bleiben" bzw. auch unter dem Titel „Reise ins Land des Glaubens" bekannt, ist über 3.000 mal als Glaubenskurs, nicht nur in Deutschland, sondern auch in Frankreich, Island und sogar Südafrika gelaufen.

Herr Dr. Kraft (Moderator): Ja, und ich darf an meiner Seite Herrn Professor Wernstedt hier begrüßen. Sie kennen ihn mit Sicherheit. Er hat bleibende Verdienste in unterschiedlichen hervorgehobenen Funktionen und Ämtern innegehabt als Kultusminister hier in Niedersachsen, als Landtagspräsident, und er ist Honorarprofessor der Universität Hannover und lehrt bis heute immer noch weiterhin. Dass wir heute über Bildung und Mission miteinander ins Gespräch kommen, kommt nicht von ungefähr. Gerade dieses Reformprojekt „Erwachsen glauben" hat ja einen programmatischen Untertitel. Dort heißt es: „Missionarische Bildungsangebote als Kernaufgabe der Gemeinden". Da stellt sich sofort die Frage: Was ist unter Mission und Bildung zu verstehen? Lässt sich kirchliche Bildungsarbeit als Mission verstehen? Gibt es überhaupt so etwas wie missionarische Bildung? Über diese Fragen wollen wir miteinander ins Gespräch kommen. Wir haben drei Schritte geplant. Im ersten wollen wir

---

[1] Thesenreihe für ein Podiumsgespräch im Rahmen des 30. Evangelischen Kirchentages am 28. Mai 2005 in der Dreifaltigkeitskirche Hannover.

die Begriffe Mission und Bildung definieren. Dann geht es im zweiten Schritt um Glaubenskurse, denn das steckt ja hinter diesem Reformprojekt der EKD. Und darauf aufbauend weiterführend die Frage nach evangelischer Bildungsarbeit, sowohl in Gemeinde als auch in übergemeindlichen Einrichtungen. Und dann soll es auch noch Zeit geben für Rückfragen. Das alles in 45 Minuten, der Zeitplan ist eng und deshalb beginnen wir. Erste Frage an Herrn Dr. Krause: Was verstehen Sie unter Mission?

Herr Landessuperintendent Dr. Krause: Ich würde gern mein Missionsverständnis erläutern an einem Zitat, eines für Mission eigentlich unverdächtigen Zeugen, nämlich Fulbert Steffensky. Er hat gesagt: „Mission ist die gewaltfreie Werbung für die Schönheit eines Lebenskonzepts." Wobei für mich die Betonung auf „gewaltfrei" liegt. Gewaltfrei heißt: Freiheit gewährend – frei gewählte Nähe und frei gewählte Distanz möglich machen. Gewaltfrei heißt: nicht bedrängend ohne Druck weder in der Sache noch in der Sprache und Begegnungskultur. Und Sie wissen: Druck macht häufig jemand, der selbst Druck hat. Von daher geht es auch um eine evangelisationstheologische oder missionstheologische Frage. Wenn Mission geboren ist aus der Angst, dass Gott seinen Himmel nicht voll kriegt und wir ihm kräftig unter die Arme greifen müssen, entsteht ein anderes Klima als wenn Mission entstanden ist oder geboren wird aus dem Angestecktsein von Gottes Sehnsucht nach seinen Menschen. Für mich ist 2. Korinther, 5 sehr wichtig geworden. Sie kennen die Stelle. Paulus sagt: „So bitten wir nun an Christi statt. Lasst euch versöhnen mit Gott." Das ist die Geste der Bettler, nicht derer, die die Wahrheit besitzen. Mission kann für mich nicht aus der Arroganz derer entstehen, die die Wahrheit besitzen und den Habenichtsen sie gönnerhaft austeilen, sondern Mission verleiht immer, wenn es die beiden Seiten denn geben soll, Gebende und Nehmende in einer Einheit der Erwartung des Geistes und der Kraft und sie werden auch beide verändert in diesem Prozess. Für mich ist gewinnend leben, missionarisch gewinnend leben, etwas anderes als schnell über irgendwen siegen wollen. Noch mal Steffensky. Er sagt: „Die gewaltfreie Werbung für die Schönheit eines Lebenskonzepts geschieht mit der Absicht, dass auch der Fremde schön finde, was wir lieben und woran wir glauben." Mission geschieht also nicht absichtslos, übrigens Bildung, glaube ich, auch nicht. Jede ernstzunehmende Bildung hat Intentionen. Aber das, was Mission intendiert, und das ist ganz wichtig, kann sie selbst nicht bewirken. Und das müssen die, die missionarisch engagiert sind, wissen. Glaube, das Wunschziel missionarischer Aktivität, ist nicht verfügbar. In der jüdischen Schriftauslegung gibt es die interessante Unterscheidung zwischen dem so genannten schwarzen Feuer und dem weißen Feuer. Das schwarze Feuer sind die Buchstaben, der Text, die Intention des Redenden. Das weiße Feuer ist das, was dazwischen passiert. Die Leerstelle, das Unverfügbare, die Rezeption durch den Hörer. Also: Für mich ist Mission kein Herrschaftsakt des Überzeugenwollens. Darum mag ich den Begriff „missionieren" auch nicht, sondern ein Demutsakt des Bezeugens. Indem die Kirche das aber tut, indem sie bezeugt und zwar werbend bezeugt, gewinnt sie Identität. Noch einmal Steffensky: „Mission heißt, zeigen, was man liebt." Und er sagt dann dazu: „Wenn ich etwas liebe und wenn ich an etwas glaube, dann liegt es im Wesen dieser Liebe, dass sie öffentlich zeigt, was sie liebt. Eine sich verbergende Liebe ist auf Dauer keine. Man gibt sich selbst ein Gesicht. Man identifiziert sich selber und erfährt, wer man ist und woran man glaubt, indem man zeigt, was man liebt." Zeigen, was man liebt, muss allerdings, das ist für mich ein wesentliches Kriterium, in Ehrlichkeit geschehen, sonst ist dieses Zeigen nicht glaubwürdig. Sonst brechen Fragen auf. Zum Beispiel könnte man Thomas Gottschalk einmal fragen: „Magst du eigentlich wirklich Gummibärchen oder redest du nur davon, weil das lukrativ ist für dich?"

Herr Dr. Kraft (Moderator): Herr Krause, ich möchte schon an dieser Stelle einmal nachfragen. Sie betonen ja sehr stark den werbenden, aber natürlich auch den liebenden Charakter von Mission. Ich habe als Jugendlicher eine klassische Missionsveranstaltung erlebt, die mich tief berührt hat, Billy Graham in den 70er-Jahren in Berlin. Meine Frage an Sie: Was müsste sich an der Struktur, nicht an der Form, an der Struktur dieser klassischen Missionsveranstaltung ändern, damit man auch von Bildung sprechen könnte?

Herr Landessuperintendent Dr. Krause: Ich habe keine Live-Erfahrung mit Billy Graham, habe nur einige Kassetten von ihm gesehen und mir daraus mein Urteil gemacht. Das ist ja nun eine sehr spezielle Form von evangelistischer Performance im US-amerikanischen Kontext und vor allem im freikirchlichen Kontext. Ganz kurz meine Antwort: Ich glaube, dass sich dieses Format glaubenweckender oder zum Glauben einladender Verkündigung nicht in eine Bildungsveranstaltung transformieren lässt. Ich will das kurz begründen. Ich denke, es gibt aber hier nicht die Scheidung zwischen Inhalt und Form, das bedingt sich gegenseitig. Inhaltlich erlebe ich bei Billy Graham eine Simplifizierung des Evangeliums statt einer Elementarisierung. Das ist ein großer Unterschied. Eine Verkürzung auf das subjektive Ziel der Bekehrung derer, die er da vor sich hat. Es ist ein plakativ apodiktischer Redestil, der keinen Raum lässt für Reflexion und intellektuelle Durchdringung. Es ist eine Massen- und Großveranstaltung mit einer dementsprechend auch suggestiven Wirkung.

Zwischenruf: Was müsste sich ändern?

Herr Landessuperintendent Dr. Krause: Ich glaube, dass sich inhaltlich und methodisch Mission und Bildung in diesem Format nicht zusammenfinden. Ich könnte noch ein paar Gründe nennen.

Herr Tyra (Moderator): So, nun wollen wir Herrn Professor Wernstedt in das Gespräch hineinziehen. Sie merken schon: Hier steht Mission, da steht Bildung. Es braucht zwei Moderatoren, die noch dazwischen stehen. Herr Professor Wernstedt, Sie werden die Frage fast erwarten: Was ist für Sie Bildung?

Herr Professor Wernstedt: Ich kann vieles von dem, was Herr Dr. Krause gerade gesagt hat, ohne weiteres unterschreiben. Da ich aber sozusagen von einem anderen Gesichtspunkt her denke, nämlich von den Bildungseinrichtungen und von den Diskussionen im säkularen Bereich her, habe ich schwerste Bedenken dagegen, Bildung und Mission in einem Gedanken zu denken und nach draußen zu kommunizieren. Und zwar deswegen, nicht weil das, was Sie gesagt haben, prinzipiell falsch sei, sondern weil der umstandslose Umgang mit dem Begriff der Mission im außerkirchlichen Bereich nur zu Missverständnissen führen kann. Dieser Begriff bringt außerhalb der Kirche so viel an entsprechenden negativen Assoziationen mit sich, dass ich die Schwierigkeit habe, dies in einem säkularen Bildungskonzept überhaupt vertreten zu können. Ich will biografisch zwei Dinge zuerst sagen. Als es in meiner Biografie darum ging, ob ich nach der achten Klasse in der DDR-Schule die Oberschule besuchen sollte oder nicht, aus dem ländlichen Bereich, hat meine Großmutter den Ausschlag gegeben und gesagt: „Na ja, wenn er denn Pastor wird, dann soll er mal gehen!" Ich bin nicht Pastor geworden, aber habe mich im Raum der Kirche bisher ganz wohl gefühlt und auch leben können. Das zweite ist: Wer in der DDR-Schule groß wird, merkt schon in der zweiten, dritten Klasse, bevor er zehn Jahre alt wird, ob die Leute von ihm was wollen, was er eigentlich noch gar nicht entweder beurteilen kann oder wo irgendeine Absicht dahinter steckt. Das heißt, ich bin in Fragen der erwarteten Antworten wahrscheinlich noch sensibler als vielleicht manch ein anderer. Und ich habe den Eindruck, wenn wir mit Mission in eine öffentliche Debatte bildungspolitischer Art gehen, bekommen Sie sofort diesen Vorwurf zugeteilt, dass es hier ja offenbar irgendwie um Evangelisation und Überredung, um ihren Glauben und dergleichen geht, ohne dass die Menschen darauf vorbereitet sind. Das bedeutet überhaupt nicht, dass ich irgendeinen Abstrich machen muss von dem, was ich im Rahmen auch der EKD und der Bildungskammer zum Thema Religionsunterricht und kirchliche Fundierung und christliche Fundierung des öffentlichen Schul- und Bildungswesens gesagt habe. Was bedeutet aber in diesem Sinne Bildung?

Im Paragraf 2 des Niedersächsischen Schulgesetzes steht seit 1954 sinngemäß, dass alle Schülerinnen und Schüler auf der Grundlage des Christentums, der Aufklärung und der sozialen und Freiheitsbewegungen zu erziehen seien. Das heißt, dass jeder Unterricht, wenn es sich eignet, die historischen, religiösen, ethischen, ästhetischen Aspekte des Christentums deutlich zu machen und zu thematisieren hat. Das betrifft sowohl die Wirkungskraft als auch die Ansprüche des Christentums. Dies darf aber nicht so geschehen, dass über die Information und die rationale Diskussion hinaus religiöse Bekenntnisse erwartet werden. Das wäre Indoktrination. In diesem Sinne ist Mission sogar ausdrücklich untersagt.

Und das Zweite ist: Der Religionsunterricht in seiner bisherigen Fassung und in der rechtlichen Geltung bedeutet, dass wir darauf achten sollten, möglichst viel Klarheit über die Grundlagen des christlichen Glaubens in den jeweiligen Konfessionen zu legen, aber auch die Debatte so offen zu halten, dass so etwas wie Begegnung möglich wird – und nicht das mitgeschleppt wird, vor dem ich gerade gewarnt habe.

Herr Tyra (Moderator): Sie haben den Religionsunterricht erwähnt. Und Sie haben ihn ja auch in Ihrer Amtszeit lange verfolgen können. Haben Sie sich vielleicht nicht das eine oder andere Mal gestärktes werbendes Profil für den christlichen Glauben vom Religionsunterricht gewünscht?

Herr Professor Wernstedt: Sie wollen jetzt einfach Mission mit werbendem Profil übersetzen. Was ich hin und wieder gesehen habe, warum mir der Religionsunterricht unzureichend erschien, war, dass einfach zu wenig Klarheit über die christlichen und wenn man so will auch die testamentarischen Grundlagen des Glaubens auch im Alltag erzielt wird. Den größten Schock habe ich mal bekommen, als ich der pädagogischen Hochschule in Hannover einen Besuch abstattete und mir ein Theologiekollege sagte: „Wissen Sie, was mir neulich passiert ist? Da habe ich Staatsexamensprüfung gehabt und habe dem Prüfling die Bibel auf den Tisch gelegt und gesagt, schlagen Sie doch mal die Weihnachtsgeschichte auf! Und der hat wirklich im Alten Testament gesucht!" Das heißt, wenn so etwas überhaupt denkbar und möglich ist, ist irgendetwas nicht in Ordnung. Zweitens: Es gibt Religionsunterricht, der – wie auch immer – empathisch versucht, bestimmte Fragen, die Kinder haben oder angeblich haben, aufzugreifen und dann in sehr oberflächlicher Weise zu aktualisieren oder gleich kurzzuschließen mit irgendwelchen christlichen Motiven. Also, ich wünsche mir von einem Religionsunterricht mehr Klarheit in Glaubensdingen und gleichzeitig aber auch die Herausbildung von Sprechfähigkeit über den eigenen Glauben. Letzte Bemerkung: Wenn christliche Kinder in der Grundschule nicht in der Lage sind, über ihren Glauben gegenüber ihren muslimischen Mitschülern ordentlich Auskunft zu geben, dann ist was faul. Dann sind wir alle auf der falschen Seite. (Beifall)

Herr Tyra (Moderator): Herr Landessuperintendent, ich möchte noch mal darauf eingehen, der Begriff „Mission" hat eine Hypothek, hat eine historische Hypothek. Gleichzeitig erleben wir innerkirchlich eine Aufwertung dieses Begriffs „Mission" wieder. Wie bringen Sie das zusammen?

Herr Landessuperintendent Dr. Krause: Gestatten Sie mir, dass ich ganz kurz reagiere. Sie haben von der Schwierigkeit gesprochen, diesen Begriff überhaupt in die öffentliche Debatte zu bringen. Das sagen mir ganz viele Leute unter denen, die missionarisch arbeiten. Wie könnt ihr diesen Begriff verwenden? Er ist ein Gesprächskiller erster Güte. Ich glaube, dass wir auf den Begriff nicht verzichten können. Er ist krank geworden durch eine krankhafte Praxis und durch eine krankhafte Missionstheologie. Aber wir, denke ich, müssen ihn versuchen zu heilen. Das zweite: Sie haben den Religionsunterricht angesprochen und damit es nicht zu einer falschen Kontroverse zwischen uns kommt, möchte ich gerne sagen: Es gibt unterschiedliche Lernorte des Glaubens. Der Konfirmandenunterricht ist ein anderer Lernort als der Religionsunterricht. Die Schule ist ein anderer Lernort als die Kirchengemeinde. Ein Glaubensseminar ist ein anderer Lernort als eine Veranstaltung der Evangelischen Erwachsenenbildung. Und diese Lernorte haben eine unterschiedliche Betriebsphilosophie, ein unterschiedliches Paradigma, an das man sich halten muss, und Spielregeln, die beachtet werden wollen. Ich will genauso wenig wie Sie, dass freikirchlich orientierte Freizeitmissionare den Religionsunterricht an unseren Schulen missbrauchen, um zu missionieren und sozusagen ihre Gemeinden wieder aufzufüllen. An der Stelle, glaube ich, ist keine Distanz. Nur man muss eben sehen: Schule ist nicht der einzige Lernort für den Glauben, sondern es gibt eine ganze Reihe anderer. Sie fragten nach der Aufwertung des Missionsbegriffs, woher es kommt. Es gibt sicher einen äußeren Grund. Der demografisch bedingte Mitgliederschwund lässt die Frage aufbrechen, wie wir Mitgliedschaft wieder neu stabilisieren. Das wird inzwischen langsam auch eine Überlebensfrage der Kirche. Wie wird das Evangelium eigentlich wieder attraktiv für Menschen? Wir erleben immer mehr, in den Gemeinden wird es spürbar bis ins Zentrum hinein, einen Traditionsabbruch. Die religiöse Sozialisation misslingt tendenziell. Man lernt den Glauben eben nicht mehr als Muttersprache und wir spüren alle: Er ist nicht vererbbar. Ich denke, eine ganze Reihe Menschen sind jetzt aufgewacht auch aus einer Art volkskirchlichen Illusionismus, der Glaube immer voraussetzt, der eigentlich geweckt werden muss. Schließlich hat zur Aufwertung, denke ich, des Missionsbegriffs geführt, dass neue spirituelle Sehnsüchte in unserer Gesellschaft wachgeworden sind. Die Patchwork-Religiosität vieler Menschen bedient sich aber meist ganz anderer Quellen als den christlichen. Wir haben auch erlebt, dass wir als Kirche das Monopol als Sinnanbieter verloren haben. Wir haben religiöse weltanschauliche Konkurrenz bekommen und ich denke, sie zwingt uns zu einer neuen Profilierung unseres Anliegens. Ich würde sagen zu einer missionarischen Profilierung. Und schließlich ist ein Grund für mich auch, dass die ökumenische Debatte, wir reden ja immer in engen Horizonten, wenn wir nur im europäischen Kontext verbleiben, dass die ökumenische weltweite Debatte unser Gespräch hier in den letzten Jahren immer mehr beeinflusst hat. Also so ein Entwurf wie „transformy mission" von David Bosch oder die missionarische Umstrukturierung einer ganzen Kirche, wie wir das in England in der anglikanischen Kirche erleben. Das hat hier Einflüsse gehabt. Wir haben ökumenische Visitationen erlebt, wo Christen aus wachsenden Kirchen der zwei Drittel Welt zu uns gekommen sind und uns fragen: Ihr habt zwar viel mehr Geld als wir, aber wo bleibt eure Strahlkraft nach außen? Das sind, denke ich, Gründe für eine Aufwertung dieses Begriffs.

Herr Tyra (Moderator): Vielen Dank! Jetzt wollen wir die Diskussion doch noch etwas verschärfen zwischen den Begriffen „Mission" und „Bildung". Herr Professor Wernstedt, lassen sich diese beiden Begriffe „Mission" und „Bildung" zusammen denken oder müssen sie strikt voneinander abgegrenzt werden?

Herr Professor Wernstedt: Also, ich wiederhole das gern. Ich kann in einem Atemzug beide Begriffe nicht zusammen denken. Und werde das auch in öffentlichen Proklamationen nicht tun, gerade um der Akzeptanz willen, was Kirche und Religion anzubieten hat. Gerade angesichts dessen, was Sie gefragt haben, nämlich woher denn die Sehnsucht, die Aufwertung des Missionsbegriffes kommt, scheint mir die Beobachtung schon richtig, dass hier ein Defizit angezeigt wird an emotionaler Bindung, an, ich würde auch sagen Klarheit. Das hängt auch von Einflüssen ab, die von außen kommen. Aber wir können Bildung nur definieren oder heute nicht mehr definieren, wie das für Luther und Melanchthon noch selbstverständlich war. In allen Schriften dieser beiden, die ich nun ein bisschen kenne, gehen alle natürlich davon aus, der erste Sinn der Bildung ist, zu ordentlicher Frömmigkeit zu erziehen, auf der Basis der Kenntnis der Bibel und des Wortes Gottes und danach kommen dann erst die ganzen weltlichen Fertigkeiten und Tugenden, die man auch lernen muss. Diese Reihenfolge ist uns in unseren öffentlichen Debatten über Bildung so gar nicht mehr möglich. Aber das, was möglich ist, ist sozusagen vom anderen Ende her zu sagen. Wir haben so viele Fragen, die wir mit der traditionellen Rationalität westlicher Aufklärung, in deren Tradition wir stehen oder stehen sollten, dann doch nicht beantworten können. Das sind viele Sinnfragen, das sind Fragen nach Tod und Herkommen und Bleiben. Das sind Fragen der ethischen Fundierung, der Verantwortung und vieles andere mehr, wo sich dann auch weltliche Argumentation und religiöse Argumentation teilweise decken können, gleichzeitig aber auch deutlich wird: Es gibt Fragen, auf die hat auch die traditionelle, säkulare Bildung und Ausbildung überhaupt keine Antworten und lässt vielleicht nicht einmal Fragen zu oder diskutiert keine Fragen. Und diesen Stellenwert von Religion, dass man dann auch als Lehrer ein überzeugendes Zeugnis ablegen kann: Du kannst jetzt keine Antwort geben auf diese Fragen, aber ich glaube, dass es da doch noch etwas mehr gibt und der heißt bei mir Gott oder Jesus Christus; das ist etwas anderes, als wenn ich daher komme und sage: Wenn du nun mir nicht glaubst, dann kommst du in die Hölle oder so etwas. Das sind ja dann auch Stereotype, die in der Gesellschaft weiterhin wirken. Also, ich plädiere weiterhin dafür, die Finger vom Missionsbegriff in diesen Debatten zu lassen.

Herr Tyra (Moderator): Das haben Sie klar formuliert. Ich möchte trotzdem noch mal nachfragen. Im letzten Teil haben Sie die Frage von Religion mehr auf das persönliche Bekenntnis und die persönliche Aussagefähigkeit eingeengt. Noch mal zurück zum Bildungsbegriff. Hier ist er zur Zeit unter Druck. Bildung sperrt sich gegen Verzweckung, aber die Funktionalisierung von Bildung ist im öffentlichen Raum, gerade wenn der Primat des Ökonomischen immer stärker wird. Welche Aufgabe hat in diesem Zusammenhang Theologie? Oder zugespitzt gefragt: Kann man überhaupt Bildung ohne Theologie denken?

Herr Professor Wernstedt: Ich glaube, nein! Aber dann muss ich jetzt zurückfragen. Was hat eigentlich die Kirche in den letzten anderthalb Jahren bei der totalen Verunsicherung im Zusammenhang der Ökonomisierung in der Finanzierung bisher öffentlich geleistet? Ich bin auf Einladung des Superintendenten vor gut einem Jahr in Dorum gewesen und sollte die Frage beantworten: Was bedeuten christliche Werte im Zusammenhang mit der Finanzdebatte? Und dabei wird natürlich deutlich, dass es eine ganze Reihe von ethischen Grundforderungen, wie Fairness und Gerechtigkeit und sozusagen auch Aufklärung und dergleichen gibt, die sowohl im säkularen als auch im christlichen Bereich vorhanden sind. Wenn man als Kirche sehr stark sagt: „Wir wollen nicht, dass bei uns ehrliche, redliche Leute, die auch wissen, dass sie ihren täglichen Einsatz leisten, einfach unter die Räder kommen durch die Funktionslogik, die irgendwo anders (z. B. in der Wirtschaft, der Finanzindustrie) erfunden worden ist und die sogar dazu führen kann, dass ein Computer entscheidet, was richtig und was falsch ist", dann muss die Kirche ein öffentliches Klima mit schaffen, dass diese Missstände beseitigt werden können. Denn die Logik des Glaubens ist nicht die Logik der Ökonomie. Das heißt: An dieser Stelle wäre es denkbar gewesen, dass auch die Kirche mit ihren Ansprüchen auf bestimmte Grundanforderungen menschlicher Existenzen pocht. Sie könnte mit dem Verweis auf ihr Vertrauen zu Gott in die Argumentation eingreifen und fände selbst bei denen Gehör, die sich Gerechtigkeit auch ohne Gott vorstellen können. Und ich finde, dass beide Kirchen in diesem Zusammenhang in den letzten zwei Jahren zu wenig dazu gesagt haben. Und der eine, der es noch hätte sagen können, der ist diese Woche noch zurückgetreten.

Herr Tyra (Moderator): Ich denke, darauf muss Herr Dr. Krause reagieren.

Herr Landessuperintendent Dr. Krause: Noch mal, und das fände ich wichtig für unser Gespräch: Es gibt sehr, sehr unterschiedliche Lernorte. Sie haben wieder stark auf die Schule rekurriert. Für mich ist Bildung und Mission nicht zwangsläufig ein Gegnerschaftspart. Übrigens, sie stammen aus demselben Elternhaus. Reformation war, das haben wir ja nun viel gehört, nicht nur eine Bildungsbewegung, sondern wahrscheinlich die größte volksmissionarische Bewegung, die wir hier in Deutschland und dann auch in anderen Ländern hatten. Ich möchte ganz gern noch mal versuchen zu zeigen, warum Bildung und Mission für mich Schwestern sein können, die auch miteinander im Gespräch bleiben müssen. Es gibt ja bestimmte Bildungsstandards, die sich durchgesetzt haben. Ich nenne mal die beiden Wichtigsten. Der eine heißt „Bildung arbeitet ergebnisoffen" und es wird immer wieder behauptet, Mission kann das gar nicht. Ich behaupte, Mission muss ergebnisoffen arbeiten; und das liegt daran, dass ihr Wunschziel, nämlich dass Menschen zum Glauben kommen, kein operationalisierbares Lernziel ist. Da hat Gott einen geistlichen Vorbehalt und da möchten wir ihm auch ungern reinpfuschen. Das heißt, die Intention von Mission, das Ziel „Glaube" kann nicht bewirkt werden. Ich würde sagen, die Ergebnisoffenheit missionarischer Prozesse ist pneumatologisch begründet, das heißt, von Gottes Geist herkommen. Und darum gibt es hier keine Reibungsflächen zwischen Bildung, Mission und Ergebnisoffenheit. Ich glaube nur, dass wir von daher auch missionarische Profile und Projekte und Formate noch mal genau angucken müssen, ob sie diesem Kriterium auch genügen.

Herr Tyra (Moderator): Damit hätten wir fast schon die Überleitung zu den Glaubenskursen geliefert. Glaubenskurse in den nächsten Jahren sollen so selbstverständlich werden wie Konfirmandenunterricht und Gottesdienst in unseren Kirchengemeinden. Ab September des nächsten Jahres startet die große EKD-Kampagne „Erwachsen glauben"; ab Januar mit einer Eröffnung in Osnabrück in der Marienkirche werden wir uns innerkirchlich auf diese Kurse vorbereiten. Es gibt Bildungsangebote zur Vorbereitung dieser Glaubenskurse, die von der Evangelischen Erwachsenenbildung, dem Haus kirchlicher Dienste von Philipp Ehlhaus aus dem Bereich Missionarischer Dienste verantwortet sind. Herr Dr. Krause, ich möchte Sie fragen, es ist eine doppelte Frage: Was leisten Glaubenskurse/Was müssen sie leisten? Und: Was sind die Merkmale eines guten Glaubenskurses?

Herr Landessuperintendent Dr. Krause: Ich sage zunächst mal selbstkritisch, was sie nicht leisten. Sie können nicht leisten die Kontaktflächen herzustellen, die Kirchengemeinden nicht mehr zu den Menschen finden, die sie in diese Kurse einladen. Und der beste Kurs erreicht Menschen nicht, wenn Kirchengemeinden selber keinen Kontakt mehr mit ihnen haben. Ein Glaubenskurs leistet auch nicht, und das ist wirklich seine Grenze, das Eindringen in Milieus, die ihren Wirklichkeitszugang nicht primär über Sprache und Reflexion haben. Wir müssen das deutlich sehen: Was leisten Bildungsprojekte, die bestimmte Schichten unserer Gesellschaft nicht erreichen? In Greifswald, in dem Institut für Evangelisation und Gemeindeentwicklung hat man eine Untersuchung gemacht, wie Menschen eigentlich zum Glauben finden. Eine spannende Frage. Wie geschieht das eigentlich? Und wir haben dann eine Konversionstypologie entwickelt und gesagt: Es gibt drei Typen, den Lebenswendetyp, das sind Menschen, die überhaupt keinen Kontakt zur Kirche haben und eigentlich über einen relativ schnellen Prozess plötzlich reinkommen, den Entdeckertyp, kirchlich sozialisierte Leute, die aber noch mal tiefer nachbohren und nachfragen, und den Typ der Vergewisserung mit einem hohen Verbundenheitsgrad, der in der Begegnung mit dem Evangelium dann noch einmal eine Bestätigung und Vergewisserung erlebt. Alle drei dieser Typen haben Erfahrungen mit Glaubensseminaren und werden durch diese Seminare erreicht. Das heißt, wer ein Glaubensseminar leitet, bietet für einige den Einstieg in eine Glaubensbiografie, für andere eine tiefere Entdeckung dessen, woran sie bereits sind und arbeiten, und für wieder andere eine Vergewisserung und vor allen Dingen eine Befähigung, selber zu explizieren, was sie glauben. Da deckt sich etwas mit dem Ziel, was sie auch für Bildung angesprochen haben. Wir brauchen sprachfähige und auskunftswillige Christen. Und eine wichtige Zielgruppe der Glaubenskurse. Es sind gar nicht die so genannten Außenstehenden, sondern es ist die Kerngemeinde in ihrer Sprachlosigkeit selbst.

Reformatorische Theologie im Ansatz ist also keine freischwebende Entscheidungstheologie. Wichtig ist der Rückbezug zur Taufe und ein verheißungsorientiertes Menschenbild. Die klassische Evangelisation hat mit einem defizitären Menschenbild gearbeitet, man hatte manchmal den Eindruck, die Hörer werden geradezu in eine Defizitecke getrieben, um dann mit dem

Evangelium wieder hervorgelockt zu werden. Verheißungsorientiertes Menschenbild heißt für mich: Gott denkt über den Menschen größer als er über sich selbst denkt. Er ist designierter Sohn, designierte Tochter Gottes; und das ist eine Erwählung, die man Menschen lieb machen muss. Mission ist ein zärtliches Geschäft und kein missionarischer Kampfsport. Ein guter Kurs ist informativ und nicht appellativ. Die klassische Evangelisation war appellativ, hat aufgerufen zu Entscheidungen zum Glauben. Wir erleben in den Glaubensseminaren, dass der wachsende, entstehende, langsam aufkeimende Glaube wie das Lachen ist, das nach einem guten Witz erfolgt. Wenn Sie einen Witz, den alle noch nicht kennen, so erzählen, dass Sie die Pointe nicht versauen, dann müssen Sie die Leute nicht mehr aufrufen: „Lachen Sie bitte!" Wenn der Witz gut ist, entsteht das Lachen. Das Lachen des Glaubens, das ist unsere Erfahrung, entsteht, indem informiert, narrativ, erzählend geschrieben wird: Was ist Christsein? Worum geht es da eigentlich? Und auf einmal fragen Menschen: „Wie komm ich da ran?"

Herr Dr. Kraft (Moderator): Nun ist ja Glaubenskurs nicht gleich Glaubenskurs. Im Augenblick arbeitet man da an einer Typologie und versucht, Glaubenskurse zu sammeln. Ich glaube, es gibt weit über 50 und man findet auch die Unterteilung ganz grob. Es gibt mehr Glaubenskurse, da geht es um die persönliche Glaubensentscheidung. Und dann gibt es Glaubenskurse, da geht es eher um Themen des christlichen Glaubens, eher um Selbstbildung. Herr Professor Wernstedt, welchen Kurs hätten Sie besucht, wenn Sie die Wahl hätten?

Herr Professor Wernstedt: Also, ich weiß gar nicht, ob ich dann, wenn ich, sagen wir, in Loccum oder an einer Universität eine theologische Frage bearbeiten will, ob ich dann einen Glaubenskurs besuche. Nach Ihrer offenen Definition würde ich sagen, ich habe an einem Wochenende oder in einem Kurs eine ganze Menge neu gelernt, wie ich bestimmte theologische, auch protestantische Auslegungen bestimmter Bibelstellen und Perspektiven verstehen soll. Dagegen habe ich überhaupt nichts. Sozusagen, dass innerhalb der Kirchengemeinden von Getauften versucht wird, Klarheit zu verschaffen, Sprechfähigkeit zu erlernen und damit auch Identifikation mit dem Glauben, aber auch dann Selbstbestätigung für sich selber zu finden. Das ist überhaupt nicht mein Punkt. Das, was ich – ich kenne Glaubenskurse zu wenig –höre, ist, dass sehr häufig in sehr oberflächlicher Weise versucht wird, mit Performances zu gewinnen, ob das nun Gesang ist oder ob es irgendwelche Klangfarben sind, die irgendwo aus ganz anderen Kulturen kommen, womit man dann Eindruck machen will und gewisse Seligkeiten erzeugt. Davor habe ich einfach schlichten Graus! Das möchte ich nicht; für mich nicht und für meine Kinder oder Enkelkinder nicht. Die Kinder sind groß, die können allein entscheiden. Jedenfalls eine solche Art, die wäre mir zuwider! Ich brauche die Offenheit, ich brauche die Professionalität, ich brauche die Kenntnis auch der Moderatoren z. B., wenn man so etwas anfängt. Und ich brauche natürlich die Kritikfähigkeit, die dazu führt, dass man zu fragen lernt und auch Unsicherheiten erträgt, die u.U. dann durch Glauben oder durch Zuversicht wieder wettgemacht werden können. Das sind Positionen, die ja auch in der Erwachsenenbildung der Evangelischen Kirche und in verschiedenen Einrichtungen und Bildungseinrichtungen praktiziert worden sind. Die möchte ich nicht missen. Die möchte ich auch nicht in den Gemeinde-Glaubenskursen missen.

Außerdem muss man natürlich, da haben Sie völlig recht, zur Kenntnis nehmen: Nicht alle Bedürfnisse können in der Kirchengemeinde befriedigt werden, auch mit Glaubenskursen nicht. Es gibt Leute in den Kirchengemeinde, die mit dem, was man dort betreibt, u.U. gar nicht befriedet werden können. Sie müssen sich dann auch woanders ihre Antworten suchen können oder auf Suche gehen können. Und da sind, auch im Rahmen der evangelischen Kirche, unterschiedliche Angebote vorhanden, die sich im Laufe der Jahrzehnte bewährt haben. Ich bin ohne Schwierigkeiten 40 Jahre gut mit der Evangelischen Akademie Loccum ausgekommen. Wenn ich jemals das Gefühl gehabt hätte, die wollen mich hier irgendwie missionieren, oder, jetzt mal im einfachen Sinne gesprochen, wollen, dass ich irgendetwas anderes als meinen Erkenntnishunger befriedige, dann wäre ich da nicht wieder hingegangen. Gleichwohl habe ich immer gewusst. Ich bin in einem kirchlichen Raum. Der Glaube spielt hier eine Rolle und es steht auch immer als Frage dahinter: Was kann er leisten? Und wenn ich das Bedürfnis nach Gebet oder Gesang habe, gehe ich halt auch in die Andacht oder in den Gottesdienst. Also, das muss man dann schon akzeptieren. Das würde ich oder vieles von dem, was ich für richtig bildungsmäßig organisiert gehalten und empfangen habe, das würde ich teilweise in meiner eigenen Kirchengemeinde gar nicht finden. Also bin ich da relativ selten.

Herr Dr. Kraft (Moderator): Danke, Herr Professor Wernstedt! Das, was Sie jetzt gesagt haben, freut uns natürlich als Loccumer! Unser Zeitfenster ist sehr eng und deswegen wollen wir an dieser Stelle das Gespräch abbrechen und jetzt haben Sie noch mal die Möglichkeit, Rückzufragen an das Podium hier. Und bitte sagen Sie, wer antworten soll.

Worauf lässt sich ein Leben gründen und woran sollte es sich ausrichten?[1]

Was kann man eigentlich als ein Mann von über 70 Jahren jungen Leuten sagen, die im Alter von 14 oder 15 Jahren das Fest der Jugendweihe begehen? Belehrungen wären ganz falsch, Geschichten sind risikoreich, Anekdoten gefährlich, weil Alte und Junge in der Regel unterschiedlichen Humor haben.

Der Abstand von Großeltern zu den Enkelkindern ist enorm: Auf der einen Seite die scheinbar gesättigte Lebenserfahrung, auf der anderen Seite die vollständige Zukunftsorientierung und Lebensfreude, in der noch alles möglich erscheint. Welche Berührungspunkte gibt es? Gibt es irgendwelche gedanklichen und gefühlsmäßigen Gemeinsamkeiten zwischen der Erwachsenenwelt von 18 bis 80 und dem Lebensgefühl von Euch? Sagt man zu Euch, Ihr seid *schon* 14 bzw. 15 Jahre oder sagt man, Ihr seid *erst* 14, 15? Ich weiß es nicht. Wahrscheinlich ist beides richtig.

Man lebt in Eurem Alter – nach allem, was ich weiß und woran ich mich erinnere – in der Hoffnung, nun endlich mehr Freiheit und Selbstbestimmung zu haben, wenngleich die Sicherheit des Elternhauses einen in der Regel vor überraschenden Unübersichtlichkeiten schützt, was man häufig nur widerwillig akzeptiert.

Der Kampf oder das Bestreben nach mehr Unabhängigkeit und Eigenverantwortung ist ein ständiger Begleiter, auch in den nächsten Jahren: sei es das Taschengeld, die Freizeit, der Zeitpunkt des Nachhausekommens, das Probieren des Ungewöhnlichen vom Rauchen über Alkohol bis zu anderen Verlockungen, der Umgang mit Freunden und Freundinnen, die ersten wirklichen Überzeugungen und der Streit um ihre Richtigkeit, die Abhängigkeit

---

[1] Ansprache aus Anlass der Jugendweihefeier des Vereins Jugendweihe Niedersachsen am 24. Mai 2016 im Theater am Aegi in Hannover.

vom Urteil der Gleichaltrigen ... Aber auch die Suche nach wirklich wichtigen Entscheidungen, nach dem Berufs- oder Studienwunsch, nach weltanschaulichen oder ethischen Überzeugungen, nach festen Freundschaften oder gar der ersten Liebe fallen in diese Zeit.

Es sind die aufregendsten und prägendsten Jahres Eures Lebens, die unmittelbar vor Euch liegen. Meist fallen die wichtigsten Entscheidungen eines Lebens vor dem 20. Lebensjahr. Es ist kaum zu glauben, aber fragt mal Eure Verwandten und erwachsenen Bekannten, wann sie sich für eine Berufsausbildung entschieden haben, wohin sie gehen wollten, wen sie mochten und wen nicht usw. und was davon bis heute nachwirkt.

Umso vorsichtiger und umsichtiger muss man trotz aller jugendlichen Unbekümmertheit mit ihnen umgehen. Der Rat oder die Erzählungen Älterer, also der Eltern, anderer Verwandter, Lehrkräften, Jugendleitern usw. werden dabei häufig weniger gern gesehen, jedenfalls nicht direkt, nicht persönlich. Das ist normal und auch nicht schlimm. Aber auch der Rat von scheinbar großartigen Vorbildern sollte genauso skeptisch beurteilt werden, das betrifft Stars aus Musik, Sport, Mode, Blogsternchen oder andere flüchtige Aufreger. Vor allem die immer verfügbaren Allerweltsinformationen und Versprechen aus den Netzen und das zeitfressende Gerede und häufig Geschwätz in den sozialen Netzwerken ersetzen nicht die eigene Verantwortung für sinnvolle Beschäftigungen.

Ich habe mich entschlossen, über zwei sehr alte Weisheiten zu sprechen. Sie gelten, weil sie so alt sind, für jede Generation. Und deswegen steckt etwas unbestechlich Richtiges für alle in ihnen. Wären sie nicht aktuell, so hätten sie sich nicht so lange gehalten.

Die eine ist schriftlich überliefert. Die andere habe ich von meinem Großvater, obwohl sie wohl nur von Generation zu Generation tradiert wird, und Konrad Adenauer diesen Spruch als Rechtfertigung dafür nutzte, in der Nazi-Zeit belastete Juristen nicht zu entlassen.

Die erste lautet. „Der Mensch lebt nicht vom Brot allein", die zweite: „Man soll kein schmutziges Wasser wegschütten, bevor man kein sauberes hat."

„Der Mensch lebt nicht vom Brot allein"

Diese Jugendweihefeier wird von Menschen organisiert, die sich bestimmten Idealen wie Toleranz, Menschlichkeit, Gewaltfreiheit, soziale Gerechtigkeit verschrieben haben. Natürlich haben sie ein Interesse daran, dass ihre Kinder von diesem Geist etwas aufnehmen und in ihrem Leben gelten lassen. Es ist die Ausrichtung auf solche Gedanken der Mitmenschlichkeit, die den Zusammenhalt dieser Menschen garantiert und immer wieder erneuert. Eine solche Geisteshaltung gilt nicht dem Vergnügen (obwohl natürlich niemand etwas gegen Spaß und Freude hat) oder dem Broterwerb, sondern der Frage, worauf sich ein Leben gründen lässt und ausrichten sollte.

Es ist eben nicht allein die berufliche Ausrichtung, die Maximierung finanziellen und anderen materiellen Wohlstands, die im Mittelpunkt der Aufmerksamkeit steht, sondern immer auch zugleich die Frage nach dem Sinn menschlichen Tuns. Auch wenn der Satz „Der Mensch lebt nicht vom Brot allein" im Alten Testament und Neuen Testament der Bibel steht (5. Mose 8,3 und Matthäus 4,4) und den Gottesbezug im Blick hat, so gilt er auch für eine Lebensführung, die ein über den Broterwerb hinausgehendes Denken trägt und nicht explizit religiös ist. Es ist das Dementi eines oberflächlichen Verständnisses des Brechtschen Satzes „Erst kommt das Fressen, dann die Moral" (Dreigroschenoper).

Denn in diesem Satz steckt die Beobachtung, dass der Mensch in seinem Kern mehr ist als ein konsumierendes Wesen. Er ist ein soziales Wesen. Er kann nur in Gemeinschaft sich menschlich entwickeln, seine sozialen Tugenden erwerben. Am asozialen Verhalten nicht nur egoistischer Menschen oder gar Krimineller, sondern sogar großer Teile der Finanz- und Wirtschaftswelt sehen wir, wohin eine Gesellschaft führt, die ohne ethische Grundsätze handelt und auf Kosten Anderer undemokratisch sich Vorteile und Nutzen verschafft. Ein menschliches Leben, das immer nur danach schielt, was nicht verboten ist, aber sonst weder Regeln, Anstand, verträgliches Verhalten und Ehrlichkeit gelten lässt, wird unmenschlich.

Der Eintritt ins Jugend- und frühe Erwachsenenalter, das die Jugendweihe markieren und herausstellen soll, ist dem Gedanken gewidmet, neben den notwendigen, dem Broterwerb dienenden Tätigkeiten und Absichten, die moralische Dimension jeder menschlichen Existenz deutlich zu machen. Gerade wer sich ohne religiösen Bezug in der Welt einrichtet, ist noch mehr auf seine Vernunft und seinen Verstand angewiesen. Er kann Entscheidungen, wenn sie nicht willkürlich und verwerflich sein sollen, nicht auf eine außermenschliche Existenz abschieben, sondern bleibt selbstverantwortlich.

Es gibt einen Gesichtspunkt, der für Euch genauso Gültigkeit hat wie für alle Menschen und von dem alles abhängt: die Friedfertigkeit. Es ist ein ethisches Gebot, das keine Ausnahmen zulässt – auch keine vorgeblich religiösen wie etwa bei den islamistischen Terroristen oder den christlichen Kreuzrittern vor 800 Jahren. Wir leben in Europa nach dem vom nationalsozialistischen Deutschland zu verantwortenden Zweiten Weltkrieg seit 71 Jahren in Frieden. Eine solche lange Phase hat es seit Jahrhunderten in Deutschland nicht gegeben. Wir leben also in einer begnadeten Zeit. Und wir Älteren und Alten wissen oft gar nicht, wie groß dieses Geschenk ist. Und wenn ich einen Wunsch an Euch junge Menschen habe, dann diesen: Engagiert Euch dafür, dass Frieden bleibt, um Eurer und dereinst Eurer Kinder willen. Denn ohne Frieden ist alles nichts.

Das ist kein abstraktes Thema: Kriegslärm in der Ukraine, entsetzliche kriegerische Auseinandersetzungen in Syrien, dem Irak und Libyen, deutsche Soldaten in Mali, mehrere Millionen Flüchtlinge, die an die Türen Europas klopfen. Wir leben heute noch nicht im Krieg, aber kämpfen mit den Folgen von Kriegen, deren Ende nicht absehbar ist.

Lasst Euch also vor allem von den Neunmalklugen nicht beirren, dass man als Einzelner doch nichts bewirken kann. Dies ist der höchste Sinn, den man seinem Leben geben kann: sich für sich und seine Kinder für den Frieden zu engagieren. In Niedersachsen liegen mehr als 250.000 Tote in Kriegsgräbern, Kinder, Häftlinge der ehemaligen KZs, Kriegsgefangene, Zwangsarbeiter, Soldaten, Bomben- und Vertreibungsopfer u. a. Ihre Gräber müssen auf Dauer erhalten werden, weil sie nach internationalem Recht dem Frieden dienen sollen. Ihre Existenz ist die Mahnung an alle, keinen Krieg mehr zuzulassen. Ich will, dass keine neuen dazu kommen. Und ich denke, dies ist kein unangemessener Wunsch eines alten Mannes an die Enkelgeneration. Nun weiß ich, wie schwer es ist, Frieden zu halten, wenn es Menschen gibt, denen das gleichgültig ist und den eigenen Tod oder den anderer in Rechnung stellen.

„Der Mensch lebt nicht vom Brot allein", heißt die alte Weisheit. Auf unsere Frage angewandt hieße das: Was nützt das Brot, wenn Krieg ist? Eine andere Richtung des Verhaltens hat der Spruch meines Großvaters im Blick, auch wenn er missbraucht werden kann:

„Schütte kein schmutziges Wasser weg, bevor Du kein sauberes hast"

Ich bin als 18-jähriger Abiturient aus der DDR geflohen, weil man mich nicht studieren lassen wollte, sondern in die NVA stecken wollte. Eigentlich wollte ich nicht weg, weil ich gern in meiner Heimat gelebt hatte, dort meine Verwandten, Freunde und Bekannten lebten. Auch meine Freundin musste ich allein lassen. Es fiel mir in der ersten Zeit schwer, allein und mit Heimweh und Sehnsucht zurechtzukommen. Als ich ernsthaft mit dem Gedanken spielte, wieder zurückzukehren, half mir die Mahnung meines Großvaters.

Sollte ich wirklich wegen des Unbehagens an meinem Zustand mich zurück und dann unwiderruflich in die Hände derjenigen begeben, vor denen ich mit guten Gründen geflohen war? Es wäre eine Entscheidung gewesen, die ich immer als Versagen mit mir herumgetragen hätte. Es wäre ein Ausweichen vor Schwierigkeiten gewesen. Ich hätte das schmutzige Wasser weggeschüttet, ohne sauberes zu haben. Ich habe mein ganzes Leben lang diese inneren Kämpfe nicht vergessen.

Das Bild vom schmutzigen Wasser kann man wirklich verallgemeinern. Wieweit darf man seinen gegenwärtigen Gefühlen nachgeben, um sich besser zu fühlen? Gehört es nicht zum anzustrebenden Verhalten, begründete Entschlüsse nicht beim ersten Widerstand fallen zu lassen, auch wenn man die Folgen nicht absehen kann?

Ihr werdet in den nächsten Jahren vor wichtigen Entscheidungen stehen. Es ist beides richtig: Wenn man erkannt hat, dass eine Entscheidung falsch oder ungünstig ist, muss man die Freiheit haben, sie zu korrigieren. Aber genauso richtig ist, dass man nicht leichtfertig mit seinen Stimmungen umgehen darf. Sauberes Wasser ist nicht einfach nur da, man muss dafür etwas tun.

Menschen brauchen Werte

Die gemeinsame Verantwortung der Religionen in Deutschland[1]

Es gibt keine uns bekannte Gesellschaft, in der es nicht Religion gibt. Das gilt für die Vergangenheit (bis in die frühesten Spuren menschlichen Zusammenlebens zurück) genauso wie für die Gegenwart. Gesellschaften, die sich bewusst atheistisch verstanden – oder besser: deren führende politische Schichten –, haben immer Legitimationen gesucht, die über den jeweiligen Tag hinaus weisen: die kommunistischen Herrschaften unter Berufung auf die Geschichte, die Französische Revolution auf die allgemeine Vernunft. Rituale kennen sie alle.

Man braucht kein Religionshistoriker oder gar Theologe (Geistlicher) irgendeiner Religion zu sein, um zu begreifen, dass in der Religion Dinge verhandelt werden, die ein spezifisches Angebot für das Leben der Menschen, ihr Zusammenleben und ihr Welt- und transzendentes Verständnis bieten. Sie sind den Menschen wichtig, um überhaupt leben zu können.

Dies hängt offenbar damit zusammen, dass alle uns bekannten Religionen – auch die, die hier in Hamburg das Gespräch miteinander begonnen haben – ein Weltverständnis artikulieren, das über den individuellen Tod hinausgeht und insofern das definitive Ende von Sein und Bewusstsein des Einzelnen durch den Tod leugnet. Damit dies aber für den Einzelnen überhaupt gelingen kann, gibt es spekulative Ansichten über ein „Jenseits" (sehr unterschiedlich ausgeprägt in den einzelnen Religionen) und daraus rückwirkend spezifische Forderungen an das Verhalten der Menschen im „Diesseits", d. h. im Zusammenleben der Menschen.

Die drei monotheistischen Religionen – Judentum, Christentum, Islam – berufen sich dabei auf einen alles in der Hand haltenden und allwissend wir-

---

[1] Vortrag anlässlich des Tages der Religionen in Hamburg am 14. November 2002.

kenden Gott, andere Religionen gehen von Vorstellungen der Seelenwanderung und deren Formen der Transzendenz aus.

Für unseren heutigen Tag ist zunächst die wichtige Frage, ob es in den Anforderungen des gegenseitigen Verhaltens, des alltäglichen Lebens, des Umgangs miteinander Ansatzpunkte gibt, von denen man ausgehen kann als Fundament der Zukunft.

Auf der in Deutschland geltenden grundgesetzlich abgesicherten Religionsfreiheit (jeder darf glauben, was er will und darf seine Religion praktizieren, sofern er nicht fundamentale Rechte anderer verletzt) gilt es nach Möglichkeiten zu fahnden, die ein friedliches Zusammenleben – nicht nur Nebeneinander – sichern.

Das Grundgesetz enthält ein Toleranzangebot gegenüber religiösen Vorstellungen und deren Riten. In Deutschland fremd erscheinende Formen der Religionsausübung (Haltung der Betenden als stilles Kopfsenken, Hände falten, auf die Knie fallen in aufrechter Haltung oder als Proskynese, Augen schließen, wackeln, usw.) muss und sollte man nicht nur tolerieren, sondern wollen, dass dies der andere ausübt. Das Gleiche gilt für die rituelle Kleidung (Talare, Kopfbedeckungen, Bänder) oder rituelle Handlungen (Abendmahl, Wanderungen, Essenszeremonien, Lesungen).

In dieser Hinsicht gibt es im Übrigen unendliche Unkenntnis der Menschen von den Überzeugungen, Handlungen und Glaubensinhalten. Das Entscheidende des Toleranzgebotes ist, dass ich den anderen respektieren lerne, ohne seine Handlungs- und Denkweise zu übernehmen. Dies ist die prinzipielle Voraussetzung eines friedlichen Zusammenlebens. Dies ist ein Wert, für dessen Einhaltung auch die Religionen einzustehen haben. Sie nur mit staatlichen Mittel garantieren zu wollen (Polizei, Machtapparat, direkte und indirekte Repressionen), wäre zu wenig.

Nun darf man auch nicht naiv sein. Im täglichen Leben gibt es aus dem Alltag kommende Konfliktsituationen: Sind religiöse Vorschriften kompatibel mit Notwendigkeiten des Arbeitsprozesses? Welche Rolle spielt das auch grundgesetzlich geforderte weltanschauliche und religiöse Neutralitätsgebot im Leben der Einrichtungen (Schulen, Hochschulen, Krankenhäuser, Flughäfen usw.)? Kann die Neutralitätspflicht des Staates bedeuten, dass Kopftücher als religiöses Zeichen für Beamte und Angestellte verboten werden? Dürfte ein jüdischer Lehrer im Unterricht die Kippa tragen? Besteht das Recht, einen Muezzin unmittelbar neben einer Kirche zum Gebet rufen zu lassen? Sollte das Recht auf freie Religionsausübung so durchgesetzt werden, dass das friedliche Zusammenleben von Menschen verletzt wird?

Welche Rücksicht ist auf religiöse Feiertage zu nehmen (in Betrieben, Verwaltungen, öffentlichen Einrichtungen)? Auf diesem Gebiet gibt es die unterschiedlichsten kleinen und großen Konfliktmöglichkeiten. Dieses abzuarbeiten und tägliche Lösungen anzupeilen, ist das Wichtigste des interreligiösen Gesprächs.

Dies ist leichter, wenn man mehr voneinander weiß. Der Respekt vor einer religiösen Handlung gilt immer, deswegen muss man keinen fremden Gott anrufen oder fremde Formen der Anbetung übernehmen. Das Betreten religiöser Räume (Synagogen, Kirchen, Moscheen, Tempel) hat immer mit Zurückhaltung zu erfolgen, bei touristisch interessanten Gebäuden kann man die auch beobachten.

Zu lernen, wie andere beten, ihre Feste feiern, ihre Kinder erziehen, sich von ihren Toten trennen, begraben, verbrennen, Essensregeln beachten (koscher essen), Kleidung oder Haartracht tragen usw. baut Konflikte ab. Gerade für junge Leute, für die das Äußere häufig so wichtig ist, ist das ein didaktisch fruchtbarer Zugangsweg.

Naiv wäre es auch, dem Fremden gegenüber einfach das eigene Verständnis für Toleranz zu unterstellen. Es zeigt sich mit zunehmender Zeit des Zusammenlebens, dass man nicht nur das Andere kennen lernen muss (Das gilt auch für Muslime gegenüber der Mehrheit der Christen und christlich Geprägten). Genauso wichtig ist es, sich selbst kennen zu lernen und seinen eigenen Standpunkt bzw. Glauben zu bestimmen. Manche christlichen Kinder erfahren erst aus den Gegenfragen jüdischer oder muslimischer Kinder, welches die Glaubensinhalte ihrer Religion oder der religiösen Hintergründe ihrer Feste sind. Es ist nicht sicher, dass die Mehrheit der Deutschen das Karfreitags- und Ostergeschehen wirklich erklären kann, von Pfingsten ganz zu schweigen. Tolerant kann letztlich nur sein, wer weiß, wer er ist. Sonst führt Toleranz zur Übernahme des anderen oder produziert nur Missverständnisse.

Auf einer anderen Ebene liegt die Frage, ob nicht jeder Religion der Alleingültigkeitsanspruch zugrunde liegt und damit bei Gelegenheit jede Religion versuchen würde, die andere zu beseitigen. Die Hagia Sophia, das prächtigste Gotteshaus seit Justinians Zeiten, wurde 1453 zur Moschee, und manche Cami in Istanbul ist auch heute noch als ehemalige griechisch-orthodoxe Kirche identifizierbar. In Cordoba ist es umgekehrt: Nachdem im 8. Jahrhundert die Westgotenkirche abgerissen wurde, wurde an der gleichen Stelle eine herrliche Moschee errichtet, ab 1517 wiederum wurde in die Mezquita eine hochgotische Kathedrale hineingesetzt. Auf dem Tempelberg in Jerusalem, wo einst Salomons Tempel stand, stehen heute die Al-Aqsa-Moschee und der Felsendom. Im indischen Allahabad zerstörten aufgebrachte Hindus eine Moschee, was wiederum zu grässlichen Massakern führte. In Karamanmaras haben vor 20 Jahren muslimische Sunniten die Aleviten zu Hunderten umgebracht. In Sumgait haben Muslime vor 10 Jahren armenische Christen verfolgt. In Deutschland fanden während des Zweiten Weltkrieges die grässlichsten Völkermorde an den Juden statt.

Die Weltgeschichte ist voller Beispiele, in denen der Wahrheitsanspruch einer Religion die Menschen anderer Religionen drangsalierte, missionierte oder tötete. Heilige Kriege gibt es in islamischer und in christlicher Begründung. Selbst Europa hat sich erst nach schrecklichen Konfessionskriegen seit dem 30jährigen Krieg zu praktischer Toleranz durchgerungen.

Im Alten Testament kann man nachlesen, dass es unter den Juden nicht immer friedfertig zugegangen ist. Es ist eine hoch anspruchsvolle Haltung, trotz der fundamentalistischen allein seligmachenden Zuspitzung religiöser Überzeugungen das gleichberechtigte Nebeneinander zu predigen und vorzuleben. Der Boden friedfertiger Gesinnung wird aufgegeben, wenn man Andersgläubigen unterstellt, es seien Ungläubige.

Die terroristischen Anschläge vor und nach dem 11. September 2001 haben nur dann diese verheerende Kraft, wenn man diesen religiösen Impetus unterstellt. Sie sind nicht nur als politisch motiviert zu interpretieren, sondern auch und vor allen Dingen religiös begründet. Eine intolerante Gesinnung tritt zu Tage, wenn jüdischen Immigranten aus den USA wie selbstverständlich aus der Bibel ableiten, sie hätten einen Anspruch auf Sielungen in Judäa und Samaria.

Theologisch findet dies seine eigenen Zusammenhänge. So irritiert es selbstverständlich, dass der Islam dem Judentum und dem Christentum einen minderen Status deswegen einräumt, weil der Islam aufgrund seiner Selbstauffassung meint, der Koran sei die letzte Offenbarung und alles, was zuvor war, nur der Weg dorthin.

Genauso können Juden und Christen von ihrem eigenen Anspruch, Glaubenswahrheiten zu vertreten, nicht abgehen. Hier gibt es wahrscheinlich Grenzen des theologisch geführten interreligiösen Gesprächs.

Das ist solange ohne praktische Relevanz, solange daraus keine das allgemeine Zusammenleben und die politische Grundordnung destabilisierende Praxis erwächst. Im Namen der Religionsfreiheit, z. B. einen Kalifstaat ausrufen zu wollen und dies zu verbinden mit einer prinzipiellen Absage an Demokratie, gefährdet allerdings das hier geltende Rechtssystem und die gesellschaftliche Praxis und wird entsprechend behandelt.

Die Stärke aller Religionen ist es, den letzten Grund und die Erklärung der weltlichen Sphäre im Göttlichen verankert zu sehen. Dies führt nach unserem heutigen Verständnis von Toleranz und Lebensnotwendigkeiten zu einer Einschätzung aller weltlichen Dinge als vorletzten Dingen. Das wiederum führt zu Bescheidenheit, Rücksichtnahme oder auch Demut. Diese Haltung wird gemeinhin als wertorientiert bezeichnet. Es ist also nicht so, dass die Religionen diese Werte zu predigen hätten, sondern eine religiöse Haltung impliziert geradezu kontingent (um nicht sekundär zu sagen) diese Werte. Dies ist auch der tiefere Sinn des Gottesbezuges, der in der Präambel des Grundgesetzes und der Länderverfassung steht. Wir haben in Niedersachsen vor zehn Jahren eine neue Verfassung diskutiert und 1993 verabschiedet, dies zunächst ohne Gottesbezug. Auf eine gemeinsame Aktion der evangelischen und der katholischen Kirche und des Landesverbandes der jüdischen Gemeinden hin hat der Niedersächsische Landtag dies in einer sehr ernsten und nachdenklichen Debatte korrigiert. Es ging dabei nicht um eine irgendwie geartete religiöse Prägung des Staates oder seiner Institutionen oder des Rechts. Es ging immer nur, und so ist das auch verstanden worden, um die Letztbegründung auch politischen Tuns.

Ein solches Verständnis war, in historischer Perspektive gesehen, nicht immer vorherrschend. Ich habe darauf hingewiesen, welche historischen kriegerischen Auseinandersetzungen und Verfolgungen daraus erwachsen sind. Das in den westlichen, christlich geprägten Ländern moderne Verhältnis von Staat und Religion ist selbst ein Produkt eines Jahrhunderte langen Emanzipationsprozesses des Säkularen von einer kirchlich dominierten Welt, wobei die innerreligiöse Befreiung durch die Reformation und die weltliche durch die Aufklärung vorangetrieben wurden.

In dem sich entwickelten Verhältnis ist der Raum entstanden für die allgemeinen Menschenrechte, die Gleichberechtigung von Mann und Frau und die Freiheit von religiöser Bevormundung. Die Konfrontation mancher religiöser Vorstellungen oder Traditionen mit diesen Formen ist nicht immer konfliktfrei. Es ist daher unerlässlich, sich Klarheit und Kenntnis von der religiösen Substanz der jeweiligen Religion zu verschaffen, um identifizieren zu können, wo es Gemeinsamkeiten gibt und wo Trennendes bestehen bleiben muss. Dies ist die gemeinsame Verantwortung der Religionen in Deutschland: sich gegenseitig wahrzunehmen, ihre Anhänger damit vertraut zu machen, dass es mit Respekt zu betrachtende andere religiöse Haltungen gibt. Die christlichen Konfessionen in Deutschland haben darin einige Übung: die Ökumene ist nicht vollendet und das Abendmahl kann nicht gemeinsam gefeiert werden. Die kritischen Anmerkungen gegenüber den christlichen Kirchen, die heute in der Frankfurter Rundschau vom Vorsitzenden des interreligiösen Rates angemerkt worden sind, teile ich ausdrücklich.

Es ist, wie es ist: Die Religionen können die großen Friedensstifter für die Menschen und zwischen den Menschen sein, wenn sie behutsam miteinander umgehen. Sie können aber auch das entscheidend Trennende sein, wenn sie sich gegenseitig überfordern.

Der Tag der Welt-Religionen in Hamburg macht Mut für die erste Alternative.

KAPITEL 5

PERSPEKTIVEN AUF THEOLOGISCHE FRAGEN

Stephan Schaede

Perspektiven auf theologische Fragen

Einleitung in Kapitel 5

Im ersten Beitrag dieses fünften Teiles rückt Wernstedt den reformatorischen Theologen Philipp Melanchthon als inspirierenden Anreger in diversen Orientierungs- und Bildungsfragen in das Zentrum der Aufmerksamkeit. Um hier nur weniges zu markieren: Melanchthon erscheint so als faszinierendes Widerlager gegen eine Orientierung von Bildung an ökonomischen Marktgesichtspunkten. Zugleich hat er deutlich gemacht, dass Bildung immer auch und wenigstens indirekt eine berufsorientierende Kraft haben sollte, hat nach wie vor Aktuelles gegen eine „Besinnungslosigkeit" lebenslangen Lernens zu Protokoll gegeben und die politische und gesellschaftliche Bedeutung kluger Beredsamkeit hervorgehoben.

Der zweite Beitrag skizziert Variationen der Trauer um Tote und Totengedenken, dies anlässlich einer Aufführung des Werkes „Il canto sospeso" von Luigi Nono, das Wendungen aus Abschiedsbriefe von zum Tode verurteilter politischer Gefangener vertont. Deutlich wird, wie sich in ihrer öffentlichen Bedeutsamkeit und ihrer theologischen Deutung die Erinnerung an den Tod von zum Tode Verurteilte oder durch staatliches Unrecht oder Kriegsgeschehen getöteter Menschen von der Erinnerung an „private" Todesereignisse unterscheidet.

Ein Totengedenken ganz anderer Art dokumentiert der dritte Beitrag. In der Ansprache zum 288. Todestag von Gottfried Wilhelm Leibniz anlässlich der Kranzniederlegung an seinem Grab in der Neustädter Hof- und Stadtkirche Hannover schreibt Wernstedt den Kirchen auf vornehm indirekte Weise ins Stammbuch, sich von Leibniz als Vordenker einer ökumenischen Einheit in versöhnter Verschiedenheit beherzter anregen zu lassen, geben doch dessen verwegene Überlegungen zum Primat des Papstes Hinweise auf die damit verbundenen kirchentheoretischen wie praktisch-politischen Problemlagen.

Der vierte Beitrag kann als eine politisch-phänomenologische Kritik an jener christlich-dogmatischen Tradition gelesen werden, die den menschlichen Zorn als Sünde oder gar Todsünde begriffen hat. Auf dem Feld des Politischen sei Zorn, zornige Leidenschaft ein elementarer Handlungstreiber, Motor für Reformation, Reform und Revolution, aber auch als gefährlicher Beschleuniger und Eröffner von Massenaggression und nationalen oder staatlichem Vernichtungswahn. Entscheidend sei deshalb, Formen der kultivierenden Einhegung des Zorns zu etablieren. Hierin sieht Wernstedt eine entscheidende Funktion von Parteien, von parlamentarischer Streitkultur und von Legislaturperioden, die dafür Sorge tragen, dass es trotz viel ira et studio im politischen Leben, zu zorndämpfenden Aushandlungsprozessen und unblutigen Wechsel in der Regierungsverantwortung kommt.

Diesem politischen Lehrstück, theologisch die Zuordnung von Zorn neu zu überdenken, schließt sich als letzter Beitrag ein Text zu Ehren Horst Hirschlers an. Wie der theologische Topos vom deus absconditus die Theodizeefrage zwar nicht beantwortet, aber für einen ernsthaften Glauben offen hält, wird dort unter anderem am Zugunglück von Eschede und der Gedenkstätte Bergen-Belsen vor Augen geführt. Vor allem aber vermutet Wernstedt eindringlich, dass eine weithin unter dem DDR-Regime religionslos gewordene Bevölkerung angesichts des erlittenen Unrechts auf den Gedanken des deus absconditus ansprechbar gewesen wäre. Das in den Mittelpunkt der kirchlichen Spracharbeit zu stellen wäre am Ende die bessere Alternative zu der faktischen verblüffenden Sprachlosigkeit oder aber sonor-affirmativen Sprache der evangelischen Kirche angesichts der Situationsveränderung im östlicheren Deutschland gewesen.

Über Melanchthon, den Anreger[1]

Über Philipp Melanchthon ist im Zusammenhang mit seinem 500. Geburtstag am 16. Februar 1997 viel gesagt worden: Theologisches, Historisches, Pädagogisches, Politisches, darunter meist höchst Gescheites und bisher Unbekanntes.

Ich möchte die Gelegenheit benutzen, um etwas zu sagen, das unter dem Gesichtspunkt auf- und abgeklärter methodischer historischer Schulung eigentlich unerlaubt ist: Ich will Rechenschaft ablegen über Assoziationen und Anregungen, die mir bei der Lektüre Melanchthons und deren Verarbeitung gekommen sind. Gerechtfertigt bin ich dadurch, dass ich als Politiker nicht den gleichen gestrengen Maßstäben unterliege wie sie Wissenschaftler einander abverlangen. Vor allem kann ich natürlich etwas für aktuell halten, was ein Historiker naserümpfend als unhistorisch qualifizieren würde.

Die erste Beobachtung bei der Lektüre Melanchthons ist die ungeheure Ferne und Fremdheit, die uns aus seinen Schriften entgegentritt. Dies liegt wohl in erster Linie an der Selbstverständlichkeit, mit der alle Äußerungen, die sich auf Weltliches (d.h. auf Bildung, Schulen, Lehrerinnen und Lehrer, Inhalte, Universitäten usw.) beziehen, in einen religiösen Kontext einbezogen sind. Das Evangelium und seine Bedeutung für die totale Existenz des Einzelnen und der Gesellschaft und des Staates, muss bei allen Überlegungen nicht nur als anwesend, sonders als Quelle und Ziel allen Denkens gewusst sein. Da dieses Evangelium aber selbst nur begriffen werden kann nicht als sichere Verheißung, sondern nach reformatorischer Ansicht nur als Gnade Gottes erfahrbar ist, bleibt jedes menschliche Leben in letzter Unsicherheit. Aber gerade diese Unsicherheit hat die Reformation zu den großen Anstrengungen befähigt, die sie u. a. auf dem Gebiet der Bildung erbracht hat.

---

[1] Vortrag im Rahmen des Symposiums des Deutschen Philologenverbandes über Melanchthon in Wittenberg am 7. Mai 1997.

Melanchthon war, wie vielfach beobachtet, der typische Mann der zweiten Reihe, der hinter Luther die Glaubensgrundsätze der Reformation systematisierte und dort, wo daraus praktisch-administrative Folgen zu ziehen waren, die Ausführungen und ihre Begründungen lieferte. Er war der Mann des Überblicks und nicht des Durchbruchs, eher der Kenner des Arguments als der Kenner der Deklamation. Ihn kann man sich gut vorstellen in den zermürbenden Verhandlungen auf Reichstagen mit der katholischen Seite, weniger gut in großen öffentlichen Disputen.

Als offenbar früh erkannter und geförderter Hochbegabter war er mit 18 Jahren perfekt in Latein und Griechisch und mit 21 Jahren Professor in Wittenberg (Ich wüsste nicht einmal zu sagen, ob es heute eine rechtliche Möglichkeit gäbe, so etwas möglich zu machen). Sein Zugang zur Welt der Wissenschaft ist derart früh durch die antiken Sprachen – und durch die Inhalte, die sie transportieren – geprägt, dass diese Seite, bei aller Bezogenheit auf die Theologie und Gott, sich auch heute noch gut nachvollziehen lässt und zu den von mir eingangs erwähnten Anregungen Anlass gibt.

1.

Ohne in seine etwas schwer rekonstruierbare pädagogische Systematik eintreten zu wollen (auch die Lehrpläne im Einzelnen und die Zeitkontingente interessieren nicht so sehr) fällt, bezogen auf die Sprache, folgendes auf: Das Lernen der alten Sprachen ist nicht Selbstzweck – man könnte fast ironisch mit Lichtenberg sagen, die frühen Griechen hätten sich nicht den Luxus des Lernens einer toten Sprache geleistet –, sondern Mittel zum Zweck der Bewältigung aktueller Aufgaben. Das Neue Testament ist in griechischer Sprache geschrieben (für ihn ein entscheidendes Argument); historische, rhetorische und philosophische Argumentationen sind im Griechischen und Lateinischen zu erlernen. Im Gegensatz zu der verkommenen scholastischen Bildung war sein (und die der humanistischen Zeitgenossen) Ruf „ad fontes" ein Zeichen des Aufbruchs zu den Originalen. Dieser Gesichtspunkt einer authentischen Bildung scheint mir nun höchst aktuell. Wenn alle Welt – von Roman Herzog bis Bill Gates, von der Deutschen Bank bis zu den auflagenstärksten Wochenmagazinen – darauf hinweist, dass lebenslanges Lernen angesagt sei, dass man das Wichtige vom Unwichtigen unterscheiden lernen müsse, dass sich das Wissen sehr schnell selbst überhole und veralte, dann muss die Rückfrage erlaubt sein, welches denn die Maßstäbe sein sollen, nach denen die Menschen – und vor allem die Jugend – dies leisten sollen. Der allgegenwärtige Markt ist das Zauberwort der Ökonomen: Was sich verkaufen lässt, muss gelernt werden, was nicht, soll vergessen werden. Mal ganz abgesehen davon, ob man Gelerntes einfach mechanisch vergessen kann wie man ein Licht abschaltet, so kann es ja wohl nicht das letzte Wort sein, nach rein ökonomischen Gesichtspunkten die Schule auszurichten. Unter Bildung haben wir in Deutschland und in Europa, und auch kluge Amerikaner haben dies immer so gesehen, ein bisschen mehr verstanden. Die Gesetze der Logik, die Wirksamkeit und Nachhaltigkeit von in vergangenen Zeiten getroffenen Entscheidungen für die Gegenwart (die Reformation selbst!), die Dimension des kulturell-musischen für die Persönlichkeitsentwicklung der Menschen, der differenzierte Umgang mit Sprache und Symbolen, der Sinn für Transzendentales und letzte Fragen sind den Marktgesetzen vorgelagert. Sie in ihrer existentiellen und gesellschaftlichen Bedeutung zu begreifen, wäre die Hauptaufgabe aller Bildung.

Dieses Hauptanliegen eines lebenslangen Lernens besteht also nicht in der Übung, jeden Tag etwas Neues zu lernen, um es morgen wieder zu vergessen, sondern darin, an für das eigene Leben und das Leben der Mitmenschen wichtigen Einsichten die jeweils neuen Aufgaben zu reflektieren und zu bewerten und dann auch zu handeln.

Die Rede vom lebenslangen Lernen vergisst meist, dass auch das Falsche und vorgeblich Veraltete Bildungswirkung hat. Wer nur ständig neu lernt, ohne es verarbeiten zu können, wird ein Spielball fremder Interessen und besinnungslos. Dies ist nicht meine Vision von Menschen der Zukunft. Die Frage nach der ordnenden Mitte und ihrer Ausbildung ist die notwendige Komplementärfrage zur Besinnungslosigkeit des lebenslangen Lernens. Für Melanchthon war diese Frage leicht zu beantworten: Die Rückbezogenheit auf Gott und das Evangelium machte es ihm nicht schwer. In einer säkularisierten Welt mit einer zur weltanschaulichen Neutralität verpflichteten Schule ist dies aber viel komplizierter. Die Antwort ist eben nicht, dass alles erlaubt sei, sondern dass Entscheidungen begründet werden müssen, nämlich für Handeln, für zu Erlernendes, aber auch für das Nichthandeln.

Für diese Art des Fragens – wohlgemerkt für die Zukunft des 21. Jahrhunderts – gibt es eine schöne Formulierung Melanchthons: „Das gesamte menschliche Zusammenleben, die Ordnung des öffentlichen und privaten Lebens, die Beschaffung aller lebensnotwendigen Güter, endlich aller Handel und Verkehr werden von der Sprache umfasst (omnia sermone continentur). Weiterhin mache man sich klar, dass nur der sich treffend und deutlich äußern kann, der seine Redefähigkeit in der bei uns öffentlich gebrauchten Sprache kunstfertig und sorgfältig ausgebildet hat".

Hierin stecken zwei Beobachtungen: Einerseits der selbstverständliche Hinweis, dass ohne Sprache nichts geht, und andererseits, dass Sprache private und öffentliche Dimensionen hat. Die Forderung nach lebenslangem Lernen kann in diesem Lichte nur bedeuten, sich die Möglichkeiten der Sprache vollständig anzueignen, um verschiedene Lebensanforderungen überhaupt aktiv bestreiten zu können. Wer sich in der Sprache reduziert, reduziert seine Lebensqualität und macht sich für andere uninteressant oder zum Ausbeutungsobjekt. Das unendliche Geschnatter unserer Talkshows, die leicht durchschaubare Balz- und Blähsprache ist allerdings häufig nicht auf die Klärung von Sachverhalten, sondern auf die Erzeugung von Wirkung und Unterhaltung aus. Nun soll jeder seinen Spaß haben, wie auch jeder seine Kitschecke braucht. Der Sinn der Aufklärung aber ist es, dies auch zu wissen.

Etwas anderes ist aus heutiger Sicht an Melanchthons Gedanken noch interessant: Sprache wird nach seiner Meinung nur klar, wenn man sie übt, möglichst systematisch. Auch wenn er dies für Latein und Griechisch meint, so gilt dies auch für die eigene Muttersprache, und in demokratisch verfassten Staaten umso mehr. Ich gehe wohl nicht fehl in der Diagnose, wenn ich sage, dass unsere medienvermittelte parlamentarische Demokratie nicht die sprachliche Höhe hat, die sie braucht, um Akzeptanz und Klarheit zu sichern. Sprache dient nicht nur der Aufklärung, sondern auch der Verschleierung und der Manipulation. Die strukturelle Doppelbödigkeit unserer öffentlichen Sprache halte ich für ein großes Problem (man redet über Sachen und verschweigt die Interessen; man redet über Glück und meint das Geld; man redet über Strukturen und meint den eigenen Vorteil usw.). Dies kann man nicht mit moralischen Appellen beseitigen, sondern mit eingeforderter öffentlicher Redefähigkeit, die auch die Rezipienten einbezieht. Wie katastrophal es ist, wenn Überzeugungen und Gedanken nicht öffentlich kommuniziert werden können, kann man an den Folgen der DDR-Gesellschaft sehen. Ich glaube, dass das Abdrängen des eigentlich Gemeinten und Gedachten in die private Nischensprache der DDR seinerzeit mit dazu beigetragen hat, dass sich in den Monaten der Einigung so wenig authentisch Gesprochenes in der öffentlichen Debatte der ehemaligen DDR-Bürgerinnen und -Bürger finden ließ. Eigentlich waren es nur der kirchliche Raum und einige naturwissenschaftlichen Bereiche, die eine eigene öffentliche politische Sprachkultur pflegen konnten. Die Folgen beklagen wir noch heute.

Diese Beobachtungen lassen mich fragen, ob unsere Argumentations- und Redefertigkeiten in den Schulen nicht zu wenig geübt werden. Vielleicht ist in diesem Sinne eine gründliche Revision von den Klassen 1 bis 13 nötig. Gute Beredsamkeit hat ja etwas mit Klugheit und nicht mit Phrasendrescherei zu tun. Ich werde aber nicht den Fehler machen, dies auch fürs Lateinische und Griechische verlangen!

2.

Melanchthons starke Betonung der alten Sprachen und die daran geknüpften Inhalte führten ihn auch für die Schul- und Universitätsbildung zur Betonung der sog. allgemeinbildenden Fächer, vor allem der Philosophie: „Mit der Bezeichnung Philosophie umfasse ich die Wissenschaften von der Natur und von den Gründen sittlichen Verhaltens sowie die geschichtlichen Beispiele" (scientia naturae, rationes morum et exempla). „Wer davon recht erfüllt ist, hat sich den Weg in die höchsten Bereiche bereits gebahnt. Wenn er eine bestimmte Sache zu vertreten hat, steht ihm dann alles zu Gebote, woraus er eine reichhaltige und ansinnliche Rede schöpfen kann. Widmet er sich Verwaltungsaufgaben, so kann er daraus die Normen für das, was gerecht, billig und gut ist, gewinnen."

Mir scheint, dass, seiner Zeit gemäß, die unmittelbare Anwendbarkeit historischer Beispiele und moralischer Vorbilder überschätzt wird. Gleichwohl ist der Gedanke bemerkenswert, dass die Rechtfertigung dieses Lernens mit der späteren beruflichen Verwendbarkeit bei Gericht oder in der Verwaltung gekoppelt ist. Alle Bildungsbemühungen haben für Melanchthon nicht den Sinn, Bildung um der Bildung willen zu betreiben, sondern die Nützlichkeit mit einzubeziehen. Dies gilt, zeitgemäß interpretiert, auch für heute. Bildung rechtfertigt sich nicht aus sich, sondern aus den Vorstellungen von Menschen, des gesellschaftlichen Zusammenlebens und der materiellen und kulturellen Reproduktion.

Eine Bildungsvorstellung, die dies negiert, wäre lediglich nostalgisch. Die heutigen technischen Modernisierer der Schule sind keine geborenen Feinde eines umfassenden Bildungsbegriffs. Sie sind es nur dann, wenn sie Mittel und Zweck verwechselten. Melanchthon hätte vermutlich nichts gegen den Einsatz von Computern gehabt. Er hätte seine Ideen womöglich sogar über das Internet propagiert, so wie er das seinerzeitige modernste Kommunikationsmittel, die Flugschrift, sehr wohl zu nutzen wusste.

So kann der Inhalt seiner Bildungsvorstellungen beinahe universal genannt werden, weil er selbstverständlich auf der Höhe seiner Zeit argumentierte, und dies war der Humanismus der Renaissance-Zeit. Melanchthon ist gegen das chaotische und richtungslose Lernen. So notwendig nach seiner Auffassung die Ausgerichtetheit allen Lernens auf das Evangelium sein muss, so wenig fand er in der Bibel die Hinweise auf Vorschriften des täglichen Lebens ausreichend. „Man darf nicht meinen, Christus sei in die Welt gekommen, um diese Vorschriften zu lehren. Alles das werde vielmehr in der Philosophie weitergegeben". Es sind nach seiner Auffassung „Vorschriften zum weltlichen Leben nötig, denen die Menschen entnehmen, wie sie friedlich zusammenleben können" (quomodo homines inter se tranquille vivere possint). Ein solcher Satz, wie man täglich friedlich miteinander zusammen leben kann, wäre ein Motto für die heutige Schule. Und schließlich: „Wer sich gegen die Philosophie wendet, liegt daher nicht nur im Streit mit der wahren menschlichen Natur, sondern tut auch der Würde des Evangeliums Abbruch". Das Verhältnis von ethischen Vorschriften und religiösem Denken zu diskutieren ist nicht antiquiert, sondern heute aktueller denn je, wenn man die Auseinandersetzungen um den zeitgemäßen Religionsunterricht und um das Fach LER (Lebensgestaltung, Ethik, Religionskunde) in Brandenburg betrachtet. Daher wäre es nach meiner Auffassung sehr oberflächlich, Melanchthon sofort auf die eine oder andere Seite der heutigen Disputanten ziehen zu wollen.

3.

Auf einem Kongress, der von einer Lehrerorganisation ausgerichtet ist, nicht über Melanchthons Rede „de miseriis paedagogorum" von 1533 zu sprechen, wäre nicht recht.

Mich hat diese Rede überrascht, weil sie so richtig für den heutigen Seelenzustand unserer Lehrerinnen und Lehrer geschrieben zu sein scheint. Streift man alles Zeitbezogene der Argumentation ab (keine LehrerInnen, keine SchülerInnen, schlechte Bezahlung, ausgewählte Schüler), so überrascht doch der unveränderte Klagegesang, der durch die Jahrhunderte unserer Geschichte zu vernehmen ist. Die Unmittelbarkeit des Tons spricht dagegen, dass es sich nur um ironische oder satirische Bemerkungen handelt. Wir haben uns heute in der aktuellen pädagogischen Diskussion daran gewöhnt, den sozialpädagogischen und/oder erzieherischen Aspekt der Schule zu betonen. Vor allem aus Grundschule und Hauptschule wird gemeldet, die Kinder seien unfähig zuzuhören, man müsse erst die Kinder beruhigen, um überhaupt mit dem Unterricht beginnen zu können. Dies alles wird mit dem Totschlagsargument der veränderten Kindheit vorgetragen, das zugleich ein Analyse- und Kampfbegriff ist. Es wird der Eindruck erweckt, als handele es sich um ein vollständig neues Phänomen. Melanchthon schreibt: „Die meisten, die zur Schule geschickt werden, bringen so arge Sitten und so schlimme Gewohnheiten mit, dass sie ganz umgebildet werden müssen". „Es lässt sich gar nicht beschreiben, welch großen Zuwachs aller Art die Schlechtigkeit erfahren hat. Die häusliche Zucht ist geschwunden, während sie in unserem Knabenalter noch einigermaßen vorhanden war". Da haben wird das abendländische Stereotyp wieder, wie schlecht die jeweilige Jugend ist. Über den angeblichen Wertewandel wird ja heutzutage auch genug lamentiert. Auch der folgende Satz scheint nicht 470 Jahre alt zu sein: „Auch die Eltern der Schüler schätzen uns nicht höher als diese selbst. Sie denken nicht daran, dass sie die Sorge für ihre Kinder auf uns abgeladen haben".

Die historische Relativierung der Klagen über das Lehrerdasein darf nun nicht dazu führen, die heutigen pädagogischen Bedingungen und Belastungen zu verniedlichen. Die Lehrerinnen und Lehrer und ihre Organisationen täten aber gut daran, in der Öffentlichkeit nicht ständig den Eindruck erwecken zu wollen, als ob sich in ihrem Beruf das gesamte Elend der Welt konzentriere. Besonderheiten der Gegenwart in der Erziehung bestehen heute nicht darin, dass Erziehung immer schwer ist, sondern darin, dass eine Jugend heranwächst, die über die Medien informatorisch und kulturell praktisch Zugang zu allem hat. Dies verändert ihr Verhalten und ihre Erwartungen. Im Unterschied zu Melanchthon hat die heutige Jugend aber keine klaren Orientierungsmöglichkeiten mehr. An die Stelle des Evangeliums ist als Orientierungspunkt die Suche nach Orientierung getreten, die fast unaufhörliche Suche, die gerade auch Schule und Lehrer anfragt. Bei dieser Suche erhalten die Jugendlichen oft unbefriedigende, unglaubwürdige Antworten, sofern sie nicht selber gelebt werden. Dies gilt für tägliches Verhalten z.B. beim Rauchen oder beim höflichen oder unhöflichen Umgang aber auch in grundsätzlichen Fragen. Wenn Lehrerinnen und Lehrer für Schülerinnen und Schüler interessant und wertvolle Personen sein wollen, dann müssen die Lehrerinnen und Lehrer mehr sein als nur Wissensvermittler.

Hinzu kommt die Anwesenheit von Kindern vieler Völker und aus schwierigen sozialen Verhältnissen. Wir haben genug Stoff, der auch für die Gesellschaft interessant sein kann. Lehrer, die klagen, sind für die Gesellschaft und für die Politik uninteressant. Lehrer, die sich in die Gesellschaft einmischen und über ihre eigenen Probleme hinaus sich einbringen, wären etwas. Und sie gibt es massenweise.

4.

Melanchthon hat ungeheuer viel geschrieben. Als homo doctus und homo politicus sind sein Leben und seine Schriften eine Fundgrube transferierbarer Überlegungen, z.B. seine hinreißende Rede vor den Ratsherrn von Nürnberg im Jahre 1526 aus Anlass der Gründung einer neuen Schule, die wohl etwa vergleichbar wäre mit einer heutigen gymnasialen Oberstufe. Die Rede ist eine Lobpreisung der Bildung für die ökonomische und kulturelle Prosperität eines Gemeinwesens. Melanchthon formuliert: „Weil sie (die Bürger Nürnbergs) das Wissen, das aus den Künsten entspringt, für die Regierung des Staates fruchtbar machten, schafften sie es, dass diese Stadt alle übrigen Städte Deutschlands bei weitem übertrifft ... Wenn auf eure Veranlassung hin die Jugend richtig unterrichtet wird, wird sie der Schutz der Stadt sein, denn kein Bollwerk und keine Befestigung macht eine Stadt stärker als gebildete, kluge und mit anderen Tugenden begabte Bürger".

In der Terminologie von heute würde man wohl sagen, dass hier von dem „Megathema Bildung" die Rede ist, das auch über die Entwicklung des künftigen Deutschland entscheiden wird. Während die ganze Gesellschaft heute nach möglichst schnell verwertbarem Wissen schreit (von der „Wirtschaftswoche" über die Debatte zur beruflichen Bildung), die politischen Parteien um die Wette Bildungsthemen zu Wahlkampf-Highlights erklären, hat Melanchthon aber noch einen zusätzlichen Aspekt im Sinn, dessen Beachtung uns auch heute nicht schaden könnte – und bei der Herzog-Rede in Berlin zu kurz kam. Melanchthon spricht von kulturellem Ansehen und politischer Bedeutung, die mit der Ausbreitung von Bildung zusammenhängt. Dies ist bei ihm umfassender gemeint als nur im Sinne einer ökonomischen Effektivität. Den ganzen Menschen, z.B. auch mit seinen Tugenden, hat er im Blick. Für ihn selbst wäre der Wissenstransfer von den gelehrten Anstalten in die gesellschaftlichen Bereiche hinein nur Mittel zum Zweck einer allgemeinen Entwicklung. Unsere heutigen Schnelligkeitsanbeter in Wirtschaft und Politik vergessen häufig, dass Schnelligkeit niemals das Argument ersetzen kann. Obgleich ich als Politiker Situationen kenne, wo eine schlechte oder falsche Entscheidung manchmal besser ist als gar keine. Wissen als Fundament und Bildung als Einordnungsfähigkeit einer Entscheidung sind gefragt, nicht gefragt ist Wissen als „Goldenes Kalb" und Bildung als „Verhinderungsinstanz".

5.

Melanchthon galt in seiner Zeit als Reformer des Schul- und Universitätswesens. Er hatte von der Nachhaltigkeit seiner Reformen naturgemäß noch keine Vorstellung. Dass sie sogar über Jahrhunderte hinweg reichen, ist uns heute klar. Aber seine frühen Überlegungen zu einer Studienreform (bereits 1518 beginnend), seine lebenslange Betonung einer soliden Ausbildung in den Sprachen und Artes (wozu auch u.a. Mathematik gehörte) machen ihn bildungshistorisch mindestens genauso interessant wie Wilhelm von Humboldt. Dass Melanchthons noch auf praktische Verwertbarkeit gerichtete Bildungsvorstellung in säkularisierter Form ein Eigenleben zu entfalten begann und schließlich daran die Vorstellung einer verwert- und wertfreien Bildung daraus werden konnte, halte ich für einen Irrweg, für den Melanchthon nicht verantwortlich zu machen wäre. Der Grundgedanke einer vollständigen Entfaltung der Persönlichkeit, der die Nützlichkeit *und* die Einordnungsfähigkeit zugleich im Blick hat, ist bei Melanchthon noch ungeschmälert vorhanden. Die Grundstruktur dieser Überlegung ist auch heute in mehrfach veränderter Form noch vorhanden: Bei der Formulierung des Bildungsauftrags der Schulen, bei der Frage, ob wohl Berufsschüler auch noch Unterricht in Deutsch, Religion und Politik brauchten, ob der Fächerkanon überzeugend ist oder nicht usw.. Allerdings gibt es bei Melanchthon auch Anzeichen von romantisierender akademischer Idealität, die sich wie das Werbeprogramm einer Campus-Universität lesen. Dass so etwas ohne das Evangelium funktionieren könnte, war für ihn eine nicht denkbare Variante.

6.

Es gibt eine Seite im Leben Melanchthons, die strukturell auch heute von hohem politischen und psychologischen Interesse ist: Die Frage nach der moralischen Vertretbarkeit von Kompromissen. Damit stellt sich auch immer die Frage nach der Glaubwürdigkeit von Personen. Schon bei den Formulierungsversuchen der loci communes (der Glaubensgrundsätze) von 1521 und bei den Verhandlungen, die zum Text der Confessio Augustana von 1530 führten, stellt sich für Melanchthon immer die Frage, wie bei allem Festhalten an reformatorischen Grundsätzen dennoch genügend Anknüpfungspunkte für die Einheit der Christenheit gegeben bleiben. Solange Luther noch lebte, war dies zwischen den beiden aushandelbar, wobei Luther die unbestrittene Autorität und von Melanchthon auch so akzeptiert war. Die sinnbildhafte Gleichrangigkeit ihrer Grablege in der Wittenberger Schlosskirche hat nichts mit dem tatsächlichen Verhältnis der beiden zu tun, auch wenn die Zeitgenossen es anders sahen. In den krisenhaften politischen Auseinandersetzungen des Schmalkaldischen Krieges und vor allem nach dem Sieg Karls V. bei Mühlberg 1547 geriet die protestantische Seite existentiell unter Druck. Der Kaiser versuchte mit dem sog. Augsburger Interim von 1548 die katholische Seite auch theologisch durchzusetzen (lediglich Laienkelch und Priesterehe sollten für die Protestanten noch vorläufig möglich sein). In der für die Protestanten entscheidenden Frage der Rechtfertigung hielt auch Melanchthon keinen Kompromiss für möglich. Aber viele andere Fragen – Kirchengewänder, Bischöfe als Vorgesetzte, sogar die Priorität des Papstes – hielt er für nachrangig (Adiaphora) und riet zur Annahme um des Friedens willen. Diese Position wurde in weiten Teilen der protestantischen Theologie mit Empörung registriert, und es wurde gegen ihn ins Feld geführt, er verrate das Erbe Luthers. Ton und Denkweise der Kritik klingen sehr fundamentalistisch und im Stil der Zeit gehässig, ja menschenverachtend.

Diese Art der Auseinandersetzung ist nicht zeitgebunden. Die Gegenstände sind es. Es lässt sich noch heute fast jede politische Versammlung, jeder Parteitag oder jede Delegiertenzusammenkunft daraufhin besichtigen, inwiefern Grundsatztreue und pragmatische Lösungsversuche in Konflikt geraten. Dabei ist es prinzipiell unentscheidbar, was gerade Adiaphora sind oder nicht. Dies selbst ist abhängig vom Interesse, Machtkonstellationen und Voreinstellungen. Dass Melanchthon, der Mann der zweiten Reihe, jetzt, nach Luthers Tod 1546, in diesen Streit geriet und seine unbestrittene gelehrte Autorität zur Beschwichtigung des Konflikts nicht ausreichte, ist fast paradigmatisch. Es ist nicht immer analytisch entscheidbar, was wichtig oder unwichtig ist. In menschlichen Angelegenheiten ist dies immer auch das Ergebnis eines politischen Kampfes. In der Demokratie haben wir dafür Regeln entwickelt, die zumindest die persönliche Diffamierung reduzieren sollen. Melanchthon konnte damit noch nicht getröstet werden.

Vorläufiges Fazit

Es lohnt sich, Melanchthon zu lesen. Man kann dies aus verschiedener Perspektive tun. Der Genuss des Historikers an lebendiger Anschauung, der Geist des Theologen nach prinzipieller Auseinandersetzung oder auch das Interesse des Politikers an einem konfliktreichen politischen Leben können Motive sein. Wenn man hinter den Schleier zeitbedingter Äußerung schaut und die Strukturen versucht zu verstehen, ist Melanchthon nicht nur der Praeceptor Germaniae, sondern zugleich ein großer Anreger bis heute hin.

Was nützt die Erinnerung an den Tod?[1]

Es ist ein sonderbarer Titel, zu dem ich heute im Rahmen des Projektes „sospeso – abgebrochen" sprechen soll. Luigi Nono hat aus letzten Briefen, Abschiedsbriefen, von zum Tode Verurteilten einige Sätze vertont. Die Musik werden wir am 5. Februar hören und dazu musikalische Erläuterungen, zu denen ich gar nicht in der Lage wäre zu sprechen. Es sind Sätze aus abgebrochenem Leben, von 14-, 19-, 22-, 26-, 32-Jährigen – der Älteste ist 40 Jahre. Es sind also Sätze von meist jungen Leuten. Ist es eigentlich etwas Besonderes, wenn vom Tode junger Menschen die Rede ist?

Es ist immer das Gleiche: Großes Erschrecken, Fassungslosigkeit, ja Entsetzen. Ältere als die Toten wundern sich, dass auch mit Ihnen schon alles zu Ende hätte sein können, Gleichaltrige und Jüngere fangen manchmal erstmals an, darüber nachzudenken, dass ihr noch so unendlich langes Leben vielleicht kürzer sein könnte als bisher gefühlt.

Aber wir machen die Beobachtung, dass dieses lebhafte bedauernde Gefühl, ja Mitgefühl, nicht sehr lange andauert, außer bei Eltern, die ihre Kinder begraben mussten, oder Geschwister, die je nach Alter die unmittelbare Nähe des Todes als Verlust dauerhaft spüren. Bei den Straßenkreuzen, die den Tod junger Auto- und Motorradfahrer – meistens männlicher – anzeigen, prangen zunächst die Blumen, nach einigen Wochen nicht mehr so viel frische, nach einem Jahr beginnt das Holzkreuz zu verrotten, dann verschwindet es.

Auch wir selbst haben in den letzten vier Wochen mehrfach von abgebrochenem Leben gehört, und wir merken, wie die Erinnerung verblasst: Genau

---

[1] Vortrag im Rahmen des Projekts „Sospeso – abgebrochen" der Hochschule für Musik und Theater Hannover in Zusammenarbeit mit dem Sprengel Hannover der Evangelisch-Lutherischen Landeskirche Hannovers am 26. Januar 2004 in der Neustädter Hof- und Stadtkirche Hannover.

vor einem Monat, in der Nacht vom 26. auf den 27. Dezember 2003 starben auf einen Schlag mehr als 35.000 Menschen beim Erdbeben in der iranischen Stadt Bam und Umgebung, abrupt abgebrochenes Leben aller Generationen; vor drei Wochen stürzte ein Flugzeug mit 148 Menschen ins Rote Meer, jäh beendete Freudenzeit eines Urlaubs von meist jungen Familien und Verliebten; vor gut zwei Wochen verbrannten viele junge Menschen in einem Reisebus an der französischen Grenze, sie sahen die Lichter von Paris nicht mehr, auf die sie sich so freuten; vor einer Woche erfroren und ertranken zwanzig junge Matrosen in einem vor Norwegens Küste umgekippten Frachtschiff, sie hatten bestimmt noch viel vor.

Die nicht beantwortbare Frage nach dem Warum dieses frühen Todes hält die Angehörigen und Freunde noch einige Zeit gefangen. Öffentlich, und damit auch für uns, ist nur von Interesse, ob sich der Tod zu diesem Zeitpunkt und auf diese Weise hätte verhindern lassen.

Sie erinnern sich: Ob man mit Lehm nicht erdbebensicherer bauen könnte, ob die Flugzeuge sorgfältig genug gewartet würden, ob die Busfahrer übermüdet fahren müssten oder Ladungen unsachgemäß gelagert würden. Aber die abgebrochenen Leben beunruhigen nicht mehr, man hat ja auch genug zu tun. Wenn man solche Ereignisse mit Begriffen wie „Unglück" oder „Schicksalsschlag" bezeichnen kann, hat man die beunruhigende menschliche Dimension gleichsam gebändigt und abgeschoben. Vielleicht könnten wir es ohne diesen Mechanismus gar nicht aushalten und nicht weiterleben – wie es auch für Ärzte unmöglich ist, sich mit jedem Sterbenden so zu befassen, dass ihr eigenes Herz dabei zerbricht. Und wir haben uns alle mit den täglichen Nachrichten von Naturkatastrophen, Terror, Krieg, Unglücken und Morden eingerichtet zu leben.

Man darf die Trauer nicht übertreiben, selbst im privaten Bereich nicht. Ein Jahr lang sollte man früher nach dem Tode eines Ehepartners trauern, bevor man/frau eine neue Bindung einging. Ein bisschen rümpften selbst heute noch viele die Nase, als vor einigen Jahren Roman Herzog diese ungeschriebene Frist nicht einhielt.

Die Erinnerung an den Tod eines Nahestehenden (eigentlich eines, der einem nahe gestanden hat; wir haben kein passendes deutsches Wort dafür) nützt uns, weil wir unser eigenes Leben ja neu ordnen müssen nach einem solchen Tod, ohne ihn oder sie. Trauer ist der Zustand einer einmaligen und einzigartigen Verlusterfahrung.

Sie geschieht in Respekt vor den Toten, soll den Überlebenden aber helfen weiterzuleben. Dieses Nichtvergessen kann überlebensnotwendig sein, weil zur Identität eines jeden Menschen auch die konservierten mitmenschlichen Beziehungen und die gesammelten Erfahrungen mit Menschen gehören, die nicht mehr leben. Aber Erinnerung kann auch zukunftsunfähig machen und zerstörerisch sein, wenn sie nicht produktiv gewendet werden kann. Die Balance zwischen einer weit reichenden Erinnerung und dem tatkräftigen Gegenwartsbewusstsein muss sich jede/jeder Hinterbliebene selbst erarbeiten. Die Art der Trauer und ihre Aufhebung (im doppelsinnigen hegelschen Sinne) ins zukünftige Leben geben etwas frei vom Charakter eines Menschen. Manche sind damit überfordert und verbleiben im Rituellen (in der Klage, in der Kleidung, im Verhalten). Und angemessen über den Tod zu sprechen ist schwer. Die Kirchen haben darin Jahrhunderte lange Erfahrung.

Bei religiös gebundenen Menschen kommt der ins Transzendente gewandte Trost hinzu, ob es Wiederauferstehungsideen, Reinkarnationsvorstellungen oder himmlische Phantasien sind. Immer aber ist der Tod eines Anderen eine Rückfrage an uns selbst. Zugleich sagt aber die Trauer- und Todeskultur auch viel über den Zustand und das Selbstverständnis einer Gesellschaft als ganzer aus. Der Tod eines Menschen, den man kannte oder gar liebte, macht jedem klar, dass man nicht allein war und ist, weder die Toten noch die Trauernden.

Der so viel beschworene Individualismus wird beim Tod gleichsam dialektisch widerlegt, so lange es mindestens einen Menschen gibt, der trauert oder an einen denkt. Und die von manchen heute – und es werden immer mehr – fast trotzig gefällte Entscheidung, sich anonym beerdigen zu lassen, kann die Erinnerung bei denen, die ihn oder sie kannten, nicht verbieten. Die Dichterin Mascha Kaleko schrieb: „Bedenkt: den eigenen Tod, den stirbt man nur; doch mit dem Tod der andern muss man leben". Diese Überlegung macht

235

darauf aufmerksam, dass niemand über die Erinnerung an ihn oder sie oder über das Vergessen selbst verfügen kann, auch dann nicht, wenn er oder sie es gerne wollte. Im Übrigen ist die Geschichte und die Politik voll von Absichten, in der Regel das, was vor einem war, vergessen zu machen. Der Kampf um die Erinnerung hat dann selbst politische Qualität.

Der lange und sehr einfühlsam geschriebene Artikel im Dezemberheft 2003 der Zeitschrift GEO macht deutlich, auf wie verzweifelte Weise die von den Ablenkungen beeindruckbaren und irritierten Menschen der Gegenwart bei Tod und Trauer nach Individualität und Erinnerungsgeborgenheit suchen.[2] Anonyme Bestattungen sind rational nur nachvollziehbar, wenn jemand nicht möchte, dass das eigene Grab verwahrlost liegen bleibt.

Es gibt allerdings zwei Todeszusammenhänge, in denen der Aspekt der Trauer und ihre Bedeutung das Private, wovon bisher die Rede war, überschritten wird: Politisch und religiös oder rassisch motivierte Todesurteile und Krieg.

Luigi Nono hat in seiner Komposition „Il canto sospeso" Sätze aus einer Briefsammlung von letzten Briefen von Widerstandskämpfern als kompositorische Grundlage entnommen, die 1954 in Italien erschienen war und zu deren deutscher Fassung Thomas Mann 1955 ein längeres Vorwort geschrieben hat.[3] Keine und keiner der Betroffenen ist davon ausgegangen, dass ihr Tod sinnlos sein könnte. Es scheint sogar so, als ob sie aus der Betonung der Richtigkeit ihrer Einstellungen Kraft für ihren letzten Gang schöpften und sich mehr Gedanken über ihre Angehörigen machten als über sich selbst.

Der 26-jährige Anton Popov aus Bulgarien schreibt: „Ich sterbe für eine Welt, die mit so starkem Licht, solcher Schönheit strahlen wird, dass mein Opfer nichts ist ... Ich sterbe für die Gerechtigkeit, unsere Ideen werden siegen". „Ich sterbe für die Freiheit und das Vaterland" bekundet der 14-jährige griechische Junge Andreas Likourinos. An seinen Vater ist der Satz des 22-jährigen Konstantinos Sirbas gerichtet : „Dein Sohn geht. Er wird die Glocken der

---

[2] Hanne Tügel: „Abschied und Neubeginn. Trauer", in GEO, Dezember 2003, S. 175–204.
[3] „Letzte Briefe zum Tode Verurteilter aus dem europäischen Widerstand", hrsg. v. Piero Malvezzi), Zürich 1955 passim.

Freiheit nicht hören". Chaim, ein 14-jähriger Bauernjunge aus Polen, findet ein ergreifendes Bild: „Wenn der Himmel Papier und alle Meere der Welt Tinte wären, ich könnte euch mein Leid nicht beschreiben und all das, was ich rings um mich sehe. Ich sage allen Lebewohl und weine". Ljuba Schetzowa aus der Sowjetunion: „Leb wohl, Mutter, deine Tochter Ljubka geht fort in die feuchte Erde." Eusebio Giambone aus Italien, 40 Jahre alt, fragt: „Sind jene auch so ruhig, die uns verurteilt haben?" Und Elli Voigt aus Deutschland stellt fest: „Ich gehe im Glauben an ein besseres Leben für euch".

Es ist heute noch schwer, ohne innere Anteilnahme, ja Erschütterung, diese Briefe zu lesen. Diese Leben werden nicht abgebrochen, weil eine Naturkatastrophe oder eine technische Panne oder menschliches Versagen im Spiel ist. Dieser Tod wird in einem Verfahren für Menschen bestimmt und rituell vollzogen. Dieser Tod ist ganz und gar öffentlich und durchkomponiert. Und Menschen haben dafür die Verantwortung. Ein solcher Tod empört deswegen auch heute noch, auch wenn man kein Angehöriger ist, weil er Menschen betrifft, die politische Herrschaft bestritten und als Unrecht empfundene Gegenwart bekämpft haben. Jugendlicher Enthusiasmus tut ein Übriges.

Es mag ein übersteigertes Identifikationsbedürfnis sein, das die Betroffenen mit ihren Ideen auszeichnet, vielleicht ist es sogar ein Schutz gegen die Angst vor dem Tod. Aber die Ernsthaftigkeit und Endgültigkeit ist so unmittelbar spürbar, dass sich jede Relativierung verbietet. Wir sind heute, zwei Generationen später, wohl deswegen so berührt, weil wir die Motive der Getöteten noch genauso beurteilen und für berechtigt halten wie sie selbst und uns ihr Opfer gleichsam in die Pflicht nimmt. Auch dies ist allerdings doppelbödig: Wir finden es schrecklich, dass diese jungen Menschen einen vermeidbaren Tod sterben mussten, ihr Leben zerbrochen wurde, weil die Richter ihr Weiterleben politisch für gefährlich hielten. Und wir hegen den unerfüllbaren Wunsch, sie hätten weiterleben können. Gleichzeitig garantiert erst ihr Opfer ihr moralisches und politisches Weiterleben. Unsere heutige Parteinahme für sie ist eindeutig und eigentlich leicht. Die ferne Erinnerung an ihren Tod nützt uns bei der Suche nach Orientierung in der Gegenwart.

237

Diese Wochen, in denen wir zu Ehren und in Erinnerung an Luigi Nonos 80. Geburtstag dem „Abgebrochenen" in der Kunst und ihren Bedeutungen nachsinnen, enthalten auch das Datum des 27. Januar. An diesem Tag erreichten 1945 sowjetische Truppen das Konzentrationslager Auschwitz und befreiten die noch knapp 10.000 Gefangenen. Die anderen waren umgekommen oder befanden sich auf den Todesmärschen gen Westen. Was dort auch geschah, hat u. a. Bernhard Schlink in seinem viel gelesenen Buch „Der Vorleser" geschildert.

Die genaue Dimension des systematischen, d. h. in straffer Organisation geordneten industriellen Völkermords, hatten die Kampftruppen zuerst gar nicht begriffen. Heute braucht man nur den Namen zu nennen, und es stellen sich mannigfache Assoziationen ein. Auch diejenigen, die davon nichts mehr wissen wollen, wissen, dass es geschehen ist.

Bezogen auf die Fragestellung „Was nützt die Erinnerung an den Tod?" enthält das Geschehen, das mit Auschwitz benannt wird, noch eine neue Qualität. Denn die Briefe der zum Tode Verurteilten kann man noch verstehen, man kann mit Empörung, Wut, Trauer oder Ehrerbietung reagieren. Man kann sich als Mensch zum Schicksal eines anderen Menschen verhalten. Bei dem, was Auschwitz war und auch symbolisiert, geht das nicht mehr.

Die Monstrosität des Geschehens ist so ungeheuerlich, dass die individuellen psychologisch beschreibbaren Verarbeitungsmechanismen nicht helfen. Was soll man mit der Information von vier Millionen vergaster Menschen, davon allein in Auschwitz mehr als eine Million, innerlich anfangen? Was anderes als Grauen kann man empfinden angesichts des unendlichen Waldes von Schornsteinen im Barackenfeld von Birkenau? Vor den Gaskammern, heute noch so unaufgeräumt, wie sie die SS nach der Sprengung hinterlassen hat, können einem nur Bilder von apokalyptischen Ungeheuern in den Sinn kommen. Die Menschen, denen dort ihr Leben abgebrochen wurde – Menschen aller Altersgruppen – haben keine Briefe mehr geschrieben oder schreiben können. Sie wussten häufig nicht einmal, dass sie ihren letzten Gang gingen.

Auf dies Geschehen kann es nur noch politische und religiöse Antworten geben. Aber selbst die religiösen Fragen enden im Nichts. Die Juden diskutieren ernsthaft und strittig, ob denn Gott wohl in Auschwitz war. Und ob der gekreuzigte Christus, der nach dem christlichen Glauben alles Leid der Welt mit seinem Tod auf sich genommen hat, für Betroffene und Angehörige ein Trost sein kann, weiß ich nicht. Für mich ist das große Holzkreuz in Bergen-Belsen, das ehemalige polnische katholische Gefangene errichtet haben, eher das Symbol des Deus absconditus als des Christus Salvator.

Seit vier Tagen gibt es ein Bild, das es, sehr wörtlich verstanden, in sich hat. Am 23. August 1944 haben Fotografen der Royal Air Force gestochen scharfe Bilder des Lagerkomplexes Auschwitz-Birkenau geschossen. Da die Bilder von britischen Archiven frei gegeben worden sind, erschienen einige der Millionen Landschaftsbilder aus der Kriegszeit am 22. Januar in den Zeitungen. Das Auschwitz-Bild erschien in vielen überregionalen Zeitungen[4]. Was könnten Bauleute, Logistik-Experten, Organisationsfetischisten, Sicherheitsaugen, Landschaftsarchitekten oder Entsorgungsfachleute aus diesem Wunderwerk von Sekundärtugenden nicht alles herauslesen und studieren!

Mich interessiert auf diesem Bild nur der weiße Rauch, der aus einem hinter Bäumen liegenden Platz aufsteigt. Es ist der Rauch der in Gruben verbrennenden Leichen. Es sind gleichsam letzte Briefe, die keiner mehr lesen kann. Ich weiß nicht, was Martin Walser 1998 bei seiner Rede zur Verleihung des Friedenspreises des deutschen Buchhandels bewogen hat, von der „Moralkeule Auschwitz" zu reden und damit die Freiheit für sich zu fordern, vor so etwas in Ruhe gelassen zu werden.

So recht er hatte, moralisierende und ritualisierte Beschwörungen oder gar durchsichtige Instrumentalisierungen abzuwehren, so unrecht hatte er, die berechtigte Erinnerung und die daraus erwachsende Verantwortung für alle Generationen so lax zu übergehen, ja zu diskreditieren. Denn diese Erinnerung an den Tod kann uns auch in Zukunft mehr nützen, weil damit die Erinnerung an die Abgründigkeit menschlicher und politischer Möglichkeiten wach gehalten wird. Und dies ist eine höchst lebendige Forderung, die nicht privatisierbar ist.[5]

---

[4] Frankfurter Rundschau 22.1.2004.
[5] Heinz Brüggemann: „Martin Walsers ‚Geschichtsgefühl' – Konstruktion nationaler Homogenität und interkulturelle Feinderklärung", in S. Jäger/F. Januschek (Hgg.): „Gefühlte Geschichte und Kämpfe um Identität", Münster 2004.

Die Trauer um die Opfer politischer, rassischer, religiöser oder anders bestimmter Verfolgung ist unter ethischen Gesichtspunkten gesehen vergleichsweise einfach. Gute und Böse, Opfer und Täter, Aktion und Reaktion lassen sich eindeutig identifizieren und die politischen Schlüsse sind unproblematisch. Ob die Formen dieser Trauer immer angemessen und wirksam oder zeitabhängig und kulturabhängig sind, ist durchaus strittig. Noch schwieriger ist es zu beurteilen, ob sie die Menschen in ihrem Innern erreicht.

Diskussionen um das Holocaust-Gedenken (Museum, Gedenkstätten, Originalplätze oder neu errichtete Areale usw.), die Restaurierung von Originalschauplätzen, die Formulierung von Lehrplänen, die Reisen zu Stätten der Verfolgung, die Gestaltung von Gedenkfeiern usw. zeigen die ganze Bandbreite des Problems. Sie sind Bestandteil unserer öffentlichen Kultur und ändern sich jedes Jahr. Und das ist ein Gewinn.

Ein ganz alter Typus unter neuem Gewand und mit neuen Methoden ist durch den Terrorismus wieder wirksam geworden. In der Kombination mit religiöser Begründung und Märtyrertum überschreitet er die stillschweigende Voraussetzung zivilisatorischer Übereinkunft und stellt sogar die Frage von Krieg und Friede neu und beginnt, die Freiheit und Grenzenlosigkeit zu beschädigen.

Viel komplizierter liegt es bei den gefallenen Soldaten. Es ist bekannt, dass nach internationalem Recht und durch zwischenstaatliche Verträge abgesichert die Staaten sich darum bemühen, Gräber gefallener Soldaten aufzufinden, Gräber und Grabanlagen zu pflegen, Tote zu identifizieren, Angehörige zu benachrichtigen, Nachlässe zu bergen und die Toten nach Möglichkeit auf Sammelfriedhöfen zusammenzubetten. Diese Gräber stehen unter dem „Schutz fortdauernden Ruherechts", wie es amtlich heißt. Diese Bestimmungen sind Bestandteil der Genfer Konvention. Hier geschieht das genaue Gegenteil von anonymer Beerdigung.

Das beantwortet auch die so oft gestellte Frage nach dem Sinn dieser ewigen Gräber, wo doch private Gräber schon nach 25 oder 30 Jahren aufgelassen werden. Der tiefere Sinn liegt natürlich darin, dass Soldaten nicht nur einen privaten, sondern durch die Verpflichtung zum Kriegsdienst einen öffentlichen

Tod gestorben sind, und das in der Regel unter Bedingungen, die einem als Privatmann nicht widerfahren.

Deutsche und westalliierte Soldaten hatten eine nicht rostende Erkennungsmarke um den Hals, wodurch es in der überwiegenden Mehrzahl auch einzeln aufgefundener Überreste möglich war und ist, eine Identifizierung vorzunehmen. Sowjetische Soldaten hatten ein Glasfläschchen mit einem die Namen und Daten verzeichnenden Papierstreifen. Es ist klar, dass unter Berücksichtigung der Kriegs- und Verwitterungsbedingungen die Identifizierung viel schwieriger oder gar unmöglich ist.

Im Westen sind die Arbeiten fast abgeschlossen, auch für die Soldatengräber des Ersten Weltkrieges. Im Osten haben sich erst nach der Öffnung der Grenzen 1990 und dem Abschluss bilateraler Verträge Arbeitsmöglichkeiten ergeben. Von den gut drei Millionen gefallener deutscher Soldaten sind etwa 800.000 identifiziert und in Sammelgräbern bestattet. Ihre Namen werden im Kloster Sologubowka bei Sankt Petersburg verzeichnet. Helferinnen und Helfer des Volksbundes Deutsche Kriegsgräberfürsorge und der russischen Partnerorganisationen, darunter viele Jugendliche, arbeiten gemeinsam an deutschen und russischen Gräbern.

Für unsere Fragestellung scheint mir folgender Aspekt wichtig: Deutsche Soldaten waren als Angehörige einer Angriffsarmee Täter und als Gefallene zugleich Opfer. Das ist unabhängig vom subjektiven Empfinden richtig. Und unabhängig davon, ob sie sich im soldatischen Sinne „anständig" verhalten haben oder gar in Mordaktivitäten verwickelt waren, waren sie als möglicherweise „tapfere" Soldaten daran beteiligt, einen Krieg zu verlängern, der gleichzeitig die Mordmaschinen wie Auschwitz weiter am Leben erhielt. Mein Vater ist am 5. August 1944 im Grenzgebiet Polen/Ostpreußen gefallen, keine 500 km Luftlinie entfernt von Auschwitz, wo 18 Tage später das oben erwähnte Bild entstand. Er hat wahrscheinlich davon nichts gewusst, und dafür ist er gewiss nicht im Krieg gewesen. Ist es heute noch sinnvoll, die Soldaten nach Möglichkeit auf Sammelfriedhöfen beizusetzen? Man darf es nicht als prinzipielle Frage diskutieren, zumal aus finanziellen und logistischen Gründen dem Grenzen gesetzt sind.

Es ist eigenartig: Wir sind in unserer christlich geprägten Kultur gewohnt, unsere Toten oder Verbrennungsreste an einem bestimmten Ort zu begraben, der auch Ort unseres Gedenkens oder der Ablage von Blumen oder anderer Gedenksymbole ist. Bei den Juden sind es Steine. Und es ist für viele ein Zeichen inneren Seelenfriedens, einen solchen Ort zu wissen. Wer die Angehörigen erlebt, denen auch nach Jahrzehnten das Grab eines Angehörigen gezeigt wurde, ist überrascht von der tiefen Dankbarkeit. Ich habe lebhaft vor Augen, wie vor einigen Jahren ein Bus von ukrainischen Frauen nach Oerbke kam, um dem Platz nahe zu sein, wo ihre Väter, Großväter oder andre Verwandte in Massengräbern begraben liegen. Sie waren alle an Hunger und Krankheit im Winter 1941/1942 in Gefangenschaft dort verreckt. Es ist fast so, als ob sich jetzt erst der Lebenskreis der eigenen Familie wieder ordnet.

Wer diese Grabanlagen mit den riesigen Zahlen abgebrochener junger Lebensläufe quer durch Europa sieht – in der Regel ja 18- bis 35-Jährige –, weiß, wie viel sinnloses Blut vergossen worden ist. Auch dann, wenn manche glaubten, eine gerechte Sache zu vertreten, sind sie missbraucht und betrogen worden.

In welch existentielle verzweifelte Situation kämpfende Soldaten verwickelt sind und wie sie sich verändern, hat in einem Selbsterfahrungsbericht der Gefreite Willy Peter Reese, der vom Abitur weg in den Krieg zog, niedergelegt, der im letzten Jahr veröffentlicht wurde. Reese, der im Frühjahr 1944 gefallen war, schrieb Sätze von seltener innerer Eindringlichkeit und Drastik: „Ich verkaufte mein Menschentum und Gott für ein Stück Brot" oder „Die Gastfreundschaft war groß. Wir waren ihrer nur nicht wert" oder „die Erlebnisse machten mich mir selber seltsam fremd" sind Zusammenfassungen von unmittelbaren Erlebnissen, die er schildert. So etwas findet man in gängigen Erinnerungen eher selten.[6]

Wenn man sich einlässt auf das Grauen realer Kampfsituationen und verzweifelter Überlebensreaktionen, erahnt man die mannigfache Ausweglosigkeit dieser ganz und gar unheldischen Helden. Ähnliches kennen wir aus

---

[6] Willy Peter Reese: „Die Unmenschlichkeit des Krieges, Russland 1941–1944", München 2003.

dem Vietnamkrieg der USA. Die Namen der Opfer mochte die Regierung nicht öffentlich präsentieren. Eine private Organisation hat das eindrucksvolle Vietnam-Memorial in Washington verantwortet, wo die Angehörigen an der Stelle der Namen ihre Blume niederlegen. Deswegen ist die Erinnerung auch an die Kriegstoten nützlich für alle nachwachsenden Generationen. Das Mitleid mit den Opfern der Bomben und Flüchtlingstrecks, die Ungeheuerlichkeit der Torpedierung von Flüchtlingsschiffen und die Inanspruchnahme von Leben für kriegerische Aktionen sind ein solches Erinnerungsgut, auf dem unser 60-jähriger Friede beruht. In diesem Sinne den Tod zu enttabuisieren ist eine Erinnerungsarbeit für die Zukunft, damit wir uns bewusst bleiben, wie wertvoll das Leben ist.

Es wäre denkbar gewesen, auch über andere Aspekte zu sprechen und nachzudenken, die mit Tod und Erinnerung zusammenhängen, z. B. über Sterbehilfe, über die Menschenplastinate des Herrn von Hagens und ihre kulturhistorische und Menschenwürde-Dimension[7], über Hospize, über die Verklärung von Toten angesichts tatsächlicher oder nicht erfüllter Arbeit, wie bei dem Komponisten Rudi Stephan, über die psychischen Folgen für die einzelnen und die Gesellschaft, wenn man erst im hohen Erwachsenenalters erstmals einen Toten sieht, über moderne Medizin usw. Es hätte den zeitlichen Rahmen gesprengt, aber daran weiterzudenken ist ja niemand gehindert.

---

[7] „Dr. Tod – Die horrenden Geschäfte des Leichen-Schaustellers Gunther von Hagens", Titel-Geschichte des SPIEGEL Nr. 4/ 2004.

Zum Problem der Ökumene und des Primats des Papstes bei Leibniz[1]

Es gibt nicht viele Menschen, derer man am 288. Todestag gedenkt oder gedenken wird. Bei Leibniz tun wir es. Nicht die Allerweltsfloskel, dass man die Erinnerung an einen Toten nie vergessen werde (die endet meist beim Tode derer, die das sagen), sondern die bis heute von Leibniz ausgehende geistige Faszination führt uns zusammen.

Niemand weiß besser als die Mitglieder der Leibnizgesellschaft und vor allem die Mitarbeiterinnen und Mitarbeiter des Leibnizarchivs, dass noch nicht alle gedanklichen Schätze des Philosophen, Mathematikers, Historikers, Theologen, Statistikers, Politik-Interessierten, Sozialphilosophen, Zeitgenossen, Mediziners usw. Leibniz geborgen sind.

Erst am Ende aller Editionstätigkeit wird eine neue Gesamtschau möglich sein, die ihn vielleicht als ganzes geistiges Universum in den Blick nehmen kann, wenn das überhaupt möglich ist.

Ich komme gerade von der Synode der EKD in Magdeburg, auf der natürlich, wie immer auf Synoden, auch die Ökumene eine Rolle gespielt hat. Diese Debatten wurden noch vor einigen Jahren intensiver geführt, als die Diskussionen um die „Gemeinsame Erklärung zur Rechtfertigungslehre" geführt wurden. Aber in Grußworten, Redebeiträgen und in Publikationen ist die Ökumene immer präsent. Es ist deswegen wohl angebracht, auch heute daran zu erinnern, dass Leibniz sich dieser Frage sein ganzes Leben hindurch gewidmet hat, mit nie versiegender Energie, mit immer neuen Kompromissversuchen. Sein phi-

---

[1] Ansprache zum 288. Todestag von Gottfried Wilhelm Leibniz aus Anlass der Kranzniederlegung an seinem Grab in der Neustädter Hof- und Stadtkirche am 12. November 2004 in Hannover.

losophischer Grundgedanke, dass man in aller Unterschiedenheit immer die Einheit sehen müsse und die Vielgestaltigkeit gerade Ausdruck einer Einheit sei, spielte in der Beurteilung der Kirchenspaltung eine Rolle. Das Ende des Dreißigjährigen Krieges war noch nicht lange vorbei, und es gab noch genug Überlebende dieses langen europäischen Desasters. Am Ende stand schließlich ein politischer und konfessioneller Status quo. Aber die Spaltung der Kirche und die Möglichkeit ihrer Überwindung – die Reunion – wurde weiter leidenschaftlich diskutiert.

Der Loccumer Abt Molanus und der andere große Akteur auf der kirchenpolitischen Bühne, der kaiserliche Beauftragte Spinola, standen in engem Brief- und persönlichem Kontakt mit Leibniz.

An dem Verhältnis zu dem französischen Geistlichen Bossuet lässt sich besonders deutlich die Grenze des Leibnizschen Anliegens aufzeigen. Von Bossuet kann man lernen, dass aus seiner Sicht protestantische, also auch lutherische Existenz, die Leibniz für sich immer hat gelten lassen, letztlich doch nicht selbständiger und gleichberechtigter Teil der Kirche ist, sondern als Abweichung von der einzig richtigen, der katholischen verstanden wird.

Leibniz hat unter dieser unbeugsamen Zurückweisung gelitten, wenngleich er immer wieder neue Vermittlungsversuche eingeleitet und sein Leben lang das Interesse daran nicht verloren hat.

Die kirchenpolitische Formel von Leibnizens grundsätzlicher Auffassung über das Verhältnis von Verschiedenheit und Einheit ist erst in den letzten Jahrzehnten gefunden worden. Es ist die Formel von der „Einheit in versöhnter Verschiedenheit". Sie ermöglicht eine Vielzahl von ökumenischen Aktivitäten, ohne die Einheitsfrage grundsätzlich klären zu können oder zu wollen.

Auch der aktuelle Prozess der Verständnisses und der Rezeption der „Gemeinsamen Erklärung zur Rechtfertigungslehre" aus dem Jahre 1999 spiegelt dieselben ungelösten Probleme wie damals wider. Leibniz hielt den Unterschied des Verständnisses, das die katholische Kirche und Luther von der Rechtfertigung nur aus Gnade hatten, nicht für substantiell. Auch Molanus hatte das so gesehen. Die damals hoch angesehene theologische Fakultät der Universität Helmstedt war da schon etwas vorsichtiger und distanzierter.

Heute ist die Rechtfertigungslehre das Scheidewasser protestantischen und katholischen Glaubens. Und ein bisschen etwas von der Ernüchterung, die Leibniz gespürt haben mag, kann man auch heute, fünf Jahre nach der „Gemeinsamen Erklärung", wieder finden, wenn man die Argumentationen der deutschen evangelischen Theologen und der Glaubenskongregation liest.

Es waren zwei Fragen, die damals, an der Wende vom 17. zum 18. Jahrhundert, im Vordergrund der Religionsgespräche standen: Die Transsubstantiationslehre, die kein Lutheraner akzeptieren kann, und die Frage nach dem Primat des Papsttums.

An diese letzte Frage zu erinnern ist vielleicht nicht ohne aktuelle Pikanterie, da der gegenwärtige Bischof der Evangelisch-Lutherischen Landeskirche in Bayern, Johannes Friedrich, vor einem Jahr richtig Schwierigkeiten hatte, in den Rat der EKD gewählt zu werden, weil er in einem Zeitungsinterview gesagt hatte, unter bestimmten Bedingungen könne er sich durchaus vorstellen, dass Protestanten den Primat des Papstes anerkennen könnten.

Leibniz konnte sich das durchaus vorstellen. Denn er hat seinerzeit an Formulierungen gearbeitet, die noch erhalten sind, damals aber keine Wirkung entfalten konnten. Gerda Utermöhlen hat darüber 1995 ausführlich berichtet (Gerda Utermöhlen : „Die irenische Politik der Welfenhöfe und Leibniz' Schlichtungsversuch der Kontroverse um den päpstlichen Primat", in „Religion und Religiosität im Zeitalter des Barock" Teil 1, Wiesbaden 1995, S. 191–200).

Die Helmstedter Theologen hatten den Primat des Papstes nur ordinis absque jurisdictione anerkannt, d.h. iure humano, nicht iure divino. Dies war nach Lage der Dinge und des Selbstverständnisses der katholischen Kirche damals wie heute für die Katholiken nicht annehmbar.

Da verfiel Leibniz auf eine Idee, die auch heute noch sonderbar anmutet. Er schrieb:" weil Gott ein Gott der Ordnung und ein Directorium in der Kirche nötig [sei]....so wäre dem römischen Stuhl nicht nur primatus ordinis et dignitatis, sondern auch Directorii potestas als necessaria zuzustehen" (a.a.O., S. 196).

Dies Directorium könne man dem römischen Stuhl zugestehen, weil es sich in der konkreten Gestalt aus menschlichen Ursachen (wir würden heute sagen, aus der Geschichte) so ergeben habe, aber prinzipiell notwendig sei, also gleichsam göttlich unausweichlich sei. Es war also eine menschliche und göttliche Interpretation zugleich.

Leibniz hat in einem umfangreichen Schreiben an den Wolfenbütteler Herzog Anton Ulrich eine Erläuterung beigegeben, dass es sich bei seinem Vorschlag keineswegs um die Anerkennung eines ius divinum des päpstlichen Stuhls handle, sondern nur um die Anerkennung der Ordnung als Gottes Ordnung.

Es war letztlich auch egal. Denn genau diesen Anspruch des Papstes, in der direkten Folge des Petrus zu stehen, der von Christus selbst eingesetzt worden war, und damit von göttlicher Einsetzung her zu existieren, kann der Katholizismus gar nicht aufgeben. So ist es bis heute geblieben.

Es ist also heute genauso spannend wie damals, über die Bedingungen der Einheit und Trennung der christlichen Kirchen nachzudenken. Es spricht für Leibniz, dass er an Problemen herumgedacht hat, die nicht ephemerer Natur waren und sind, so dass es auch heute noch Freude macht, ihnen nachzugehen.

Der Wunsch von Leibniz, wie so vieler politischer Berater auch heute noch, unmittelbar in ein wichtiges politisches Geschehen einzugreifen, hat sich in dieser Frage nicht erfüllt. Die Aufgabe war so wohl auch nicht lösbar.

Vielleicht war er aber auch dazu zu naiv und geistig zu unabhängig, als dass er sich ernsthaft ganz in die Politik begeben mochte, in der das Primitive und Hochartifizielle, das Nachvollziehbare und Irrationale so nah beieinander liegen.

Sine ira et studio
Oder: Wie viel Leidenschaft verträgt die Politik?[1]

Die Aufstellung des traditionellen kirchlichen *Lasterkatalogs* aus dem 6. Jahrhundert – also noch vor der Entstehung des Islam und 1000 Jahre vor der Kirchenspaltung – muss man wahrscheinlich in den allgemeinen antiken philosophischen und religiösen Zusammenhang stellen.

Dass der Zorn neben solchen eindeutig negativ konnotierten Begriffen und Todsünden wie Neid, Habsucht, Unkeuschheit, Unmäßigkeit, Trägheit, Stolz und Überdruss aufgeführt wird, überrascht ein wenig. Denn „gerechter Zorn" wird im allgemeinen Werteempfinden kaum in Bausch und Bogen verdammt. Und der „Zorn Gottes" mag theologisch ein heißes Pflaster sein, nur negativ ist er jedenfalls ausschließlich für den, den er trifft. Und wer wollte im Ernst Gott todsündiges Verhalten unterstellen?

Wenn man unter *Todsünde* nicht eine *einmalige*, also im Beichtzusammenhang eine vergebbare Einzeltat, sondern eine ständige, nachhaltige, konstitutive Grundhaltung, gleichsam eine feste Eigenschaft und einen sich immer wieder zeigenden und sichtbaren Charakter verstehen will, scheint der Zorn (griechisch Menis, Thymos, Orge und lateinisch Ira) im Lasterkatalog nicht ganz richtig platziert. Und wenn ich als Politiker, oder besser, von der Politik her, darüber nachdenke, wird der Zorn als Todsünde gar nicht recht verständlich.

Peter Sloterdijk, der Karlsruher Philosoph mit einer eigenen Fernsehsendung, hat im letzten Jahr ein Buch herausgebracht, das sich dem Zorn widmet. Es heißt, etwas weit hergeholt und an Heideggers „Sein und Zeit" erinnernd, aber dennoch treffend „Zorn und Zeit".

---

[1] Vortrag vor der Katholischen Erwachsenenbildung in der Diözese Hildesheim (KEB) und der Thomas-Morus-Gesellschaft in Hannover am 13. Juni 2007.

Sloterdijk versucht darin, die Wirksamkeit des Zorns an historischen und aktuellen Beispielen zu umschreiben und aufzuzeigen. Es ist kein historisches, auch kein systematisches Buch, aber für unseren Zusammenhang höchst aufschlussreich. Sloterdijk beginnt mit der Beobachtung, dass die europäische (schriftlich überlieferte) Geschichte mit dem Zorn beginnt.

Die Ilias des Homer beginnt mit dem Zorn: „Den Zorn besinge, Göttin, des Peleiden Achilles" (Ilias I.1). Aus dem Zorn des Achill, dem man seine Geliebte, die Sklavin Briseis, geraubt hat, wird die zehnjährige Dauer der Belagerung Trojas abgeleitet. Der individuelle Zorn eines Kriegers wird mythologisch für den Krieg und seinen Verlauf ursächlich herangezogen. Von negativer Bewertung dieses Zorns keine Spur.

Einige Jahrhunderte später versucht Aristoteles, den Zorn begrifflich – und unter heutigen Differenzierungen würden wir sagen psychologisch – einzugrenzen und zu beschreiben. Nach seiner Einschätzung ist es unerlässlich, dass in kriegerischen Auseinandersetzungen die Soldaten auch von einem gewissen Zorn erfüllt sein müssen, um tapfer zu kämpfen. Für Feldherren allerdings gelte dies nicht. Diese einfache Unterscheidung ist höchst bedeutsam auch für die Beurteilung politischer Prozesse. Denn auch die Antike brauchte selbstverständlich genau wie jede heutige Herrschaft für ihren Bestand und ihre Form eine Legitimation. Dazu brauchte auch sie die emotionale, ja leidenschaftliche Zustimmung ihrer Bewohner.

In den griechischen Stadtstaaten hat dazu die Volksrede, die ja nicht nur in den Demokratien zu finden war, ausgeklügelte Verfahren entwickelt. Die gesamte antike Rhetorik bis über Cicero und Quintilian hinaus ist erfüllt von dem Bestreben, mit raffinierten sprachlichen (d. h. verbalen und syntaktischen) Mitteln (also mit Absicht und kühlen Verstandes) emotionale und aus den Gefühlen kommende Zustimmung zu erlangen. Gute Redner haben insofern immer – bis heute hin – auf die Mobilisierung von Leidenschaften gesetzt. Und eine dieser Leidenschaften ist der Zorn, sei es auf erlittenes Unrecht in der inneren Politik, sei es bei äußeren Angriffen.

Zorn meint noch heute nach der allgemein anerkannte Definition, die auch schon auf Aristoteles zurückgeht, *„das Streben nach Vergeltung einer Krän-*

kung", wobei die Kränkung als individuell erfahren, aber im sozialen Kontext stehend und damit für andere nachvollziehbar verstanden wird.

In der griechischen Überlieferung ist die Auseinandersetzung um den Zorn eingebettet in einen allgemeinen Affektdiskurs. Der Zorn ist eine Gemütsregung, deren äußere Zeichen Verzerrung des Gesichts, Rot-Anlaufen des Gesichts, Unstetigkeit, Gebrüll etc. sind. Die Hauptströmung des griechischen Denkens steht dabei *mehr auf Mäßigung* als auf Unterdrückung des Zorns.

Das änderte sich mit der Stoa. Deren Hauptvertreter, Seneca, 4 v. Chr. – 65 n. Chr., hat dies wohl am Eindringlichsten in seinem Essay „De ira" getan. Die moderat positive Beurteilung des Zorns durch die peripatetische (also aristotelische) Schule erhält hier eine radikale Absage. Jede Form von Zorn sei abzulehnen, denn der Mensch sei zu gegenseitiger Hilfe geschaffen, der Zorn aber zu reiner Vernichtung. *Homo in adiutorium mutuum genitus est, ira in exitium. Hic congregari vult, illa discedere; hic prodesse, illa nocere* (de ira I,V,2).

Auch die Beobachtung, dass gemäßigter Zorn nützlich sein könne – wie in Kriegen –, lässt Seneca nicht gelten. Denn der Beginn einer Billigung sei der Anfang vom Ende: „Mancher Dinge Anfang liegt in unserer Macht. Wenn sie fortgeschritten sind, reißen sie uns hinweg und gestatten keine Rückkehr (I,VIII,4). Es komme überhaupt darauf an, die Vernunft zu stärken, denn die Vernunft sei Wandlung der Seele zum Besseren, die Leidenschaft zum Schlechteren: *affectus et ratio in melius peiusque mutatio animi est* (I,VIII,3).

An diese Tradition knüpft das Christentum an. Jesus erscheint im Neuen Testament als Gegenbild zu jeglicher unkontrollierter Haltung. Mit Ausnahme der Vertreibung der Händler aus dem Tempel erscheint er als duldsam, tolerant, hilfsbereit, folgerichtig, gottergeben. Alle Eigenschaften eines guten Menschen sind in ihm vereint, und so nimmt es auch nicht wunder, dass Jesus in dieser Perspektive als Vorbild schlechthin für Friedfertigkeit gilt. Die christliche motivierte begriffliche Kanonisierung der sieben Todsünden in der Spätantike und dem beginnenden Mittelalter zählt auf einen individuellen Verhaltenscodex. Er ist gleichsam der negative Wertekatalog, das Gegenteil von dem, was Jesus Christus vorgelebt hat, das Schreckliche, dem abschreckende Wirkung zugetraut wurde.

Zur Bändigung der Politik hat er aber nach meinen Beobachtungen zu keiner Zeit der Geschichte beigetragen.

Insofern ist Sloterdijks Versuch, dem Zorn in der Geschichte noch einmal etwas intensiver nachzuspüren, hochinteressant. Er verwendet den erweiterten Begriff des Thymos, der semantisch jede Leidenschaft umfasst, die Einzelpersonen, Gruppen, Völker, Staaten, Klassen erfassen können. Diese etwas unscharfe Verwendung des Begriffs macht es ihm möglich, sehr unterschiedliche Phänomene unterzubringen: aufgestachelte Völkermassen genauso wie individuelle Rächer z. B. in Alexander Dumas' berühmten Buch „Der Graf von Monte Christo".

Das, was Sloterdijk nach meiner Beobachtung zweifellos richtig sieht, ist die durch und durch von Leidenschaft erfüllte Struktur gesellschaftlichen und politischen Lebens. Ob sie jeweils die einer rächenden Aktion einnimmt, ist dabei gleichgültig.

Die Geschichte der Neuzeit ist in der Tat eine des Zorns. Die Unabhängigkeit der USA, die Französische Revolution, deren Gewalt sich zunächst aus dem Zorn über die Schamlosigkeit der herrschenden Schichten Frankreichs speiste, die Befreiungsbewegungen des 19. Jahrhunderts, die Erhebungen, die Russische Revolution, der Faschismus und Nationalsozialismus, die Befreiungsbewegungen der ehemaligen Kolonien, der Zusammenbruch des Kommunismus, der 11. September 2001 lassen sich zweifellos auch als große Zornesausbrüche interpretieren. Natürlich sind damit die Unterschiede und sonstigen Unvergleichbarkeiten der Ursachen, Verläufe und Folgen nicht erfasst. Wenn man sich die Akteure großer historischer Ereignisse und ihre sozialen und geistigen Resonanzdimensionen anschaut, kommt man auf ganz erstaunliche Perspektiven:

1.

Privilegien und Vorrechte bestimmter Personen und der sie unterstützenden Schichten werden offenbar nur so lange geduldet, wie sie eine ausreichende Legitimation besitzen. Wird diese brüchig, gibt es Versuche, die Privilegien abzuschaffen oder angeblich bessere Zustände wieder herzustellen. Religiöse Überzeugungen haben in Europa bis zur Französischen Revolution dabei immer eine Rolle gespielt. Die Leidenschaft für gerechtere Verhältnisse bricht sich Bahn (Reformation, Bauernkriege, Unabhängigkeitserklärung der USA, Savonarola, Befreiungskriege gegen Napoleon). Diese Geschichten zeugen von *studium et ira* und ihrer gegenseitigen Verschlingung.

2.

Nationale Überzeugungen können Formen leidenschaftlicher Begeisterung, Identifikation und – in Gestalt des Chauvinismus – von Verachtung anderen gegenüber annehmen. Eifer und Begeisterung für sich selbst stehen unmittelbar neben Verachtung und Verachtungswillen (Nationalbewegungen des 19. u. 20. Jahrhunderts; Erster Weltkrieg).

3.

Soziale Unterdrückung kann zu enger Solidarisierung mit persönlicher und leidenschaftlicher Bindung an die „gerechte Sache" führen. Gepaart mit nationaler Erhebung wie in Vietnam oder Kuba ist sie unschlagbar. Persönliche Elends- und Leidenserfahrungen haben in der europäischen Geschichte nicht notwendigerweise zu kollektiven Zornausbrüchen geführt. Religiöse Überzeugungen, die an der Sündhaftigkeit der Menschen anknüpfen und die tatsächlichen Verhältnisse als gottgegeben und damit unveränderlich sanktionierten, haben möglichen Protest privatisiert. Übrig bleibt der Einzelzorn und die Ergebung in ein Schicksal. Individualisierter Protest kann leicht kriminalisiert oder pathologisch werden (der Besuch des russischen Präsidenten Putin bei Alexander Solschenizyn erinnert an die alte sowjetische Praxis). Der Zorn des Menschen ist damit ohne begründete Unterlage. Das wird erst anders, als sich im Gefolge säkularisierter Vorstellungen von allgemeinen Menschenrechten eine kollektive und damit politisierbare Ausdrucksform des Protests eröffnete. Die Geburtsstunde der *modernen Sozialbewegungen* ist die der geistigen Projizierung des Gleichheitsanspruchs auf *alle* Menschen, nicht nur auf Privilegierte und Begüterte oder Männer usw. Das Defizit an Gleichheitsrealisierung, die ja auch die politischen Rechte beinhalten, bildet die Schubkraft für demokratische Forderungen und Prozesse. Die *Leidenschaft* des Protests, die *Begeisterung* für freiere Zustände und *der Zorn* auf diejenigen, die das real oder eingebildet verhindern, bilden das emotionale Unterfutter für erfolgreiche Prozesse.

4.

Allerdings kann die emotionale Auflading auch durch geschlossene Weltbilder / Ideologien und Konstruktionen geschehen. Das Überlegenheitsgefühl der europäischen sog. Kulturvölker gegenüber den Völkern Afrikas, Lateinamerikas und Asiens ist eine solche Konstruktion, die im Laufe der Entkolonialisierung den offenbar gerechten Zorn dieser Völker hervorgerufen hat. Ob die Art der Missionierung der südamerikanischen Völker vom 15. bis 19. Jahrhundert viel besser zu bewerten ist, wage ich zu bezweifeln. Der Rassismus ist eine ideologische Konstruktion, die den christlichen und aufgeklärten Positionen Europas eigentlich diametral entgegensteht. Er hat in sozial unsicheren Zeiten als Begründung und Berechtigung zu fürchterlichsten und Exzessen und exterminatorischen Aktionen (= Völkermord) geführt. Der Nationalsozialismus ist eine einzige orgiastische Veranstaltung von emotionalisierter Überheblichkeit und Dummheit, die allerdings auch klügste Köpfe nicht durchschaut haben. Wie sollte sich der einfache Grenadier der Göttinger Ziethenkaserne besser verhalten, als er die Russen 1941 als „Scheißvolk" bezeichnete, wenn der nationalsozialistische Rektor der ehrwürdigen Göttinger Georgia Augusta im Grunde dasselbe dachte?

Die politische Instrumentalisierung von ungeklärten oder schwierigen realen Zuständen durch ideologische Überlegenheitskonstruktionen und Rachegedanken (gegen die Juden, gegen Versailles) ist eine Begleiterin der Moderne. Sie hat Massen ergriffen, wenn auch nicht alle.

Das gleiche gilt für die sozialistischen und kommunistischen Revolutionen. Unter dem Stau ungelöster sozialer agrarpolitischer Fragen und der Last des Krieges brach das russische Zarenreich zusammen. Die geschichtsphilosophisch untermauerte und durch eine Kaderpolitik instrumentalisierte

Elendslage des russischen Volkes bildete den Resonanzboden für das größte Sozialexperiment der Weltgeschichte, das erst in den Jahren 1989ff. zusammengebrochen ist. Es war den Kommunisten aller sogenannten Sozialistischer Staaten später nicht mehr gelungen, leidenschaftlichen Änderungswillen oder gar nennenswerten Elan zu mobilisieren. Der revolutionäre Zorn hatte sich bald in erstarrte Maidemonstrationen und Militärvorzeigeveranstaltungen gewandelt. An Nordkorea ist das gut noch heute zu beobachten. Der Volkszorn äußerte sich 1989 auf den Montagsdemos in der DDR und in anderen Massenveranstaltungen ganz Mittel- und Osteuropas.

Eine andere für uns heute fern liegende „Zornveranstaltung" waren die Kreuzzüge, die auch heute noch in den arabischen Ländern herhalten müssen für die abstrusesten Vorurteile gegen den Westen. Schulbücher in arabischen Ländern tun noch so, als ob die Kreuzzüge die unmittelbaren Vorläufer der Gründung des Staates Israel sind. Aber die Kreuzzüge basierten auf ungelösten sozialen Problemen deklassierter oder von sozialem Abstieg bedrohter europäischer Adeliger und wurden nach der Eroberung Jerusalems und dem Verlust Kleinasiens als byzantinisches Kernland mit religiösem Eifer und Furor betrieben. Bernhard von Clairvaux' Rede zu Weihnachten 1146 in Vezelay ist eine einzige Aufstachelung zu Mord und Vergeltung. Hier waren studium und ira gleichermaßen am Werk.

Man kann durch die ganze Weltgeschichte gehen und ähnlich argumentieren. Alfred Heuß hat in seiner berühmten Römischen Geschichte nachgewiesen, dass die Expansion Roms und die Etablierung des Imperium Romanum Jahrhunderte lang auf der Überzeugung beruhte, man verteidige sich nur. Nachlesen kann man das bei Livius in den nachempfundenen Reden römischer Feldherren und Senatoren.

Vergil hat dies in seinen berühmten Versen in der Äneis (Äneis VI, 851ff.) so formuliert:

Tu regere imperio populos, Romane, memento,
hae tibi erunt artes, pacisque imponere morem,
parcere subiectis et debellare superbos.

Die Römer kannten kein Unrechtbewusstsein, wie es heute die christlich entflammten Amerikaner auch nicht haben.

5.

Aber quer zu all den archaischen und modernen ideologischen emotionalisierbaren Zuständen stehen seit den Tagen der Aufklärung die Allgemeinen Menschenrechte. Sie entfalten eine ungeheure Sprengkraft gegen jede Art von Unterdrückung und Ungerechtigkeit, wobei man dabei immer neue Tatbestände findet (Emanzipation der Frau, Bildungsungerechtigkeiten, Wahlrecht etc.). In ihrem Namen sind auch schreckliche Dinge begründet worden (im Staats-Sozialismus). Verweigerung von Chancengleichheit gilt bis heute hin als großes Defizit.

Die auch für heutige politische Strukturen und Entscheidungsfindungen wichtigste Frage ist, wie man Überzeugungen, die sich emotionalisieren lassen, institutionell so einfangen kann, dass man sie konstruktiv und friedlich wenden kann. In der Geschichte der modernen Demokratie kann man einige Beispiele dafür finden.

Die Leidenschaft für die Erringung der Freiheit und der Zorn oder Hass gegen die, die sie verweigern, haben im 19. Jahrhundert in verschiedenen Ländern zur Etablierung von *Parteien* geführt, in denen Leidenschaft und Zorn ihren Ausdruck finden konnten und suchten. In ihnen – Sloterdijk nennt sie etwas eigenwillig „Sammelstellen des Zorns" – finden Interessen ihre Plattform, ihre Akteure und ihre Kanalisierung. Im weiteren Verlauf der Interessendefinition wird ihre Austragung zwischen den Parteien nicht in Massendemonstrationen gesucht, die bürgerkriegsähnlich gegeneinander ziehen, sondern in gezähmten Rededuellen in Parlamenten. Die allgemeinen und freien Wahlen dienen zugleich dazu, transparent zu machen, wie stark der „gefühlte Zorn" tatsächlich im Verhältnis zu anderem gefühlten Zorn ist.

Die zeitliche Begrenzung von Regierungszeiten, also die vier- oder fünf- oder siebenjährigen Wahlperioden, dienen zu nichts anderem, als den sich möglicherweise ändernden Auffassungen, Einschätzungen oder Unwillen eine legitime Ausdrucksform zu geben und eine gewählte Regierung nicht durch Hinrichtungen, sondern durch Abstimmungen wieder loszuwerden (Aktuelle Beispiele Kenia, Simbabwe).

Wenn die Kanalisierung des Zorns durch Parteien nicht gelingt, gibt es zwei Möglichkeiten: Entweder radikalisieren sich die Parteien selbst und versuchen, mit zugespitzten Forderungen die Emotionalität zu steigern – am Ende der Weimarer Republik war das in Deutschland so, und man kann das dort gut besichtigen – oder es bilden sich außerhalb der politischen Parteien Protestkerne, die das Unbehagen bündeln.

In den 1960er und 70er Jahren war in der Bundesrepublik Deutschland die APO so etwas. Bis auf die in den Terror abgeglittenen Teile konnte die SPD dies in das demokratisch-parteiliche Szenario einbinden. Als die Parteien in Umweltfragen zu zögerlich, unentschlossen und unschlüssig waren, konnte sich die Umweltbewegung in der Grünen Partei ihren politischen Arm bilden.

Es war und ist in dieser strategischen Überlegung die Aufgabe der CDU, den konservativ national denkenden Kern der Gesellschaft politisch zu repräsentieren. Die Ausbruchsversuche nach Rechtsaußen zeigen, dass der rassistisch und ausländerfeindlich denkende und fehlende Teil dies nicht akzeptiert.

An der Gründung der WASG und ihrer Fusion mit der alten PDS zur LINKEN wird der Prozess sichtbar, nicht nur die aus der PDS kommenden antikapitalistischen Ressentiments aufrecht zu erhalten, sondern auch die sozialen Verlierer der Globalisierung in Westdeutschland zu sammeln.

Der emotionale Kitt dieser Versuche ist der an sich berechtigte Hinweis auf die ungelösten sozialen Fragen und Strukturen und die Undurchsichtigkeit der Globalisierung.

Was seit vielen Jahren im Umkreis der G8-Treffen passiert und sich zuletzt in Heiligendamm zeigte, ist der geballte Zorn von Menschen, die weltweit gegen die Ungerechtigkeiten, die Ausbeutung der ärmeren Länder, die Zerstörung der Umwelt und die Rüstungspolitik protestieren wollen.

Die terroristische Variante – von der Gewaltbereitschaft bis zu Al-Qaida – versteht sich als Rächer der Entrechteten, wie obskur diese Gründe auch sein mögen. Am Beispiel Afghanistan kann man die komplizierte emotionale Struktur erkennen: Die Praxis der Taliban, Mädchen von den Schulen zu verbannen und Terrorgruppen Trainingsmöglichkeiten zu verschaffen, provoziert den Zorn der westlichen Welt, die Praxis der bewaffneten Auseinandersetzung, die auch zu Opfern auf ziviler Seite führt, ruft den Zorn der Afghanen hervor. Man sieht aber an diesem Beispiel auch, dass die Emotionalität und Leidenschaft auf beiden Seiten im Dienst von Interessen steht, die nicht immer identisch sein müssen mit den emotionalisierbaren Beständen in einer Gesellschaft. Sie müssen dem aber auch nicht entgegenstehen. In Fragen der Emotionalität stehen berechtigte Anliegen und Manipulation ziemlich dicht beieinander. Zur Beurteilung auch dieser Frage gibt es keinen klügeren Rat als den, sich seines eigenen Verstandes zu bedienen.

Als Tacitus im Jahre 100 n. Chr. meinte, die Geschichte Roms seit Augustus „sine ira et studio", also ohne „Zorn und Gunst", schreiben zu können, hat er nicht genügend einkalkuliert, dass bereits in jeder politischen Handlung Leidenschaften kontingent sind, die auch bei der Darstellung geschildert werden müssen.

Wir können auch heute noch bei der Frage, wie viel Leidenschaft Politik vertrage, mehr mit Aristoteles als mit Seneca oder gar mit dem Todsünden-Argument anfangen. Der gemäßigte Zorn und die gebundene Leidenschaft sind in unserer Demokratie, ihren Einrichtungen wie Parteien und in ihren Verfahren (Wahlen) längst institutionell verankert. Parteien müssen sich für die jeweils kommenden Wahlen so darstellen, dass sie nicht nur die *Köpfe*, sondern auch die *Herzen* erreichen, dass sie also im begrenzten Maße auch mobilisieren. In der modernen Wahlforschung und Wahlpraxis nennt man dies die *„Identifizierung von kampagnefähigen Themen"*. Roland Koch hat dies bei der Landtagswahl 2001 mit dem Thema der doppelten Staatsbürgerschaft erfolgreich vorgeführt, die SPD hat es 2002 mit dem damals drohenden Irak-Krieg praktiziert usw. Es zeichnet sich heute schon ab, mit welchen Themen es in die Bundestagswahl gehen soll.

Wo die Grenzen der in der Politik erlaubten Leidenschaftlichkeit liegen (ob Zorn oder Eifer), lässt sich nicht abstrakt bestimmen. Helmut Schmidt möchte mit Leidenschaft die Leidenschaft verbannen und den Willen und den Mut zur Gestaltung für die Politik reklamieren.

Es hängt auch von der Kraft der Parteien ab, die realen Probleme so zu definieren, dass ihnen die Lösung zugetraut wird. Dabei gibt es nicht nur die Gefahr der Überemotionalisierung, sondern auch die der bürokratischen Langweiligkeit. Auch Parlamentsreden hört man lieber, wenn sie mit Leidenschaft als mit nur trockenen Fakten vorgetragen werden. Die Anstrengung der Demokratie ist die zu tragende Zumutung, dass wir beide brauchen.

Literatur

Aristoteles: „Die Nikomachische Ethik", München 1972
Art. „**Zorn**", Historisches Wörterbuch der Philosophie, Bd. 12, Basel 2004, Sp. 1382–1395,
    L. Annaeus Seneca: „De ira", in: „Philosophische Schriften", Bd. 1, Lateinisch/Deutsch, Darmstadt 1999, S. 95–311.
Peter Sloterdijk: „Zorn und Zeit", Frankfurt am Main 2006.
 P. Vergili Maronis Aeneis, VI, 851-853, Oxford 1959, S. 254.

Unmaßgebliche theologische Gedanken aus Begegnungen mit Horst Hirschler[1]

Es gäbe aus den vielen Begegnungen, die ich in meinen öffentlichen Ämtern als Niedersächsischer Kultusminister und Präsident des Niedersächsischen Landtages mit dem Bischof der Evangelisch-Lutherischen Landeskirche Hannovers D. Horst Hirschler hatte, viel Anekdotisch-Politisches zu berichten. Religiöse Angelegenheiten und kirchenpolitische Interessen, sofern sie den Staat berühren, ressortieren in der Niedersächsischen Landesregierung seit 1946 im Kultusministerium, das seinen alten Namen aus preußischen Zeiten noch beibehalten hat, obwohl die Religionsangelegenheiten nur noch in einem Referat liegen und das Ministerium eigentlich ein Schul- und Jugendministerium ist.

Ich möchte im Kern nur auf ein Problem eingehen, das eher theologischer Natur, aber dennoch von einiger politischer Relevanz ist, ohne dass es tagesaktuelle Brisanz entfaltet. Ich weiß, dass es für mich als Nichttheologen vielleicht nicht angemessen formuliert werden kann, mich aber gleichwohl immer beschäftigt hat.

Am 3. Juni 1998 entgleiste der ICE „Wilhelm Konrad Röntgen" auf seiner Fahrt von Hannover nach Hamburg bei Eschede und begrub mehrere hundert Menschen unter seinen Trümmern. Mehr als einhundert starben, viele erst Stunden danach in den zerstörten Eisenbahn-Wracks oder im Krankenhaus. Ich war als Landtagspräsident einen Tag danach mit dem Ministerpräsidenten Gerhard Schröder am Ort, wo uns die Rettungshelfer darauf aufmerksam

---

[1] Publiziert in: „Kirche in reformatorischer Verantwortung: Wahrnehmen – Leiten – Gestalten", in: Konvent des Klosters Loccum (Hg.): Kirche in reformatorischer Verantwortung: Wahrnehmen – Leiten – Gestalten, FS Horst Hirschler, Göttingen 2008, S. 541–548. Mit freundlicher Genehmigung des Verlags Vandenhoeck & Ruprecht Göttingen.

machten, dass unter den Trümmern noch Menschen lebten, man aber nicht an sie herankomme und es deswegen für sie wahrscheinlich keine Rettung geben werde.

Unsere Sprache reicht vielleicht, so etwas äußerlich zu beschreiben. Wie man aber angesichts eines solchen menschlichen Dramas politisch darauf angemessen reagiert, wusste ich nicht. Nicht der Rest, sondern das Ganze war Schweigen.

Und dennoch mussten, als in den nächsten Tagen der Landtag zusammentrat, mehr als die selbstverständlichen Worte der Trauer und des Gedenkens gesprochen werden. Denn Situationen dieses existentiellen Charakters erfordern andere Töne als die einer würdigen politischen Rede. Ich machte den Fraktionen den Vorschlag, den katholischen Bischof von Hildesheim, Dr. Josef Hohmeyer, und den Bischof der Evangelisch-Lutherischen Landeskirche Hannovers, D. Horst Hirschler, zu bitten, in der Marktkirche für den Landtag eine ökumenische Gedenkstunde abzuhalten, zu der sich die Abgeordneten gemeinsam nach der Eröffnung der Session des Landtages begeben würden. So geschah es auch.[2]

Mir ist unvergesslich, mit welcher Konzentration die Abgeordneten des Landtages und die anderen anwesenden Gäste den beiden Bischöfen zuhörten. Was kann man von einem solchen Kirchgang erwarten? Die Trostrede vom wohlgeordneten Zustand von Himmel und Erde? Das Mitgefühl mit den Hinterbliebenen? Die Ratlosigkeit, die alle empfanden? Die Bereitschaft auch derjenigen, die gar keiner Kirche angehören und betont areligiös zu sein behaupten, in die Kirche zu gehen, war auffallend.

Horst Hirschler hat, vielleicht zur Überraschung vieler, nicht um den heißen Brei herumgepredigt. Er gestand seine Hilflosigkeit ein, dieses Unglück menschlich und theologisch einzuordnen. Er sprach davon, dass man dies in keiner Weise verstehen könne. Das Kreuz Christi bekam plötzlich eine deutliche Sinnkontur. Diejenigen, die in den Zugtrümmern starben und elendiglich litten, mussten sich von Gott verlassen fühlen, gleichgültig, ob sie vorher gläu-

---

[2] Niedersächsischer Landtag, 14. Wahlperiode, Stenografische Berichte, 5. Sitzung, 10. Juni 1998, S. 263.

big waren oder nicht. Hier war ein Gott zu Gange, dessen Entscheidung nicht zu begreifen war. Dieser Gott ist den Menschen, auch den Christen, verborgen. Es ist der Deus absconditus, der verborgene Gott. So deutlich hatte ich noch keinen Geistlichen sprechen gehört. Es war zutiefst aufrührend.

Er sprach von dem Gott, an dem die Menschen von Anbeginn an verzweifeln können, weil Elend, Unglück, Krieg und Krankheit, Katastrophen und Vernichtung immer schon da waren und er als „allmächtiger Vater" nach christlicher Vorstellung selbstverständlich letztlich auch für das Böse verantwortlich ist.

An anderem Ort hat Hirschler Luther Recht gegeben, der darauf hingewiesen habe, wer allein mit der Erfahrung des Deus absconditus zu leben versuche, werde verrückt.[3] An dieser Stelle setzen alle Überlegungen an, eine Argumentation zu finden, die es gestatten, trotz dieser Erfahrungen Gott zu behalten. Alles Elend ist irdisch. Muss es dabei bleiben, oder hat der Kreuzestod Christi mit seiner transzendenten Sinngebung in der Auferstehung eine Perspektive, die hilft, das Elend in jeder Form zu ertragen und zu hoffen? Auch Leibnizens „Theodizee" ist ein solcher Versuch, der allerdings schon den Gedanken enthält, dass wir Menschen für die Ausgestaltung der „besten aller Welten" schließlich nach Gottes Willen selbst verantwortlich seien.[4]

Bezeichnenderweise hat fünfzig Jahre vor der Reformation Nikolaus von Kues angesichts der Eroberung Konstantinopels durch die Türken an diesem Gedanken gehangen. In seiner Beweisführung, warum die Gottesvorstellung des dreieinigen Gottes im Christentum dem Gott des Islam überlegen sei, weist er darauf hin, dass die Allmacht Gottes so unbegreiflich sei, dass erst mit der Menschwerdung Gottes in Christus auch Gnade und Milde erfahrbar würden.[5] Dies ist ein Argumentationsmuster, das auch heute in den verschärften religionspolitischen Auseinandersetzungen brauchbar zu sein scheint.

---

[3] Horst Hirschler: Gott in der Verfassung und im Leben, in: Wolfgang Jüttner/Oskar Negt/Heinz Thörmer (Hg.): Leitlinien politischen Handelns, Hannover 2005, S. 36.

[4] Gottfried Wilhelm Leibniz: Die Theodizee, Von der Güte Gottes, der Freiheit des Menschen und dem Ursprung des Übels, Bd. 1 und 2, Frankfurt am Main 1999.

[5] Nikolaus von Kues: Vom Frieden zwischen den Religionen, herausgegeben und übersetzt von Klaus Berger und Christiane Nord, Frankfurt am Main und Leipzig 2002.

Normalerweise gehören solche Gedanken nicht zum Alltag des politischen Geschäfts. Auch als Kultusminister, der ja, wie gesagt, vom Namen und vom Inhalt her der Religionsminister ist, war ich mit solchen Gedanken amtlich kaum konfrontiert. Es ging in der Regel um Geldzuschüsse für Kindergärten, Schulen und andere Einrichtungen in kirchlicher Trägerschaft, manchmal ging es um die Inhalte von Rahmenrichtlinien für das Fach Religion, die ja bekanntlich in Niedersachsen nur mit Zustimmung der Kirchen verfasst werden dürfen. Ich erinnere mich noch gut an eine kleine Intrige gegen den Ministerpräsidenten, die ich mit Horst Hirschler zugunsten des Religionsunterrichts an Berufsschulen gesponnen habe. Das alles war für mich damals und ist vermutlich auch heute für die Kultusministerin politischer Alltag und Routine.

Der Deus absconditus stand dabei nicht auf der Tagesordnung. Er war allerdings bei einem anderen Problem gegenwärtig: Niedersachsen ist das Land, in dem Bergen-Belsen liegt. Auf dem Gelände der Gedenkstätte liegen zehntausende umgekommener und ermordeter Juden und einige tausend Opfer anderer Völker. Bergen-Belsen ist der größte jüdische Friedhof in Deutschland. Seine Symbolkraft für deutsche Schuld und jüdisches Leid steht der von Auschwitz kaum nach.

Aus den Reihen der evangelischen Kirche kam Anfang der neunziger Jahre der Gedanke, in Bergen-Belsen einen Raum zu schaffen, der es möglich mache, sich vom Gang durch die Massengräber zurückzuziehen, um zu beten, zu meditieren oder sich zu sammeln.

Nach langen Diskussionen ist daraus der Gedanke eines „Hauses der Stille" geworden, die das Künstlerehepaar Ingema Reuter und Gerd Winner als begehbare Skulptur unmittelbar am Rande des ehemaligen Lagergeländes konzipiert hatten. Bei der Realisierung tat sich unverhofft eine Schwierigkeit auf. Zur Konzeption des Hauses der Stille gehörte die Jakobsleiter, die, aus dem Dach des Hauses ragend, als Symbol der Hoffnung verstanden werden sollte.[6]

---

[6] Daniel Deckers: Ein Haus der Stille, in: Ingema Reuter und Gerd Winner: Bergen-Belsen Haus der Stille/House of Silence. Begehbare Skulptur/Walk in Sculpture, Hannover 2000, passim.

Gegen diese einfache Hoffnungsinterpretation für die auf dem Gelände verscharrten Toten erhob sich Widerstand, der sich an die innerjüdische Diskussion anschloss, ob denn Gott in Auschwitz oder Bergen-Belsen war. Ich habe darüber im August 1999 kurz vor seinem Tode mit dem damaligen Vorsitzenden des Zentralrats der Juden in Deutschland, Ignatz Bubis, gesprochen.

Er hielt die Jakobsleiter für möglich (sie ist schließlich nicht gebaut worden) und erzählte mir die Anekdote, die von Elie Wiesel überliefert ist und auf die sich Horst Hirschler noch bei der Eröffnung der Woche der Brüderlichkeit im März 2008 in Hannover berief, nach der sich angesichts des Holocaust eine Reihe von Rabbinern darüber beriet, ob denn Gott in Auschwitz sei und er diese Vernichtung seines Volkes wirklich wollen könne. Als Pointe wird erzählt, dass sie des Morgens zu dem Schluss gekommen waren, dass Gott nicht in Auschwitz sei, der Würdigste unter ihnen daraufhin die Gardinen aufzog und sagte „Lasst uns beten".

Diese innerjüdische Debatte und ihre Auflösung ist strukturell der über den Deus absconditus vergleichbar. Allerdings habe ich den Eindruck, dass die Juden mit ihrem Gott, der ja nach unserem Glauben auch der unsere ist, direkter, fordernder, hadernder, ja ironischer umgehen als es die Christen tun.

Mich hat deswegen ein Gedicht ungeheuer berührt, in dem Mascha Kaleko, die 1938 aus Berlin nach New York emigrierte junge jüdische Dichterin, deren „Lyrisches Stenogrammheft"[7] das meistverkaufte lyrische Buch deutscher Sprache des 20. Jahrhunderts ist, Anfang der 1940er Jahre schrieb, als sie von den ersten Massenmorden an den Juden erfuhr:

„Verse für keinen Psalter

Ich möcht' in dieser Zeit nicht Herrgott sein
Und wohlbehütet hinter Wolken thronen,
Allwissend, dass die Bomben und Kanonen
Den roten Tod auf meine Söhne spein.

---

[7] Mascha Kaleko: Das lyrische Stenogrammheft, Gedichte aus der Welt der Großstadt, Reinbek bei Hamburg 2007.

> *Wie peinlich, einem Engelschor zu lauschen,*
> *Da Kinderweinen durch die Lande gellt.*
> *Weißgott, ich möchte um alles in der Welt*
> *Nicht mit dem lieben Gott im Himmel tauschen.*
> *[...]*
>
> *Lobet den Herrn, der schweigt! In solcher Zeit, –*
> *Vergib, O Hirt – Ist Schweigen ein Verbrechen.*
> *Doch wie es scheint, ist seine Heiligkeit*
> *Auch für das frömmste Lämmlein nicht zu sprechen.*
> *[...]*[8]

Ich empfinde diesen Text als Verzweiflungsschrei und Rückfrage an allzu schnelle Interpretationen vom „lieben Gott" und seinem Wesen. Die alleraktuellste amerikanische Fassung dieses Themas findet sich in dem mit mehreren Oskars ausgezeichneten im letzten Jahr erschienenen und verfilmten Roman „Kein Land für alte Männer" von Cormac McCarthy. Solche Töne sind den gewöhnlichen evangelischen Gesprächen fremd. Mich interessiert, ob Horst Hirschler dies ebenso sehen würde.

Horst Hirschlers Predigten und Gespräche mit ihm haben nach meiner Erinnerung den Aspekt des Unabgegoltenen und Offenen immer gehabt. Die Zuversicht eines Christenmenschen, die in Jesus Christus begründet liegt, brauchte er nicht zu verstecken. Aber sein Wesen und seine theologische Ausstrahlungskraft haben nichts Frömmelndes. Deswegen war und ist er immer ein anregender Gesprächspartner. Ich weiß nicht, wie er in der Ausbildung von Pfarrerinnen und Pfarrern war, wie viel Zweifel er zugelassen hat. Mir hat eine gewisse Ernsthaftigkeit, die gar nichts mit Betulichkeit zu tun hatte, immer Eindruck gemacht.

Allerdings hat er nach meinen Beobachtungen einen Aspekt auch theologisch nicht formulieren können, der mir als in einem DDR-Dorf Aufgewachse-

---

[8] Jutta Rosenkranz: Mascha Kaleko. Biografie, München 7. Auflage 2008, S. 85.

nem und als EKD- Synodalem (seit 1997) bis heute auffällt und mich manchmal umtreibt: Nach 1990 ist deutlich geworden, dass etwa 80 Prozent der DDR-Bevölkerung keiner Religion mehr angehörten. Bis heute ist das in den neuem Ländern nicht viel anders geworden. Den Kampf um die 14-Jährigen hat die Jugendweihe und nicht die Konfirmation gewonnen.

Der nachhaltigste Einfluss der alten DDR-Erziehung und -Praxis ist die Diffamierung der Religion als Ideologie. Hier wirkt das Resultat des Denkens des frühen philosophischen Marx unmittelbar weiter, dass Religion das Opium des Volks sei.[9]

Mit der völligen Diskreditierung der kommunistischen Weltanschauung ist aber nicht die Attraktivität von Glaubenspositionen gestiegen. Ich betrachte es als ein großes Versäumnis der evangelischen Kirche in Deutschland, dass sie die atheistisch und naturwissenschaftlich- positivistisch erzogenen Menschen in der DDR argumentativ nicht dort abgeholt hat, wo sie standen.

Die bewundernswerten christlichen Biografien und Widerständigkeiten gegen einen mit den Mitteln weltlicher Macht operierenden Staat haben noch zu DDR-Zeiten unsere Blicke gefangen und unsere Sympathien auf sich gezogen. Die Rolle der evangelischen Kirche in den Wendemonaten 1989/1990, als Zehntausende in die Kirchen strömten und dort ihre Anliegen formuliert fanden, haben zu dem Eindruck geführt, dass die Botschaft des Evangeliums jetzt Konjunktur haben müsste. Dies war nicht nur ein Wahrnehmungsfehler, sondern ein denkerisches Defizit.

Auch das anfängliche große politische Engagement von Pfarrern in der Endphase der DDR hat den Blick dafür versperrt, dass die übergroße Mehrheit der aus der DDR kommenden Menschen mit religiösem Denken und Empfinden nichts anzufangen weiß.

Die evangelische Kirche hatte in weiten Bereichen den Kontakt zu den Menschen und den Jugendlichen verloren. In der bewundernswerten trotzigen und die Identität wahrenden Haltung haben die evangelischen Gemeinden

---

[9] Karl Marx: Zur Kritik der Hegelschen Rechtsphilosophie, Einleitung, in : Karl Marx/ Friedrich Engels: Werke, Band 1, Berlin 1961, S. 378.

überlebt, auch wenn die Zahl ihrer Mitglieder klein war. Sie haben es nach meinen Eindrücken aber nicht vermocht, die Angebote des Evangeliums so zu formulieren, dass sie argumentativ und emotional attraktiv genug sind, die existentiellen Defizite einer heruntergekommenen und säkularen Ideologie deutlich zu machen und zu überwinden.

Stattdessen hat sich der Eindruck verfestigt, dass die Glaubenswahrheiten von der Kirche wie naturwissenschaftliche Gewissheiten verkündet werden. Diese Attitüde allerdings hatte man gerade als so abstoßend bei den kommunistischen Funktionären und in der offiziellen Kommunikation des Regimes in Erinnerung, dass man froh war, sie los zu sein.

Vielleicht hätte die ehrliche Rede vom Deus absconditus das Verständnis für die erlittenen Ungerechtigkeiten und zerstörten Hoffnungen mehr Hörbereitschaft erlaubt, als die platte Predigt. Zu einer Theologie in der Einheit Deutschlands hat weder die Kraft im Osten noch im Westen gereicht. Auf den Synoden der EKD in den letzten 15 Jahren, auch als Horst Hirschler noch als Bischof Mitglied war, gab es dazu nichts recht Überzeugendes. Die in meinen Augen weit unwichtigeren Fragen der inneren Organisationsstruktur nehmen viel mehr Zeit und Aufmerksamkeit ein. Vielleicht ist der unausgesprochene theologische Anspruch in den neuen Ländern viel höher als in den gewohnten Bahnen der westdeutschen Volkskirche. Es gab und gibt Anknüpfungspunkte, z. B. an der Bereitschaft vieler gar nicht kirchlich Gebundener, die vom Verfall bedrohten Kirchgebäude tatkräftig zu restaurieren.

Der langjährige Erfurter Probst Heino Falcke hatte wahrscheinlich 1972 den richtigen theologischen Instinkt, als er die eschatologischen Elemente der Marxschen Theorie und der biblischen Heilserwartung als Handlungsauftrag für das konkrete gesellschaftliche Engagement in der DDR formulierte.[10] Diese Perspektive relativierte einerseits den kommunistischen Totalanspruch auf den Menschen und vermied zugleich die Tendenz, sich von den gesellschaftlichen Problemen abzukapseln. Vielleicht hatten die mithörenden Stasi- Informanten

---

[10] Heino Falcke: Christus befreit – darum Kirche für andere. Hauptvortrag bei der Synode des Kirchenbundes in Dresden 1972, in: Heino Falcke: Mit Gott Schritt halten, Rede und Aufsätze eines Theologen in der DDR aus zwanzig Jahren, Wichern-Verlag, S. 12–32.

ein schärferes Gefühl für die staatspolitische Gefährlichkeit dieses Ansatzes als die begeisterten Christinnen und Christen.

Das alles sind natürlich Fragen, die in der Aufgabenbeschreibung eines deutschen Kultusministers nicht vorkommen. In seinen Arbeitsbereich geraten nur ausnahmsweise Aufgaben größerer religiöser Reichweite. Das war z. B. so, als darüber zu verhandeln und zu entscheiden war, ob es bei zu geringer Zahl von Schulkindern erlaubt sein soll, dass für evangelische und katholische Kinder gemeinsamer Religionsunterricht angeboten werden darf, – ein delikates ökumenisches Problem.

Nach langen Verhandlungen hatten sich im Jahre 1998 die Beauftragten der evangelischen und katholischen Seite verständigt, dies an niedersächsischen Schulen offiziell zu gestatten. Nach Veröffentlichung des Organisationserlasses „Religionsunterricht in Niedersachsen" hatte ich mich mit den zuständigen Bischöfen darauf verständigt, den Geist dieser Maßnahme in Gestalt eines Briefwechsels zu beschreiben.

Dieser Briefwechsel ist am 30. März 1998 in dem Raum unter der Krypta der Marktkirche in Hannover unterzeichnet und ausgetauscht worden.[11] Es war meine letzte amtliche Handlung als Niedersächsischer Kultusminister. Eine Stunde später wählte mich der Niedersächsische Landtag auf meinen Wunsch hin zu seinem neuen Präsidenten. Und überall war Horst Hirschler dabei.

---

[11] Organisatorische Regelungen für den Religionsunterricht und den Unterricht in Werte und Normen, in: Niedersächsisches Kultusministerium 13. Januar 1998, Schulverwaltungsblatt für Niedersachsen Heft 2, 1998, S. 37–39. Briefwechsel zwischen den niedersächsischen Bischöfen und dem Kultusminister in: Schulverwaltungsblatt für Niedersachsen, Heft 4, 1998, S. 125–127.

KAPITEL 6

PREDIGTEN UND GEISTLICHE ANSPRACHEN

Stephan Schaede

Predigten und geistliche Ansprachen

Einleitung in Kapitel 6

Gleich in der ersten der sieben in diesem Teil abgedruckten Beiträge geht Wernstedt ins Grundsätzliche. Wie die Bibel im Alltag der Öffentlichkeit und publizistischen Welt ständig präsent ist, mal explizit, mal anspielungsreich, mal grob verfremdend, führt er vor Augen. Feine Hinweise folgen, wie sich die Bibel als in menschlichen Worten polyphon und oftmals verborgenes Wort Gottes zu erschließen vermag.

Die zweite 60 Jahre nach Ende des Zweiten Weltkrieges gehaltene Predigt konfrontiert das Unrecht, die Willkür und das Elend des Zweiten Krieges und späterer Kriegsgeschehen mit der Seligpreisung Jesu „Selig sind die Friedfertigen" (Matthäus 5,9) und geht der Frage nach, ob und inwiefern diese Seligpreisung über Leid und Schuld Trost bieten könne.

Der dritte Beitrag, eine geistliche Ansprache, nimmt die bedrohlichen Auslassungen Jesu zu „unnützen Worten" zum Anlass, über unnütze Worte in der Politik, aber auch nicht weniger unnütze Worte über die Politik zu reflektieren. So entwickelt sich ein Lehrstück darüber, wie schwierige Versprechen in der Politik zustande kommen, wie sie zu deuten und ggf. triftiger zu kommunizieren sind.

Der vierte Beitrag, eine Meditation im Rahmen der Landesgartenschau 2006, konfrontiert die zentrale Wendung aus dem hohen Lied der Liebe im ersten Korintherbrief im 13. Kapitel, wo von Glaube, Hoffnung und Liebe die Rede ist, mit den Ereignissen von Stalingrad 1942/43. Kreuzestheologisch wird vor Augen geführt, wie selbst diese unfassbar grauenhaften Geschehnisse nicht

Paulus mit seiner Hoffnung auf die Beharrlichkeit der Liebe Gottes Lügen strafen. Was das wiederum für die Landesgartenschau bedeutet, diese beeindruckende Pointe gilt es in der Meditation selbst nachzulesen.

Der fünfte Beitrag, eine Neujahrspredigt geht einem Wort aus dem Prediger Salomo nach: „Denn wo viel Weisheit ist, da ist auch viel Grämens; und wer viel lernt, der muss viel leiden" (Prediger 1,18). Hier nutzt Wernstedt aus reicher unterrichtender und bildungspolitischer Erfahrung heraus die Gelegenheit, kritische Rückfragen an eine allzu naive Bildungseuphorie zu stellen, die sich von strukturellen Verbesserungen und Intensivierung von Wissensaggregation, deren guter Sinn nicht in Frage gestellt wird, Reichliches verspricht. Lernfelder werden erkundet, die durch Bildungsvirtuosität welcher Art auch immer unerschlossen bleibt. Was in diesem Zusammenhang die christliche Perspektive auf Lernen und Leiden im Lernen erschließt, entschlüsselt die Predigt.

Im sechsten Beitrag, einer Predigt im August 2013 gehalten, legt Wernstedt einen Text aus Jeremia 29 aus und setzt die Eindrücke von einer Reise nach Ostpreußen, die der gedenkenden Auseinandersetzung mit deutschen und sowjetischen Kriegsgräberstätten galt, mit dem Buch Jeremia in Beziehung. 70 Jahre Babylon und die von Gott gegebene Zusage, dass danach das Leid ein Ende habe und Frieden einkehre, geben Anlass, den Zusammenhang von irregeleiteten Denkhaltungen und Denkwegen, die in den Zweiten Weltkrieg führten, auch den Haftungszusammenhang, der sich für die Bevölkerung eines Landes ergibt, zu reflektieren. Dass und wie Erinnerung, und eben nicht nur Betroffenheit, sondern auch Schuldeingeständnis von entscheidender Bedeutung auf dem Weg zum von Gott eingeräumten Frieden sind, dafür weist diese Predigt einen Denkweg.

Der siebte Beitrag, eine im Mai 2015 gehaltene Predigt, rückt die Jahreslosung dieses Jahres „Darum nehmt einander an, wie Christus Euch angenommen hat zu Gottes Lob" (Römer 15,7) in den Mittelpunkt und reflektiert den Sinn dieses Wortes im Blick auf eine angemessene christlichen Haltung angesichts der wachsenden Zahlen von Flüchtlingen in Deutschland. Was sich aus feinen philologischen Beobachtungen für die Sache gewinnen lässt, führt Wernstedt vor Augen, wenn er den Wortlaut der revidierten Lutherübersetzung, die von einem „annehmen" spricht mit früheren Revisionen der Lutherbibel vergleicht, die von einem „aufnehmen" sprechen. Wie aber loben Menschen Gott im Annehmen von anderen Menschen? Die Auslegung Wernstedts gibt aufschlussreiche Hinweise.

Bibel im kulturellen Gedächtnis[1]

Sie sind es gewohnt, an jedem Sonntag während des Gottesdienstes einige Verse aus der Bibel zu hören, sei es bei der Andacht, der Evangelienlesung oder der Fürbitte oder sei es, dass sie gemeinsam den biblischen Text des „Vater unser" nach Matthäus sprechen. Vor allem aber geht es in der Predigt um das Hören, Verstehen und Auslegen einer Bibelstelle, einer biblischen Geschichte oder einer biblischen Botschaft. Meistens ist es jedenfalls so. Und von den Pastoren weiß ich, dass sie während der ganzen Woche aufmerksam sind, ob es denn irgendetwas gibt, das sich aus der Gemeinde, dem Schicksal Einzelner oder aus der großen Welt von der Politik bis zur Kultur eignet, zum für die Predigt vorgesehenen Bibeltext in Beziehung gesetzt zu werden.

Ich bin in der vergangenen Woche der Frage nachgegangen, ob denn in Tageszeitungen oder im Fernsehen Themen zu finden sind, die dem für die Predigt vorgesehenen Thema „Die Bibel im kulturellen Gedächtnis" zuzuordnen wären. Das Ergebnis hat mich selbst verblüfft, denn es konnte ja nur eine zufällige Auswahl sein.

Zu Wochenanfang wurde in allen Zeitungen darüber berichtet, dass der Leipziger Maler Werner Tübke gestorben sei. Er hat das monumentale Gemälde in Frankenhausen gemalt, das sehr viel biblische und reformatorische Bilder enthält. In Zellerfeld hängt in der Kirche über dem Altar sein bemerkenswertes Triptychon. Von Georg Baselitz, dem vielleicht bekanntesten und teuersten Maler Deutschlands, der bei Hildesheim wohnt, war zu lesen, dass er einen wichtigen Preis erhalten habe. Von ihm stammt eines der spektakulärsten modernen Bilder, das Jesus am Kreuz zeigt – auf dem Kopf. Dieses Bild hat große Diskussionen ausgelöst. Die Namen beider Maler lösen sofort biblische

---

[1] Predigt im Gottesdienst der Versöhnungsgemeinde in Garbsen-Havelse am 13. Juni 2004.

Assoziationen aus. Am Dienstag machte die Bild-Zeitung mit der Schlagzeile „Rudi, jetzt hilft nur noch beten!" auf und druckte ein Stoßgebet zu einem Fußballgott ab, in dem Wünsche wie „Mach den Holländern Knoten in die Beine" usw. merkwürdige fast gotteslästerliche Texte abgedruckt wurden. Die Form des Gebets ist unschwer als Anleihe bei den Psalmen zu erkennen. Die Süddeutsche Zeitung räsonierte gestern über solche Erscheinungen in dem Artikel „Gott ist rund: Was den Fußball zur erfolgreichsten Zivilreligion in Europa macht".

Massiv sind die Zuschauer des *heute journal* am Mittwoch mit der Bibel konfrontiert worden. Es wurde darüber berichtet, dass mehr als 50 Prozent der Menschen in den USA glauben, dass der Schöpfungsbericht im 1. Buch Moses wörtlich stimme. Sie glauben also, dass die Theorie der Entstehung der Arten in einem Prozess von vielen Millionen Jahren nicht stimme.

Für sie haben beispielsweise die Saurier nur eine ganz kurze Zeit gelebt, da die gesamte Zeit der Erde ja nur 6.000 Jahre betrage. Hinter diesem Konflikt steckt viel Grundsätzliches vom Bibel-Verständnis und seiner Auslegung. Die Frankfurter Rundschau hat darüber am Dienstag in einem gründlichen Artikel „Gott ist keine naturwissenschaftliche Formel" referiert.

Unsere Leinezeitung machte am Donnerstag auf eine christliche Theatergruppe aufmerksam, die die Geschichte des Propheten Daniel spielt. Sie wissen: Das ist der glaubensstarke jüdische Verschleppte, der am Hofe Nebukadnezars in Babylon Träume deutete, von den Löwen in der Grube nicht gefressen wurde und dem Tyrannen Belsazar das Mene Tekel an der Wand entzifferte. Das ist jene Weissagung „Gewogen, gewogen und zu leicht befunden".

In den Überschriften der Süddeutschen Zeitung, der Neuen Presse Hannover, der Leinezeitung oder der Frankfurter Rundschau las man in dieser Woche Überschriften wie diese „Jonas und der Fisch" (Frankfurter Rundschau 9. 6. 2004), „Rentnerparadies" (Frankfurter Rundschau 9.6. 2004), „Rebellischer Hiob" (Süddeutsche Zeitung 12. 6. 2004), „Teufel als Schutzengel" (Neuen Presse Hannover 11.6. 2004), „Jenseits des Christentums" (Süddeutsche Zeitung 12. 6. 2004) und die sympathische Sonntagsaufmunterung „Weil Gott uns liebt, können auch wir lieben" von Pastorin Dassler aus Lohnde.

Die Bibel mit Personennamen, Geschichten und Problemen gehörte in der letzten Woche in unterschiedlicher Intensität zu unserem öffentlichen Alltag. Wir begegnen ihr also nicht nur in der Kirche. Ich bin ziemlich sicher, dass man diese Beobachtung in jeder Woche machen kann. Heute Morgen geht es schon weiter, denn die Welt am Sonntag berichtet, dass die Prinzessin der Niederlande Amalie mit Jordan-Wasser getauft worden sei. Eine solche Meldung hat natürlich nur dann Sinn, wenn man voraussetzen kann, dass die Leserinnen und Leser auch wissen, dass der Jordan bei der Taufe in der Bibel eine bedeutende Rolle spielt.

Biblisches Geschehen, Biblische Sprache (vor zwei Wochen „las der Papst dem amerikanischen Präsidenten die Leviten"), biblische Assoziationen und Aussagen umfangen uns. Das gilt auch dann, wenn wir es gar nicht merken, überlesen oder es auch gar nicht wissen. Es lohnt sich also, darüber ein bisschen nachzudenken.

Was ist das eigentlich für ein Text, mit dem wir es zu tun haben? Die Frage ist schon falsch gestellt, denn es sind ganz verschiedene Textsorten: Legenden, Berichte, Chronologien, Prophetien, Gesänge, Gebete, Erzählungen, Sprüche, Lieder, Briefe, Lehren, Aufrufe usw., die wir in der Bibel finden. Unsere Bibel ist kein Offenbarungstext, der ein für allemal fest gefügt und ewig gleich bleibend verstanden wird, sondern er ist Gottes Wort im Menschenwort.

Im Gegensatz dazu glauben die Muslime, dass ihr Koran die wörtliche Niederschrift dessen ist, was dem Propheten Mohammed als Auftrag Allahs geoffenbart worden sei. Im Alten Testament, das die jüdischen Gesetze enthält, wird die Geschichte Gottes mit seinem Volk Israel erzählt. Es enthält alle Schicksale, die im Menschenleben vorkommen: Freud und Leid, Geburt und Tod, Treue und Verrat, Mord und Totschlag, Vergebung und Versöhnung, Liebe und Hass, Eifersucht und Inzest, Hoffnung und Verdammnis. Und alles geschieht immer in der Auseinandersetzung mit Gott. Es enthält aber auch die über das AT hinausweisende Prophetie des Kommens des Heilands und Erlösers für alle Menschen.

Das Neue Testament ist die Verallgemeinerung der jüdischen Gottesvorstellung für alle Menschen durch Jesus Christus. Im Neuen Testament steht

Christus im Mittelpunkt, seine Geburt, seine Taten, seine Lehren, sein Opfer und seine Auferstehung. Die Zusage Gottes an alle Menschen, durch das Leiden seines Sohnes und dessen Auferstehung selbst am ewigen Leben teilnehmen zu können, hat seit fast 2000 Jahren eine ungeheure Sprengkraft entwickelt. Das Christentum in all seinen Konfessionen und Schattierungen hat die meisten Gläubigen auf der Erde.

Das Glaubensbuch aller Christinnen und Christen ist die Bibel. Der Umgang mit ihr prägt seit jeher die Geschichte der Christenheit. Für die Kirchen der Reformation ist der Umgang mit den Texten der Bibel das Zentrum ihrer Glaubensübungen. Die Theologie ist der Ort, an dem mit wissenschaftlichen Mitteln die Auslegung geprüft wird.

Aber man muss kein Theologe sein, um mit der Bibel richtig und angemessen umgehen zu können. Man muss nur offen sein für die Ansprache Gottes in den Texten und die Fragen, die sich immer wieder neu stellen. Denn als Glaubensbuch ist die Bibel auch zugleich das Buch des Lebens. Es sind alte Texte mit aktuellem Anspruch. Und dass das klappt, haben wir in dieser Woche in den Zeitungen und im Fernsehen erfahren können.

Die Bibel wirkt aber nicht nur durch die Unmittelbarkeit des Textes und seine Auslegung. Sie hat zu allen Zeiten seit der römischen Spätantike auch kulturell gewirkt. Ohne Bibel gäbe es einen wichtigen Teil unserer Kultur gar nicht, und umgekehrt kann man auch unsere Kultur ohne Bibel nicht verstehen und entziffern. Die Maler, Dichter, Komponisten, Architekten, Sänger, Schauspieler, Handwerker und Künstler aller Art haben in ihren Jahrhunderten in ungeheurer Vielzahl bis in die Gegenwart hinein sich biblischen Themen gewidmet. Die Fresken in den mittelalterlichen Kirchen erzählten den analphabetischen Gläubigen die Geschichten der Bibel. Die Bilder seit dem Spätmittelalter enthalten durchweg biblische Motive, Kirchenchoräle bereichern noch heute die Musik. Johann Sebastians Bachs christlich inspirierte Musik ist wohl das größte kulturelle Geschenk des Protestantismus an die Menschheit. Unter Sowjetzeiten entstand in Leningrad heimlich ein Paulus-Oratorium, das wir vor einigen Jahren in der Marktkirche uraufgeführt gehört haben. In unserem kulturellen Gedächtnis hat die Bibel einen zentralen Platz.

Überraschend war vor einiger Zeit die Entdeckung von Schülerinnen und Schülern, die in einem Wettbewerb der Landeskirche teilgenommen und herausgefunden hatten, dass in vielen von der Jugend geliebten Filmen und Musikbands biblische Motive auftauchten. Die Hybris des Turmbaus zu Babel lässt sich unschwer an der Geschichte und im Film „Titanic" wieder erkennen. Auch solche Filme wie Matrix lösen Erlöser-Phantasien aus.

Die TUI hat vor einigen Jahren mit dem Slogan geworben „Adam und Eva wurden aus dem Paradies vertrieben. Wir fliegen Sie jeden Tag hin". Die Werbung knüpft häufig für ihre heiligen und unheiligen Geschäfte am kulturellen Gedächtnis an. Viele alltägliche Redewendungen gehen auf die Bibel zurück: Perlen vor die Säue werfen, Krethi und Plethi, die Letzten werden die Ersten sein, sein Herz ausschütten, der Bluthund, der Sündenbock, die Friedenstaube, das Tohuwabohu, das Erstgeburtsrecht gegen ein Linsengericht verkaufen, der Mensch lebt nicht vom Brot allein usw. usw.

Im wichtigsten Kulturgut, das Menschen haben, in der Sprache, taucht so viel Biblisches auf, dass viele es gar nicht wahrnehmen. Grundvorstellungen, von denen wir heute in unserem Gemeinwesen leben, auch in der Politik, sind christlich und jüdisch, und d. h. biblisch vermittelt. Unsere Gerechtigkeitsvorstellungen und die von der Gleichheit aller Menschen, nämlich vor Gott, kommen auch daher. Das ist auch dann noch richtig, wenn man weiß, dass die Kirche diesen Gedanken in der praktischen Welt erst spät entdeckt hat. Es gibt keine europäische Sprache, die so sehr von der Bibel durchwirkt ist wie die deutsche. Das liegt natürlich auch an der großen schöpferischen Leistung der Bibelübersetzung durch Martin Luther. Dessen wunderschöner Nachdruck der Erstausgabe von 1534 mitsamt den Bildern ist gegenwärtig ziemlich preiswert zu haben. Das wäre mal ein Geschenk, von dem auch Ihre Kinder noch etwas hätten!

Die Synode der Evangelischen Kirche in Deutschland hat sich im letzten Jahr, im Jahr der Bibel, intensiv mit der Bibel im kulturellen Gedächtnis beschäftigt und dazu einen Text verabschiedet, den Sie nach dem Gottesdienst als bebilderte Broschüre mit nach Hause nehmen können. Der Synode kam es auf zwei Dinge an: Einmal darauf hinzuweisen, wie sich die Bibel in der gesamten Kultur präsentiert, also gleichsam eine Erinnerung daran, wie viel

Menschliches in der Bibel vorkommt. Zum anderen aber darauf zu beharren, dass für die Christinnen und Christen die Bibel eben von Gottes Geist und der Botschaft Jesu Christi geprägt ist. „Die Bibel ist kein einfaches Buch, sie öffnet sich dem Gottessucher, nicht dem Gottesbesserwisser". Mit religiöser Rechthaberei und theologischem Fundamentalismus kommt man der Bibel nicht bei. Man vergewaltigt mit einem solchen Vorgehen die Bibel und die Menschen. An der vorhin erwähnten Stellung zum Schöpfungsbericht der Bibel kann man das sehr gut erkennen. Denn es ist natürlich Unsinn, den Schöpfungsbericht wörtlich und nicht symbolisch zu verstehen. „Ohne Neugier, ohne genaues Hinhören und ohne intensives Bemühen wird das Buch der Bücher immer nur das bestätigen, was die Leser selbst schon gewusst haben", heißt es im Synodentext.

In der Bibel wird so viel erzählt, dass man sich ihr fruchtbar nur nähern kann, wenn man ihr vertraut, neugierig bleibt, Fragen zulässt und Widersprüche aushält. Dann kann es sein, so hoffen wir, dass einem der Sinn des Verses 18 aus dem fünften Kapitel des Korinther-Briefes aufgeht, der zum heutigen Sonntag als Losung steht: „Gott hat uns mit sich selber versöhnt durch Christus". Und diese Versöhnung ist das Angebot der Bibel an alle. Man muss es nur annehmen und lesen können.

Ich wünsche mir, dass Sie nach dem Wahlgang – und die Bibel zeigt auch, dass die Politik kein einfaches Geschäft ist! – zu Hause zur Bibel greifen, die eine oder andere Geschichte lesen, sich über einen Vers Gedanken machen, vor allem darüber reden lernen. Vielleicht kommt Ihnen dann plötzlich auch die Sehnsucht danach, mehr zu verstehen und die frohe Botschaft, denn das ist das Evangelium, anzunehmen. Augustinus, von dem Luther so viel hielt, hatte dafür eine ganz einfache Formel: Tolle et Lege! Nimm und Lies!

Matthäus 5, 9

„Selig sind die Friedfertigen, denn sie werden Gottes Kinder heißen" [1]

Unter den vielen Geschichten, die ich in den letzten Wochen und Monaten zum Kriegsende vor 60 Jahren gehört, gesehen und gelesen habe, ist mir die folgende in besonderer Erinnerung: Februar 1945 in Sachsen in der Nähe von Dresden. Zehn Schüler im Alter von 15 und 16 Jahren werden als Flakhelfer in ihre Flakstellung gerufen, weil ein Bomberanflug gemeldet wurde. Einer verpasst den Anschluss und geht nach Hause zurück. Die Flakstellung erhält einen Volltreffer. Neun sind tot. Bei dieser Nachricht umarmt die Mutter ihren Sohn und sagt: „Gott hat dich beschützt". Er weist sie brüsk ab und fragt zurück: „Und die Andern?" Er sucht bis heute nach einer Antwort, 60 Jahre danach.

Und es sage niemand, die intensive Beschäftigung mit dieser Zeit sei nur eine Sache der Medien und der alten Leute. Wenn die Geschichten konkret sind und die im Frieden aufgewachsenen Kinder und Kindeskinder sie nachvollziehen und begreifen können, dann sind sie still und fragen ernst und konkret nach. Beim Film „Der Untergang" gingen die Jugendlichen zu Beginn auch erst Popcorn essend in die Vorstellung. Im Laufe des Films wurde es immer stiller. Am Ende verließen sie stumm und ernst das Kino. Vom Film „Sophie Scholl" wird das Gleiche berichtet.

Es liegt wohl an zweierlei: Was aus der Eltern- und Großelterngeneration unseres Volkes heraus den Völkern der Welt und unserem eigenen Volk angetan worden ist und heute vor 60 Jahren zu Ende ging, ist in seiner tatsächlichen und generationellen Dimension nicht vollständig geklärt und deswegen immer

---

[1] Ansprache im Zentralen Gottesdienst im Kirchenkreis Nienburg 60 Jahre nach Ende des Zweiten Weltkrieges am Sonntag, 8. Mai 2005, St.-Martins-Kirche in Nienburg.

noch beunruhigend und ein Stachel für Gegenwart und Zukunft, d. h. für unser Selbstverständnis und die Politik.

Zum Anderen steckt darin aber auch die Frage danach, wie wir es mit Gott halten angesichts dieses ungeheuerlichen materiellen und geistigen Desasters. Dies ist eine Frage, die keinem Alterungsprozess unterliegt. Das gilt auch für diejenigen, die sich ohne jede religiöse Bindung verstehen.

Die Schuldfrage allerdings ist geklärt. Wir können sie aus unserer Geschichte nicht tilgen und verdrängen. Sie käme nicht nur in Albträumen zurück, sondern träte uns an Stellen entgegen, wo wir es gar nicht vermuten. 60 Jahre lang diskutieren wir dieses Problem, mehr oder weniger intensiv, manchmal mutig, manchmal abwehrend oder anklagend, schuldvoll oder fassungslos. Das ist auch in Ordnung. Dabei ist das Mitleid mit den Opfern der Konzentrationslager und Gefängnisse, der Kriegsgefangenschaft oder der Bombenangriffe, der Flucht oder der Zivilopfer vergleichsweise leicht zu haben. Dieses Mitleid ist der notwenige und menschlich gebotene Respekt vor jedem Einzelnen.

Aber hoffentlich vergisst niemand bei dieser Erinnerung, dass, bevor die Kinder und Mütter in Dresden und Hamburg verbrannten und vom Grausen erschüttert wurden, die Kinder von Guernica, Warschau, Coventry und Rotterdam dran waren. Die zeitliche Abfolge ist für die moralische und historische Bewertung nicht ohne Belang.

Ist die Bibelstelle, Jesu Wort: „Selig sind die Friedfertigen, denn sie werden Gottes Kinder heißen", wirklich ein Trost? Die meisten der eben Erwähnten waren doch friedfertig. Und selbst die gefangenen Soldaten stellten als Gefangene keine Gefahr dar.

Man muss sich der Frage stellen: War Gott bei den Opfern? Unter den jüdischen Geistlichen und Philosophen gibt es gewichtige Stimmen, die sagen, Gott sei nicht in Auschwitz, Bergen-Belsen, Treblinka oder Mauthausen gewesen. Er habe sein Volk allein gelassen. Und diejenigen, aus dessen Mitte planvoll und mit modernsten technischen Methoden der Krieg und der systematische Völkermord betrieben wurde: War Gott bei ihnen? Die Frage ist die Antwort. Wir können nichts anderes sagen als: Nein. Historisch und politisch scheint damit alles geklärt. Aber es scheint nur so. Denn die Seligpreisung der Friedfertigen meint vielleicht gar nicht eine passive und an die jeweils gegebenen Verhältnisse sich anpassende Haltung.

Die Erfahrung mit dem Weltkriegsgeschehen in jeder Gestalt war schließlich so fundamental, dass der Ruf nach Frieden und die Losung „Nie wieder Krieg", zur leitenden Maxime deutscher Politik nach dem Krieg wurde. Gestritten wurde schließlich nur darüber, ob die Abschreckung der richtige Weg sei. Und wir leben seit 60 Jahren in Mittel- und Westeuropa in Frieden. Wir leben heute mit allen Nachbarn in Frieden und sind in Bündnissen mit ihnen vereint. So etwas hat es seit 500 Jahren nicht gegeben. Es war in jeder Generation irgendein Krieg in Deutschland. Dass wir seit zwei Generationen in Frieden leben dürfen, ist ein Geschenk.

Wir sind friedfertig und wollen es sein. Wir verstehen weder religiös begründete kriegerische und terroristische Auseinandersetzungen in Nordirland noch ethnisch motivierte Grausamkeiten auf dem Balkan und in Tschetschenien. Aber wir sind nicht friedfertig in dem Sinn, dass wir nur hilflos die Arme heben und klagen. Bewaffnete deutsche Menschen in der Bundeswehr bewahren den Frieden im Kosovo, in Bosnien, in Afghanistan oder im Sudan.

Die Bundesregierung, die vor wenigen Jahren während der Balkanauseinandersetzungen vor der Entscheidung stand, ob sie erstmals seit 1945 deutschen Soldaten den Befehl zum Schießen geben sollte, stand vor einem moralischen Dilemma. So richtig es ist, dass jeder Schuss Leben vernichtet oder vernichten kann (was niemals wieder geschehen sollte), so richtig ist auch, dass Nichtstun ebenfalls zu unendlichem Leid führen musste. Schließlich hat eine tatenlose Weltgemeinschaft zugelassen, dass 1992 innerhalb von 100 Tagen in Ruanda 800 000 Menschen abgeschlachtet wurden. Friedfertigkeit ist offenbar kein Zustand, sondern die tägliche Neubestimmung des eigenen Verhaltens vor der Forderung nach umfassender Friedlichkeit. Denn genau besehen, begann der Zweite Weltkrieg nicht 1933, sondern viel früher. Die leichtfertige Machtübertragung 1933 durch die damaligen politischen Eliten an die Nazis, die aus den Köpfen nicht herauszubekommen Ressentiments gegenüber dem verlorenen Ersten Weltkrieg und dem Versailler Vertrag sowie die borniert und gottlose Verteufelung der Juden, die, häufig als Konkurrenten begriffen, Sündenböcke für andere waren, hatte in den Köpfen keine Friedfertigkeit entstehen lassen. Jesu Wort war nicht so verstanden, auch von den Kirchen nicht so verstanden worden, dass es als Warnung und Aufforderung gelten konnte. Hass wurde gepredigt, offen oder unterschwellig, zwar nicht in den Kirchen, dort aber auch nicht heftig genug widersprochen. Auf jeden Fall wurde er geduldet. Die Zahl derer, die frühzeitig sahen, wohin das alles führen musste, war zu gering. Es wurde offenbar nicht erkannt, wer des Teufels und wer Gottes war.

Deswegen kann aus diesen Erfahrungen, zu denen nicht nur die Leiden und Opfer gehören, sondern auch der Zustand und die Anfälligkeiten in den Köpfen, für heute nur die Schlussfolgerung gezogen werden: Bei uns müssen wir anfangen, um auch Beurteilungsmaßstäbe für das Große und Ganze zu haben, das scheinbar so weit weg ist und wofür bequemerweise immer andere die Verantwortung tragen.

Es ist Rechenschaft darüber abzulegen, wie wir unsere täglichen Konflikte lösen: am Arbeitsplatz, in der Familie, in der Nachbarschaft, in der Schule, im Büro, auf der Straße, im Mietshaus, an der Tankstelle oder auf dem Sportplatz. Es ist Rechenschaft darüber abzulegen wie wir über Andere denken und reden: abschätzig oder mit Respekt, offen oder intrigant, neidisch oder neugierig, hämisch oder hilfsbereit. Sind wir in der Lage, über unseren eigenen Schatten zu springen? Haben wir uns schon einmal entschuldigt? Müssen wir eigene, auch fehlerhafte Meinungen, immer rechthaberisch verteidigen? Muss der Zorn immer in Gewalt durch Worte oder Taten ausgedrückt werden? Achten wir bei der Erziehung der Kinder auch darauf, welche Fernseh-, Video- oder Computerspiele konsumiert werden? Wie reden wir eigentlich miteinander?

Haben wir immer widersprochen, wenn es nötig wurde? Die Nazis konnten auch deswegen mit ihrer Gossen-Frechheit so erfolgreich sein, weil ihnen vielfach nicht widersprochen wurde. Die Einen waren zu vornehm, die Anderen zu feige oder billigen es heimlich.

Friedfertig zu sein, heißt, sich auch für Folgen dessen, was man betreibt oder unterlässt, mit verantwortlich zu fühlen. Ich weiß nicht, warum Gott im Frühjahr 1945 in dem eingangs angeführten Drama neun Jungen sterben und einen leben ließ. Aber ich verstehe Jesu Aussage so: Es waren nicht nur unfriedliche äußere Zustände, sondern die im Innern zerstörten Köpfe, die die

Bomben und KZs möglich machten. Gott erspart uns nicht eigene Anstrengungen zur Friedfertigkeit. Er kann uns auch in Versuchung führen. Unser Vater-unser-Gebet geht davon aus. Es geht aber auch davon aus, und das ist die Botschaft, dass wir im Vertrauen auf ihn Vertrauen in uns haben dürfen. Das ersetzt die eigene Anstrengung nicht, sondern verlangt Tat und Demut zugleich. Auch deswegen beten die Juden nach Auschwitz zu ihrem Gott, der im Alten Testament auch unser Gott ist.

Matthäus 12, 33-37

„Setzt entweder einen guten Baum, so wird die Frucht gut; oder setzt einen faulen Baum, so wird die Frucht faul."[1]

„Setzt entweder einen guten Baum, so wird die Frucht gut; oder setzt einen faulen Baum, so wird die Frucht faul. Denn an der Frucht erkennt man den Baum. Ihr Otterngezücht, wie könnt ihr Gutes reden, dieweil ihr böse seid? Wes das Herz voll ist, des geht der Mund über. Ein guter Mensch bringt Gutes hervor aus seinem guten Schatz des Herzens; und ein böser Mensch bringt Böses hervor aus seinem bösen Schatz. Ich sage Euch aber, dass die Menschen müssen Rechenschaft geben am Jüngsten Gericht von einem jeglichen unnützen Wort, das sie geredet haben. Aus deinen Worten wirst du gerechtfertigt werden, und aus deinen Worten wirst du verdammt werden." (Mt. 12,33-37)

Dieser Text hört sich gut an, er ist aber schwieriger zu verstehen als es scheint. Jesus spricht zu den Pharisäern, die seine Kunst, Wunder zu vollbringen, bezweifeln und ihm sogar unterstellen, er stehe mit dem Teufel im Bunde. Er weist sie zurecht, da er ihre wirklichen Gedanken lesen kann, und die sind böse, weil sie einen bösen Charakter haben. Er sagt: „Alle Sünde und Lästerung wird den Menschen vergeben; aber die Lästerung wider den Geist wird den Menschen nicht vergeben."

Ich bin kein Theologe, sondern ein einfacher Christenmensch, der in der Bibel mindestens genauso viele Fragen wie Antworten findet. So nehme ich mir die Freiheit, mit dem Hintergrund meiner politischen Erfahrungen – ich vermute, sie haben mich deswegen auch gebeten zu sprechen – und dem Blick auf

---

[1] Buß- und Bettag, 16. November 2005 im Rathaus in Garbsen.

die politische Szenerie dieser Tage in Deutschland, an diesen Text heranzugehen. Mir gefällt der Ausdruck „unnützes Wort", das ja jeder aus seiner eigenen Sprache kennt. Und jeder kennt sein eigenes Gequatsche und das anderer Leute. Wahlkämpfe sind die hohe Zeit vieler „unnützer Worte". Und wenn man den Vers wörtlich nähme, – ich zitiere noch einmal: "Ich sage Euch aber, dass die Menschen müssen Rechenschaft geben am Jüngsten Gericht von einem jeglichen unnützen Wort, das sie geredet haben" – wären alle Beteiligte am Jüngsten Gericht schlecht dran, denn vielleicht wissen sie dann gar nicht mehr, was sie so alles gesagt haben. Es gäbe ein mächtiges Gedrängel. Und die Aussicht darauf, alle Politiker vor dem Jüngsten Gericht Rechenschaft ablegen zu sehen, wird manche Begeisterungsstürme auslösen. Die Vorfreude auf diese Schadenfreude ist ungeheuer. Aber vielleicht ist es doch nicht so einfach.

Könnte es sein, dass manche Rede über Politik und Politiker selbst nur „unnütze Worte" sind? Dass also diejenigen, die nur so daherreden, selbst werden Rechenschaft ablegen müssen? Woran erkennt man, ob jemand guten Herzens oder bösen Herzens ist? Jesus hatte ja auch gesagt, dass eine Lästerung gegen einen Menschen vergeben werden kann, aber nicht gegen den Geist. Gemeint ist der Heilige Geist, also wohl doch die Gesinnung und der Charakter eines Herzens.

Was passiert eigentlich in unserem politische Getriebe? Hängen „unnütze Worte" auch mit dem Problem der Wahrheit und der Lüge zusammen, oder gar mit dem der Hoffnung und Enttäuschung? Politik hat es mit dem Noch-nicht-Entschiedenen zu tun. Probleme, die auftauchen, müssen in einem geregelten Verfahren, d. h. bei uns, in einem demokratischen Verfahren gelöst werden. In der Regel wird darüber debattiert – jedenfalls ist es prinzipiell und praktisch möglich –, ob nun über den Bebauungsplan in einer Kommune, über die Polizeidichte auf der Länderebene oder über die Konstruktion der Sozialversicherungssysteme auf der Bundesebene entschieden werden soll.

Das politische Interesse der Bürgerinnen und Bürger ist unterschiedlich stark. Einen Durchblick durch die chaotisch wirkenden Handlungsfelder, Prozeduren und Entscheidungsfindungen haben die Wenigsten. Es ist daher nicht verwunderlich, dass zunächst darauf geachtet wird, ob ein politisches Problem einen selbst berührt: ob ausreichend Kitaplätze vorhanden sind, ob die Rente sicher ist, ob die Zinsen für einen Kredit nicht zu hoch sind usw. Die Interessen sind hier sehr unterschiedlich, und nicht alles ist uneigennützig.

Dabei fällt auf, dass erfüllte Wünsche von Bürgerinnen und Bürgern wie selbstverständlich, die Anstrengung für die Erfüllung allerdings nicht gewürdigt werden. Das, was man im normalen bürgerlichen Leben für selbstverständlich hält, ist in der Politik unüblich, nämlich einfach „Danke" zu sagen. Das ist vielleicht auch gar nicht schlecht, weil keine falsche Ergebenheit einsetzen kann. Es kann aber dann ärgerlich werden, wenn man als Politiker z. B. einer Bürgerin verspricht, sich um eine Problemlösung zu bemühen, dies aber nicht gelingt, und diese Bürgerin eine Bemühenszusage mit einer Erfüllungszusage verwechselt.

Dann ist der Vorwurf nicht weit, man habe ein Versprechen nicht gehalten. Um nicht missverstanden zu werden: So etwas gibt es auch, dass jemand etwas in der Sache verspricht und es dann nicht hält, obwohl er es könnte. Das muss zu Recht kritisiert werden, denn es waren offenbar „unnütze Worte". Zwischen denen, die Politik machen (ehrenamtlich oder hauptamtlich), und den Bürgerinnen und Bürgern gibt es einen wirklichen qualitativen Unterschied in der Beurteilung des Politischen.

Bürgerinnen und Bürger vertreten völlig zu Recht ihre Interessen, d. h. in der Regel Einzel- oder Gruppeninteressen (Sportvereine, Elternräte, Zahnärzte oder Gewerkschaften). Die Politiker sind aber dann, wenn es finanzielle Auswirkungen von Forderungen gibt, gehalten, den gesamten Haushalt im Blick zu haben. Sie sind es, die den Sack zubinden müssen, weil sie dem Gesamtwohl verpflichtet sind und sein müssen. Im Sack kann nicht beliebig viel untergebracht werden. D. h. es muss auch nein gesagt werden. Ich habe in meinen 30 Jahren aktiver Politik noch keine ungerechten Forderungen erlebt. Man steht also immer im Verdacht, ein „böses Herz" zu haben, zumindest ein teilböses.

Und nun setzt etwas Merkwürdiges ein: Das Gerede über die unfähigen Politiker wächst sich aus zu einem Kanon ständiger Lästerung. Die Politiker reagieren nun nicht mit der eigentlich wahrheitsgemäßen Schilderung der Probleme, sondern beschwichtigen gern, formulieren sehr allgemein, geben Hoffnung oder haben sie sogar selbst.

Sie alle wissen, wer dramatisiert, wird nicht gewählt. Denn Kassandra wird nicht gewählt, auch wenn sie Recht hat. Nur eine kleine Erinnerung aus diesen Wochen: Mit welcher nicht enden wollender Sicherheit haben die CDU und die FDP vorgetragen, dass sie mit weiterer Entlastung der Wirtschaft und dem Abbau gewerkschaftlicher Rechte dafür sorgen werden, dass mehr Arbeitsplätze entstehen – obwohl man doch weiß, dass dies gar nicht in der Hand der Politik liegt. Und mit welch großer Sicherheit hat die SPD versichert, sie würde auf keinen Fall die Mehrwertsteuererhöhung akzeptieren, – obwohl sie in Kenntnis der Haushaltslage hätte wissen müssen, dass dies nicht völlig ausgeschlossen werden konnte.

Sie mögen beide an ihre Aussagen geglaubt haben. Seit zwei Tagen sind beide in diesem Punkt endgültig widerlegt. Haben sie gelogen? Ist der Vorwurf richtig, sie hätten die Wählerinnen und Wähler bewusst getäuscht, um mehr Stimmen zu erhalten? Mit Sicherheit kann man sagen, dass sie beide drei Voraussetzungen machten, über die sie zu wenig gesprochen haben oder die keiner hören wollte:

1. Die behaupteten Wirkungen aus ihren Maßnahmen beruhten auf Hoffnungen, deren Erfüllung gar nicht in ihrer Hand lagen.
2. Die behaupteten Wirkungen aus den beabsichtigten Maßnahmen standen alle unter Finanzierungsvorbehalt.
3. Die behaupteten Wirkungen aus den beabsichtigten Maßnahmen setzten eine jeweilige Mehrheit voraus.

Alle drei Voraussetzungen sind nach der Wahl nicht in Erfüllung gegangen. Es stellt sich die Frage, mit welchen moralischen Bewertungen man an diesen Sachverhalt herangehen kann. Ist es angemessen, über das Ergebnis der Koalitionsverhandlungen mit dicken Lügenüberschriften, Pinocchio-Nasen, Abzocker-Vokabeln und einem ganzen Kübel abwertender Wörter und Verunglimpfungen bis zur persönlichen Beleidigung herzufallen? Müssen die Akteure damit rechnen, am Jüngsten Gericht darüber Rechenschaft abzulegen? Vielleicht. Aber ob sie verdammt werden dafür, ist durchaus fraglich.

Denn eine Hoffnung zu haben ist moralisch nicht verwerflich. Und wenn die finanziellen Rahmenbedingungen einschließlich der Renten-, Gesundheits-

und Arbeitslosenkassen nicht ausreichen, kann man das mit Werturteilen nicht ändern. (Ich glaube nicht, dass die Mathematik mit politischen Glaubenssätzen außer Kraft gesetzt werden können. Glauben soll ja Berge versetzen können, aber die Mathematik nicht!). Und wenn schließlich die Wählerinnen und Wähler den Parteien durch ihr Abstimmungsverhalten keine Mehrheit geben, dann ist selbstverständlich die Geschäftsgrundlage aller politischen Absichten außer Kraft gesetzt.

Moralisch kann man dem wenigstens nicht beikommen. Wo hat denn in diesem ganzen Getriebe eigentlich der Heilige Geist gewirkt, der einen gehindert hätte, „unnütze Worte" zu gebrauchen? Bei den Wahlprogrammschreibern oder den Wahlrednern oder bei den Wählerinnen und Wählern? So leicht ist das offenbar gar nicht zu erkennen.

Da es also nicht feststeht, wo der Heilige Geist gewirkt hat, aber nach unserem Matthäus-Wort die Rede wider den Heiligen Geist schwerer wiegt als die Rede wider den Menschen, müssen wir noch einmal innehalten.

Wie wäre es denn, wenn die Politik und die Wählerinnen und Wähler samt den Zeitungen und Kommentatoren nicht erst auf das Jüngste Gericht warten mit ihrer Rechenschaftslegung ihrer Rede, sondern vorher schon anfingen. Es wäre auch richtig demokratisch, sich darüber zu vergewissern und darüber zu reden, was einerseits die Politik realistischer Weise bewirken und was sie gar nicht direkt beeinflussen kann und, was andererseits die Bevölkerung realistischer Weise erwarten kann und was es auch selbsttäuschend projiziert.

Ich plädiere dafür, der Politik und ihren Wirkungsbedingungen einen größeren Ernst entgegen zu bringen. Das erleichtert das Verstehen und lässt die Abgrenzungen der unterschiedlichen Lösungsvorschläge deutlicher werden. Man müsste auch nicht dauernd mit Unterstellungen arbeiten. Ein solches Verhalten käme gleichsam einer vorgezogenen weltlichen demokratischen Rechenschaftslegung gleich. Der Lohn wäre im Übrigen auch nicht so endgültig wie beim Jüngsten Gericht: denn eine mögliche Abwahl wäre keine ewige Verdammnis und eine Wiederwahl wäre keine Rechtfertigung auf Dauer.

Ich verstehe den Matthäus-Text deswegen so, dass wir in unserer Rede über Politik mit dem guten Schatz unseres Herzens herangehen sollten. Der Anteil der „unnützen Worte" würde sich verringern. Ich nehme dankbar zur Kenntnis, dass die beiden großen Parteien untereinander verbal schon abgerüstet haben. Vielleicht verbessert das ja auch die Chancen im Jüngsten Gericht. Denn es steht geschrieben: „Ich sage euch aber, dass die Menschen müssen Rechenschaft geben am Jüngsten Gericht von einem jeglichen unnützen Wort, das sie geredet haben. Aus deinen Worten wirst du gerechtfertigt werden, und aus deinen Worten wirst du verdammt werden."

1. Korinther 13,13

„Nun aber bleiben Glauben, Hoffnung, Liebe, diese drei; aber die Liebe ist die größte unter ihnen"[1]

Ich vermute, dass viele von ihnen das Pauluswort aus dem 1. Korintherbrief kennen: Glaube – Hoffnung – Liebe als die tragenden Säulen des christlichen Glaubens. Meistens kommt es in einer anderen Reihenfolge daher, nämlich Glaube – Liebe – Hoffnung, weil sich bei ungeübtem Umgang mit den Begriffen die Hoffnung irgendwie am meisten mit Perspektive und Zukunft verbinden lässt und sich daher an den Schluss drängt.

Aber Paulus will es ausdrücklich anders: Die Liebe ist die größte unter ihnen. Das ist viel schwieriger zu verstehen als man denkt. Vielleicht ist es auch nicht eindeutig. Denn eine Beziehung zwischen den Dreien wird ja vorausgesetzt. In dem Brief an die Korinther schreibt Paulus zuvor, dass in der Liebe alle guten Eigenschaften, die man sich vorstellen kann, zum Ausdruck kommen: Sie ist langmütig, freundlich, nicht eifernd, nicht prahlerisch, nicht egoistisch, gerecht, wahrheitsliebend, verträgt alles, vergibt alles, duldet alles.

Es ist eigentlich viel zu viel, als dass man denken könnte, man könnte als Mensch selbst solche Liebe empfinden – von Sexualität ist übrigens hier nicht die Rede. Es geht offenbar auch um die Liebe Gottes. Denn Paulus deutet an, wenn das Vollkommene da sein wird, wird die Liebe vorherrschen, also fast das Charakteristikum sein. Gemeinhin wird so etwas mit der Vorstellung des Paradieses verbunden. Für einen Christenmenschen scheint die Sache klar: Man glaube an Gott, hoffe auf das Paradies und erwarte den Zustand allumfassender Liebe.

---

[1] Meditation im Klostergarten Winsen an der Luhe im Rahmen der Landesgartenschau am 17. September 2006

Aber ist das wirklich so einfach? Ich hatte in den letzten Wochen im Vorausdenken an diesen Sonntag die Paulusausführungen im Kopf. Auch vor einer Woche, als ich mit etwa 400 Mitreisenden nach Wolgograd flog. Wir waren körperlich in Wolgograd, geistig aber in Stalingrad. Einige Mitreisende, die über 80 Jahre alt waren, suchten die Stadt auf, in der sie oder ihre Angehörigen im Winter 1942/1943 gekämpft hatten und in Gefangenschaft überlebt hatten. Andere suchten die Namen ihrer Väter, Männer, Onkel, Brüder, Großväter, die auf Granitwürfel eingemeißelt sind.

Ich rede jetzt nicht über die an sich notwendigen historischen und politischen Bezüge der Stalingradschlacht, sondern versuche die Situation des Einzelnen (Soldaten oder Zivilisten) aller Seiten im Lichte des Pauluswortes zu bedenken. Mitten in der steppenartigen Landschaft, 30 km westlich von Wolgograd, liegen zwei Soldatenfriedhöfe, ein russischer und ein deutscher. So etwas gibt es nur einmal in der Welt. Der deutsche hat die Form eines Rondells von 150 Meter Durchmesser und etwa drei Meter Höhe. In ihm liegen jetzt die Gebeine von etwa 47.000 deutschen Soldaten, davon 30.000 identifiziert.

Der russische in einiger Entfernung etwas in Halbkreisform, die Belagerungssituation andeutend. Dort liegen etwa 30 000 russische (sowjetische) Soldaten. Es werden ständig neue Gebeine gefunden, die auf beiden Friedhöfen zugebettet werden. Deutsche und Russen, häufig auch Jugendliche, suchen seit 1992 gemeinsam nach den Überresten, die irgendwo in dem weiten Gelände, 60 mal 40 km groß, liegen. Sie waren damals im Februar 1942 in Granattrichtern notdürftig verscharrt oder untergewühlt worden.

Es gilt, sie zu bergen, um ihnen eine würdige Ruhestätte zu bieten und den Angehörigen einen Ort der Trauer zu ermöglichen. Der Wunsch nach einem sichtbaren Grab ist in unserer christlich geprägten Kultur die Suche nach dem Trost für die Sehnsucht, die ein nicht wieder heimgekehrter Kriegsteilnehmer hinterlassen hat. Das gilt offenbar auch für eine längere Zeit als die, die wir Angehörigen in unseren privaten Gräbern lassen, die wir in der Regel nach 30 oder 40 Jahren aufheben. Auch die Enkelgeneration sieht das so.

In der Steppe vor Wolgograd/Stalingrad sind vor einer Woche neben dem Friedhof 107 etwa 1,50 Meter hohe Granitwürfel der Öffentlichkeit übergeben und ökumenisch eingesegnet worden. Auf jedem dieser Granitwürfel stehen

900 bis 1.000 Namen, insgesamt 102.234, vermisster deutscher Soldaten. Es sind diejenigen, von denen man die meisten wohl nicht mehr finden wird. Aber den Namen dort zu wissen, einen Blumenstrauß abzulegen oder ein Gebet zu sprechen hat etwas Bewegendes. Ich habe es gesehen.

In der Schlacht um Stalingrad sind etwa 200.000 deutsche, 50.000 ungarische, 100.000 rumänische, 60.000 italienische und eine Million russischer (sowjetischer) Soldaten gefallen. Es ist wohl richtiger zu sagen: elendiglich umgekommen, erschossen, zerschossen, erfroren, verhungert, an Ruhr und Typhus verreckt.

Wir haben in den fünf Tagen unseres Aufenthalts mit deutschen und russischen Veteranen gesprochen und erleben dürfen, wie stark der Wunsch ist, dass nie wieder so etwas geschieht. Und auch die pompösen Siegesdenkmäler in Wolgograd können natürlich nicht die unsäglichen Qualen verharmlosen, auf denen sie stehen. Wenn man sich dieses Grauen vergegenwärtigt, sofern man es überhaupt kann und aushält, und versucht, hierfür die Tragkraft der Paulusworte „Glaube – Hoffnung – Liebe" zu überprüfen, kann man nicht ohne Zweifel bleiben.

Viele Juden fragten in den Konzentrationslagern und danach, wo denn Gott in Auschwitz oder in Bergen-Belsen gewesen sei. Aus Briefen wissen wir, dass viele Soldaten dies auch in ihrer Lage in Stalingrad fragten.

Wie stark muss der Glaube sein, der angesichts des allgegenwärtigen Sterbens nicht verzweifelt? Was haben sie geglaubt? Wir wissen es nicht von jedem. Vielleicht haben manche, wie Jesus am Kreuz, gerufen „Mein Gott, warum hast du mich verlassen?"

Was sie gehofft haben, liegt auf der Hand: nur raus aus dieser Hölle und dann möglichst schnell Frieden. Haben sie, als für die Deutschen spätestens Weihnachten 1942 klar war, dass kein Entsatz kommen würde, auf Erlösung gehofft? Auf ein Wunder? Im Januar 1943 ließen sie alle Hoffnung fahren, während ihr oberster Kriegsherr in Berlin von Heldentum und Sieg schwafelte. Und die Generäle fanden nicht den Mut aufzugeben, obwohl sie nachweislich wussten, wie aussichtslos die Lage war.

Was oder wen sollten sie lieben in solcher Situation? Die Liebe, die alles überwindet: die Schmerzen, die Angst, die Qual, die Hoffnungslosigkeit. Man muss ihnen einen tiefen Glauben unterstellen, um sich vorstellen zu können, dass sie sich von Gott geliebt und getragen fühlten. Die Sache war für die Deutschen insgesamt so verloren und aussichtslos, dass sie in den Schützengräben, Panzern, Straßenschluchten oder Lazaretten nicht einmal den weltlichen Trost haben konnten, für eine gerechte Sache zu kämpfen und zu leiden, wie es die Russen konnten (Ob das im Tod für den Einzelnen überhaupt bedeutsam ist, kann ich hier nicht erörtern).

Sie waren auf sich allein angewiesen und zurückgeworfen. Und selbst der Kamerad war kein Tröster, weil er im selben Schlamassel steckte. Er hatte dieselbe Angst, wenn das Sausen der Stalinorgeln (So nannte man damals die Katjuschas) neue Angriffe anzeigten. Kann man eigentlich im Kriegslärm, wenn Bomben fallen, Artillerie feuert und pausenlos Explosionen zu hören sind und man völlig übermüdet, krank und verlaust ist, beten? Glauben, hoffen, lieben?

Ich will nicht versuchen, es sprachlich weiter auszumalen. Unter christlichen Vorstellungen erscheint dieses Leiden zweifellos als Kreuz. Und das, was Jesus Christus vor jedem anderen Gottesverständnis auszeichnet, ist sein Zeugnis, dass er dieses Kreuz um der Erlösung der Menschen willen getragen und ertragen hat. Dieser Gott ist den Menschen im Leiden nahe, auch wenn er es nicht verhindert. Das Christliche ist also, dass Gott weiß, wie der Mensch leidet und ihn über den Tod hinaus liebt, weil er ihn wieder auferstehen lässt. Das ist so, weil er es seinem Sohn auch zugemutet hat. „Indem Gott seinen Sohn den ehrlosen Verbrechertod am Kreuz hat sterben lassen, setzte er sich in äußersten Gegensatz zu den Erwartungen der Menschen, Gott als Steigerung und Überbietung menschlicher Qualitäten und Werte erfahren zu können. Im Kreuz erfolgt eine radikale Umkehrung der menschlichen Werteskala" (J. Roloff: „Einführung in das Neue Testament", Reclam 9413, Stuttgart 1995, S. 113).

Von diesem Zeugnis der Liebe, das eben über das Böse und Schreckliche nicht hinwegsieht, sondern es aufhebt, geht die Kraft des christlichen Glaubens aus. Wenn man diese für gewiss hält – und Paulus führt es im weiteren Verlauf des Briefes an die Korinther aus –, dann richtet man sein irdisches Leben danach aus: man glaubt in Demut, hofft für sich und andere und richtet sein Denken und Tun an der Liebe aus. Der Geist, unter dem die deutschen Soldaten in den Krieg gezwungen wurden, war nicht von der Liebe geprägt, auch wenn

Pastoren die Waffen gesegnet haben. Sie marschierten geradewegs ans Kreuz. Gerechte und Ungerechte gleichermaßen.

Über den 47.000 Gräbern und den 102.234 Namen steht ein schlichtes, nicht sehr hohes schwarzes Kreuz aus Gusseisen. Es kündet vom qualvollen Tod und der Erlösung zugleich. Denn der Glaube und die Hoffnung der Soldaten sind dahin, aber die Liebe Gottes hat sie aufgefangen. Denn er erinnert sich an sie. Über dem russischen Friedhof hängt übrigens eine Glocke über einem symbolisch gesenkten Haupt.

Wenn wir hier heute im Klostergarten und im Rahmen der Landesgartenschau im Frieden über Glaube – Hoffnung – Liebe nachdenken, dann könnte man fast meinen, wir sähen ein Stück Paradies. Aber wirklich würdigen kann man es nur, wenn man das Gegenteil kennt.

Prediger Salomo 1,18:
„Denn wo viel Weisheit ist, da ist auch viel Grämens; und wer viel lernt, der muss viel leiden"[1]

Zum neuen Jahr wünsche ich Ihnen, dass Ihnen alles, was sie sich an Gutem und Sinnreichen vorgenommen haben, auch gelingen möge. Und nicht nur in einer Kirche darf ich sogleich hinzufügen, dass es Ihnen ohne Gottes Hilfe schwerlich gelingen kann.

In diesen Tagen werden wieder die Wahlplakate aufgestellt oder aufgehängt, die Kandidatenflyer verteilt und ein vielfaches Rumoren zum Wahltag am 20. Januar 2013 veranstaltet. Das ist in einer Demokratie auch wichtig und richtig so, zumal wenn sich damit auch ein paar mehr Menschen in die Wahllokale komplimentieren lassen.

Hinter den vielen Äußerlichkeiten stehen aber doch auch immer ernst gemeinte Ansprüche und eine Art Selbstverpflichtung der Parteien. Über eine solche möchte ich heute nachdenken, nämlich über die, dass Bildung (gute) das Wichtigste sei, dass unsere Kinder die Zukunft seien und ohne rechte Bildung aus ihnen und aus der Gesellschaft nichts Rechtes werde. Und dass deswegen die politischen Vorschläge, die die jeweilige Partei anzubieten hat, die Garantie für die Einlösung einer solchen Vorstellung sei. Dann fallen die Forderung nach mehr Krippenplätzen, besserer Unterrichtsversorgung, besserem Personal in den Kitas, Ganztagsschulen usw.

Eigentlich kann man dagegen gar nichts sagen. Als Vater, Großvater, Lehrer, Hochschullehrer, Politiker, gar als ehemaliger Kultusminister, freue ich mich natürlich besonders über die Aufmerksamkeit, die Bildung immer noch

---

[1] Neujahr 2013 in der Kirche St. Petri in Rethen an der Leine.

hat. Gleichzeitig wundere ich mich nach so vielen Jahren Lebenserfahrung in diesem Metier, mit welcher Naivität und mechanischen Vorstellung von Bildungsprozessen öffentlich so geredet wird.

Dieser optimistischen und sicher auch von jedem ehrlich gemeinten Auffassung, dass man mit der Vermehrung der Bildungseinrichtungen und des Personals automatisch Bildung verbessere, steht der Bibeltext „Wer viel lernt, der muss viel leiden" geradezu provozierend entgegen. Man stelle sich einmal vor, eine Partei würde mit diesem Satz ein Plakat ausstatten oder ihr Bildungsprogramm beziteln!

Man hätte es mindestens mit zwei Gegenargumenten zu tun. Einmal würde man sagen, dass es eine Zumutung sei, Lernen und Leiden zusammen zu denken. Denn Lernen solle Spaß machen, mit Freuden vonstattengehen. Und dass dies mit anstrengendem oder angstbesetztem Treiben zu tun habe, sei eine Vorstellung von vorgestern. Die stressfreie Schule, die Kindertagesstätten sowieso, sei das Ziel, dem sich alle Pädagogik unterzuordnen habe und nicht die abschreckende Plage. Dahinter steht die Vorstellung, dass man die Freude und Genugtuung, die man empfindet, wenn man etwas neu gelernt und verstanden hat, auch auf den Prozess des Lernens ohne Schwierigkeiten übertragen könne.

Das zweite, bösartige Argument bestünde in der Umkehrung des Gedankens, dass man dem Satz, Lernen produziere Leiden, den Satz entgegenhalten könnte, also mache Nichtlernen glücklich. Wer der Kirche schon immer Böses unterstellen wollte, könnte sich in dem Vorurteil bestätigt sehen, sie wolle die Menschen dumm, unwissend, aber glücklich sehen. Das wäre natürlich Unsinn. Denn der Zusammenhang des biblischen Textes zielt auf etwas Anderes, was man schon räumlich nicht auf ein Plakat bringen könnte.

Im biblischen Text wird von Weisheit gesprochen, die viel Grämens mache (ein wundervoll reiches altes deutsches Wort, das Luther gefunden hat). Der Prediger Salomo beklagt, dass er mehr Weisheit als alle in Jerusalem habe und dennoch erkennen müsse, dass dies alles vergebens sei. In der vorhin gelesenen Stelle aus dem Lukas-Evangelium wird davon berichtet, wie der zwölfjährige Jesus im Tempel unter den Lehrern sitzt, ihnen zuhörte und fragte. Alle verwunderten sich seines Verstandes und seiner Fragen.

Es geht in den Bibelzitaten gar nicht darum, wie wir heute Bildung verstehen: Ausbau aller möglichen Einrichtungen, Qualifizierung für einen Beruf, Zurichtung für den Einsatz in der Wirtschaft, abprüfbare Erreichung von Lernstandards, Abiturzeugnisse oder Gesellenprüfungen, Präsentations-Kompetenzen usw. Es geht um ein Lernen und Fragen, das mit Weisheit, Verstand und Klugheit zusammenhängt. Für gute Bildung mögen alle Maßnahmen, für die gerade wieder geworben wird, nützlich und zuweilen auch notwendig sein. Sie umschreiben nicht das, was die Bibel meint.

Auch wenn man sich vergegenwärtigt, dass die historische Verortung der Bibelstellen ein geistlicher ist, ist von Lernen die Rede. Die Lehrer im Tempel sind geistliche Schriftgelehrte, die Weisheit in Jerusalem bezieht sich auf das rechte Verständnis der überlieferten Texte. Das muss man lernen und dazu bedarf es auch der Fähigkeit, klug zu fragen. Denn das hat der Zwölfjährige offenbar getan, weil sich sonst die Zuhörer nicht „entsetzen" müssten.

Also kann man schließen, dass das ganze Repertoire, mit dem man Heranwachsenden beibringt, wie man die kulturelle, religiöse und tägliche Welt verstehen lernt, auch von der Bibel nicht abgelehnt würde. Der entscheidende Gedanke der Bibel ist ein anderer: Auch dann, wenn man alles könnte, was zur Bewältigung des Lebens und einer versorgten Lebensführung erforderlich ist, beherrschte und jeden Tag neu dazulernte (lebenslanges Lernen würden wir heute sagen), ist man des Grämens nicht ledig.

Ich verstehe das so: Wir alle machen die Erfahrung, dass wir mit fortschreitendem Leben neue Erkenntnisse gewinnen, die manchmal auch lieb gewonnene Gewohnheiten in Frage stellen und schmerzen können.

Wir machen die Erfahrung, dass es im menschlichen Leben unauflösliche Widersprüche gibt, dass Freunde nicht immer verlässlich sind, dass wir selbst nicht immer geforderten Ansprüchen Genüge tun, dass wir z. B. die Ehrlichkeitsforderung bei der Steuererklärung nicht ganz so scharf sehen, dass wir gute Vorsätze nicht immer verfolgen, dass wir mit Gott hadern, wenn ein unbegreiflicher Todesfall im Familien- oder Freundeskreis uns aus der Bahn zu werfen droht, dass wir ein festes Versprechen nicht einlösen können, dass wir oft zu feige sind, einen Fehler einzugestehen, dass eine unheilvolle Krankheit unser ganzes Hoffen und alle Pläne zerstört, dass erlittene Treulosigkeit prinzipiell

Vertrauen zerstören kann, dass wir die Endlichkeit des Daseins schärfer sehen und die Aufgeregtheiten des Tages gelassener ertragen usw. usf.

Wenn man mit Fragen dieser Qualität konfrontiert wird, helfen einem angelernte und geübte Kompetenzen wenig. Dafür gibt es auch keine Lernzielkataloge. Es sind die Fragen, die den erlernbaren Curricula in den Bildungseinrichtungen zumeist entzogen sind. Sie zu lernen umfasst mehr als es in abfragbarem Wissen auftreten kann. Aber man kommt dem biblischen Satz, dass man viel leiden muss, wenn man viel lernt, näher, wenn man diese Fragen im Blick hat.

Man kann es auch säkularer fassen: Wir wissen heute unendlich mehr als noch vor 100 Jahren. Wir haben unendlich viel zu lernen. Aber die mit dem Wissen aufgehäuften Probleme machen uns nicht glücklicher. Es wächst auch das Leiden an den ungelösten und vielleicht sogar unlösbaren Problemen: Umweltprobleme vom Klimawandel bis zur Abholzung der Wälder, Undurchsichtigkeit der Finanzregelungen, ungelöste Fragen in der Nutzung der Kernenergie, Raubbau an den endlichen Ressourcen der Welt, Überkomplexität der Nahrungswirtschaft, Bevölkerungswachstum, Waffenüberproduktion und -handel für kurzfristige politische Ziele, die Stiftung von sinnloser Verwirrung durch gehetzte Informationen mittels neuer Medien in allen Köpfen usw. Niemand wird also ernsthaft bestreiten können, dass durch viel Lernen auch der Leidensdruck wächst.

Die Bewältigung dieser Probleme wird nicht ohne vielfältiges und gegebenenfalls auch anstrengendes Lernen in allen Fachgebieten gelingen. Aber herauszufinden, was zu tun ist, bedarf einer größeren als der Fachlogik, einer Logik, die auch die Sinnfragen neu stellt.

Der zwölfjährige Jesus konnte überaus klug fragen (eine Erfahrung, die man auch heute mit aufgeweckten Jugendlichen machen kann). Ich gehe davon aus, dass es Sinnfragen waren, die auch die Gottesgebundenheit einschlossen.

Und damit kommen wir in eine Dimension, die auch in dem Bibelwort vom Leiden durch wachsende Erkenntnisse steckt. Der Hinweis auf das Leiden impliziert auch das Wissen von der Endlichkeit des menschlichen Daseins. Selbst dann, wenn man durch Kompetenz und Lernen vieles erreicht, bleibt das Wissen von der Vergeblichkeit allen Tuns, ein Haschen nach Wind, wie es so anschaulich gesagt wird. Das ist kein Aspekt, mit dem man Wählermassen mobilisiert. Aber wahr ist er trotzdem.

Es kommt also auf zweierlei an: auf eine bescheidene Haltung und ein gründlicheres, radikaleres, d. h. bis zur Wurzel reichendes Denken. Aber „Haltet Euch nicht selbst für klug!", wie es Paulus schon warnend an die Römer schrieb (Römer 12, 17). Für einen Christen kann aber auch dies kein letztes Wort sein. Denn das Wissen von der letztendlichen Vergeblichkeit des Lernens wird durch die christliche Botschaft der Verheißung des ewigen Lebens aufgehoben, die jedem gilt, der an Jesus als Christus glaubt.

Ich erinnere mich an einen alten Slogan zur Bildungspolitik, in der es hieß, dass Bildung mehr als Wissen sei. Vielleicht sollte man es in Kenntnis der biblischen Überlieferung einmal mit dem Slogan versuchen, der da hieße: „Von Bildung verstehen Christen mehr."

Jeremia 29, 10-11

„Wenn zu Babel siebzig Jahre aus sind, so will ich euch besuchen und will mein gnädiges Wort über euch erwecken, dass ich euch wieder an diesen Ort bringe."[1]

„Denn so spricht der Herr: Wenn zu Babel siebzig Jahre aus sind, so will ich euch besuchen und will mein gnädiges Wort über euch erwecken, dass ich euch wieder an diesen Ort bringe. Denn ich weiß wohl, was ich für Gedanken über euch habe, spricht der Herr: Gedanken des Friedens und nicht des Leides, dass ich euch gebe das Ende, des ihr wartet."

Dieser Bibeltext aus Jeremia ist aus sich heraus nicht verständlich, sondern nur aus seinem historischen und prophetischen Zusammenhang. Jeremia, in Jerusalem lebend, wird als Knabe von Gott informiert, dass er seinem Volk Israel das auszurichten habe, was er ihm auf die Lippen legen werde. Das Sträuben nützt nichts. Der Knabe muss und wird diesen Auftrag erfüllen.

Es geht um nichts anderes, den Ältesten des Volkes Israel den Zorn Gottes mitzuteilen, die dieser für Israel entschieden hat, weil sein Volk sich durch sein Handeln, seine Anbetung fremder Götter, seinem Abfall von Gott, dem Nachlaufen falscher Propheten, dem Leichtsinn seines Lebens, dem Streben nach Gewinn, Täuschung und Betrug und der Rücksichtslosigkeit im Umgang als unwürdig und undankbar erwiesen hat.

Gott kündigt die Höchststrafe für die Stämme Israels an, nämlich die Vertreibung aus dem Land. Sein Zorn scheint unerbittlich und unerschütterlich. Natürlich wird Jeremia, als er dies vor den Ältesten, dem König und allen

---

[1] Predigt im Rahmen der Reihe „Harpstedter Kanzel" am 11. August 2013 in der Christuskirche in Harpstedt.

verkündet, deswegen angefeindet. Er ist zeitweise in Gefahr, wird verfemt, verlacht, fällt beinahe einer Lynchkampagne zum Opfer.

Gott beschützt ihn. Jeremia ist zwar einsam, aber prophezeit unverdrossen die Katastrophe. Die Ankündigung wird nicht zurückgenommen, sondern konkretisiert. Der Untergang des Volkes ist unvermeidlich, Jerusalem wird zerstört werden (Kapitel 15).

Historisch wahr ist, dass der babylonische König Nebukadnezar im Jahre 586 vor Christus Jerusalem eroberte und fast das ganze Volk nach Babylon zur Zwangsarbeit abführen ließ. Wir kennen alle diese Geschichte dem Namen nach. Das Wort „babylonische Gefangenschaft„ ist uns geläufig, Verdis Oper Nabucco und der Gefangenenchor gehört zu unserem Bildungsgut auch außerhalb der biblisch interessierten Kreise.

Jeremia, der in Jerusalem und später in Ägypten lebte, ließ auf Geheiß Gottes den jammernden Verfolgten und Entführten durch einen Boten mitteilen, dass sie im fremden Land (im Norden) Häuser bauen, sich verheiraten und Kinder bekommen sollten. Und Buße tun sollten, indem sie zu ihm zurückkehren. Die Buße müsse allerdings ehrlich sein.

Unter dieser Bedingung, die Gott deswegen einschätzen kann, weil er in die Herzen blicken kann, ist er bereit, sich umstimmen zu lassen.

„Wenn zu Babel siebzig Jahre aus sind", so heißt es an unserer Stelle, „so will ich Euch besuchen und will mein gnädiges Wort über euch erwecken, dass ich euch wieder an diesen Ort (gemeint ist Jerusalem) bringe. Denn ich weiß wohl, was ich für Gedanken über euch habe, spricht der Herr : Gedanken des Friedens und nicht des Leides, dass ich Euch gebe das Ende, des ihr wartet".

Im Vordenken auf die Predigt heute hatte ich diese Jeremia-Passagen im Kopf, als ich vor zwei Wochen nach Ostpreußen aufbrach, um im Rahmen von Gedenktagen auf deutschen und sowjetischen Kriegsgräberstätten in Königsberg, Pillau und Bartossen in Masuren Kränze niederzulegen, Angehörige zu trösten und Ansprachen zu halten.

Es war des Krieges zu gedenken, der vor siebzig Jahren tobte, vor 68 Jahren endete und mehr als 55 Millionen Tote hinterließ, von Verwundeten, Vertriebenen, Geschundenen, Vergewaltigten, Traumatisierten gar nicht zu reden. In

Ostpreußen waren es wahrscheinlich 300.000 deutsche und 500.000 sowjetische Soldaten, mehr als zwei Millionen Flüchtlinge und unsägliches Elend.

Was dort geschah, geschah zwischen August 1944 und dem Kriegsende 1945. Inmitten dieser Hölle der gesprengte Betonbunker, „Wolfsschanze" genannt, in dem der Urheber des Ganzen jahrelang seinen unsinnigen Krieg befehligte.

Was denkt und sagt man angesichts der 14.000 Toten in Pillau, der 13.000 in Königsberg, der 13.000 in Bartossen, der Ungezählten in den russischen Massengräbern? Es reicht nicht aus, Betroffenheit zu zeigen, den Kopf zu schütteln und traurig zu sein, sich überwältigen zu lassen von dem persönlich Erlebten. Das ist notwendig.

Ich empfinde es als Pflicht, über persönliche Empfindungen hinaus, über Schuld, Verantwortung, Lehren und Scham zu sprechen. Über das, was alle angeht, und nicht nur den Einzelnen. Als Angehöriger eines Volkes, in dem dieses Unglück seinen Anfang nahm, empfinde ich Jeremias Aussagen als einen Fingerzeig. Jeremia weist auf den Ursprung der Katastrophe hin, den Abfall von Gott, einer gottlosen Lebensweise, dem Klammern an Reichtum und der Verachtung seinen Mitmenschen gegenüber.

Ohne unangemessene theologische Überlegungen oder Parallelen anzustellen, kann man sehr wohl feststellen, dass die Denkweisen – denn Krieg beginnt in den Köpfen, längst bevor der erste Schuss fällt –, von denen Deutschland in den 30er und 40er Jahren des vorigen Jahrhunderts befallen war, ursächlich für den Krieg waren: Rassismus, Antisemitismus, Überlegenheitsdünkel gegenüber anderen Völkern, Rücksichtslosigkeit im Umgang, Überbetonung materieller Werte, Verachtung gegenüber Warnungen, Verantwortungslosigkeit großer Teile der Eliten, blinder Gehorsam gegenüber falschen Propheten (1000-jähriges Reich) etc.

Es gibt eine Eigenart des Denkens, die völlig losgelöst von Zielen, Zwecken und Sinnzusammenhängen geneigt ist, etwas Angefangenes zu Ende zu bringen. Häufig nennt sich so etwas Sachzwang, das trifft auch für die Vorbereitung, Entfesselung und Durchführung von Kriegen zu.

Hochgebildete Offiziere hatten im Umkreis des „Führers", der sie im doppelten Sinne „anführte", nicht den Schneid, den unsinnigen Befehlen und Begründungen Einhalt zu gebieten. Die Verzweiflungstat des 20. Juli 1944 beweist es. Zur gleichen Zeit, als sich die sowjetischen Truppen der Weichsel näherten, die Westalliierten Italien und Frankreich befreiten, liefen in Auschwitz die Gaskammern auf Hochtouren.

Ich bin ziemlich sicher, dass mein Vater, der als Artillerieoffizier im August 1944 unweit von Bartossen gefallen ist, es weit von sich gewiesen hätte, für die Untaten in Auschwitz sein Leben zu riskieren. Es waren falsche Götter, denen die deutschen Eliten und große Teile des Volkes nachliefen. Unter dem Vorwand, das Vaterland zu verteidigen, ist ein Angriffs- und Vernichtungskrieg geführt und sind unsägliche Verbrechen begangen worden. Diese Aussage gilt unabhängig davon, ob der einzelne Soldat sich unbescholten verhalten hat. Der Haftungszusammenhang kann nicht individuell, sondern nur allgemein formuliert werden.

Was hat dies mit Jeremia zu tun? Das 70jährige Exil Israels in Babylon wird von Jeremia als Strafe und damit als gerecht dargestellt. Die Verursacher des Abfalls haben dies natürlich nicht überlebt. Sie sind im Zorn Gottes gestorben oder umgekommen. Aber die Kinder haben bis in die dritte Generation (Das sind die 70 Jahre) an diesem Abfall von Gott zu tragen. Sie müssen sich mit der Situation auseinandersetzen, ihre Sehnsucht nach Rückkehr und Versöhnung, nach Gnade und Wiederanerkennung erarbeiten. Gott schenkt ihnen nichts, er verlangt wirkliche Reue und Einsicht. Denn Gott hat „ Gedanken des Friedens und nicht des Leides" über sie und stellt deswegen das Ende des Leides in Aussicht.

Was hier alttestamentarisch nur für Israel ausgesprochen ist, stellt sich für die Christen als Ankündigung für alle Völker dar, dass sie auch nach Zeiten des Leides die Hoffnung auf Erlösung haben dürfen.

Was hieße das im Anschluss an meine Ostpreußenreise und deren Gedanken? Natürlich darf man Israel nicht mit den Deutschen vergleichen, zumal andere Völker noch stärker gelitten haben, und gerade die Juden ausgerottet werden sollten. Man darf aber, glaube ich, den zeitweisen Abfall Israels von Gott und die dafür ausgesprochene Strafe als Paradigma für religiöses, ethisches und politisches Verhalten verstehen. Ethische Verwahrlosung hat unkalkulierbare und katastrophale Folgen für die Handelnden und deren Nachkommen. Für die Beurteilung des Nationalsozialismus, seiner Entstehungs- und Begründungszusammenhänge, seiner Folgen und der Lehren daraus enthält der Jeremia-Text durchaus Beachtenswertes.

Unabhängig von den Anforderungen an christliches Denken, hier kann man die Kirchen als ganze nicht, sondern nur einzelne Christinnen und Christen loben, kann man in Deutschland von einer Verwahrlosung des ethischen Empfindens und der Vernunft in der ersten Hälfte des 20. Jahrhunderts sprechen.

Am Grabe von Immanuel Kant am wieder aufgebauten Königsberger Dom ging mir vor zehn Tagen der Gedanke durch den Kopf, wie die Welt damals und heute aussähe, wenn unsere Vorfahren und wir seinen ethischen Imperativ kategorisch befolgt hätten bzw. befolgten. Er lautet im Kern ja, dass man sich andern gegenüber so verhalten solle, wie man selbst behandelt werden möchte. Für einen solchen Gedanken brauchte man nicht einmal Gott, um auf Besseres zu bauen. Aber gerade weil dieser Gedanke auch ohne Gott attraktiv ist, ist die Rückbesinnung auf ihn so faszinierend.

Denn während Kants Überlegung nur dann funktioniert, wenn man starke und in sich gefestigte Personen voraussetzt, kommt mit dem Gottvertrauen eine Dimension ins Spiel, die Kant nicht erreichen kann. Denn der Kern der Argumentation Jeremias ist es, die Strafen Gottes für seinen Abfall immer wieder drastisch zu wiederholen, aber am Schluss dennoch eine Erlösung in Aussicht zu stellen. Dazu ist es aber notwendig, dass sie überzeugende Reue zeigen und leben. Gott erkennt sie und weiß die Blender, Täuscher, Vertuscher, Feigen und Aufschneider von den ehrlich Umkehrenden zu trennen.

Was würde uns heute im Angesicht des ungeheuerlichen Abfalls von aller Religion und/oder Menschlichkeit eine glaubhafte Umkehr bedeuten?

Es wäre sicher falsch, im Vergessen sein Heil zu suchen, in der Tüchtigkeit äußerlicher Wiederaufbauleistungen über das Gedachte und Getane zu schweigen, von den falschen Propheten und Ideen, denen man nachgelaufen ist, sich nicht Rechenschaft abzulegen, die Irrtümer nicht zu benennen, die so offensichtlich waren, unter Berufung auf die Zeitumstände die eigene Verantwortung zu leugnen.

Es wäre aber auch nicht richtig, mit der Selbstgerechtigkeit der Nachgeborenen sich aus der Verantwortung für die Zukunft zu stehlen. Damit käme dieselbe Todsünde zum Ausdruck, die erst das Desaster heraufbeschwor. Jede Zeit ist von der Richtigkeit ihrer Überzeugungen durchdrungen. Zeitgeist nennt man das dann.

Die hier zu stellende Frage lautet aber: Gibt es vom jeweiligen Zeitgeist unabhängige Maßstäbe des Urteilens und Verhaltens? Gibt es Denken, auf dem man beharren kann, wenn alle anderen anders urteilen?

Für Jeremia war es klar, dass er in Ausführung eines göttlichen Auftrages sprach und handelte. Wie viel Mut muss man den Menschen abverlangen können?

Wie viel Zivilcourage kann man erwarten, Überzeugungen und Glauben auch dann zu vertreten, wenn es gefährlich wird? Wie erkennt man das, was über die Zeit hinaus richtig oder falsch ist?

In Ostpreußen kann man heute an den Gräbern aller Seiten nicht daran vorbeikommen, nach den Ursachen, Denkweisen und Schlussfolgerungen des noch sichtbaren Elends zu fragen. Dazu bedarf es einer schonungslosen, d. h. schmerzhaften Wahrheitsliebe.

Am Beispiel: Wir trauern zu Recht über die Flüchtlinge, die nach der Torpedierung der „Wilhelm Gustloff" Ende Januar 1945 jämmerlich ertranken. Einige Angespülte liegen in Pillau. Es war ein Kriegsverbrechen. Unsere Trauer ist aber unvollständig, wenn wir nicht der Juden gedenken, die in der gleichen Nacht vor Palmnicken, 150 km Luftlinie entfernt, von der SS aufs Eis getrieben und erschossen wurden. Auch hier wurden einige angespült. Auch dies war ein Kriegsverbrechen in der Folge der jahrelangen Mordorgie.

Es gibt Maßstäbe, die überzeitlich gelten und nicht relativiert werden dürfen: Es gilt immer, dass man Unschuldige nicht einfach ermorden darf, dass man Babys nicht verhungern lassen darf, dass man kein falsch Zeugnis reden darf über seinen Nächsten, und auch die Juden, Sinti, Russen, Polen u. a. waren die Nächsten, es war auch damals schon völkerrechtswidrig, über die Russen zu sagen, sie seien „keine Kameraden", und damit den Weg frei zu machen für die Ermordung von drei Millionen sowjetischer Kriegsgefangenen.

Gott hat es zugelassen, dass Nebukadnezar und seine Nachfolger Israels Männer und Frauen drangsalierten und auch umbrachten. Und er verlangt, dass dies auch noch als gerechte Strafe anerkannt würde, 70 Jahre lang.

Ich will jetzt nicht darüber nachdenken, was dies für uns bedeuten könnte. Mir scheint aber der Sinn des ganzen Textes darin zu liegen, dass es keine ewige Verdammnis gibt, wenn man noch so schwere Sünden begangen hat.

Aber an dem ehrlichen Bekenntnis der Sünden darf es nicht fehlen. Das schließt auch Bestrafung nicht aus, wie sie in Jeremia vor allem Verantwortlichen gegenüber ausgesprochen wird. Und wir müssen es als gegeben hinnehmen, dass die auf Dauer angelegten Kriegsgräber über die unmittelbar betroffenen Angehörigen hinaus jede Generation mit den Fragen des Bösen und seiner Verhinderung konfrontieren.

Denn dies scheint mir unzweifelhaft: Dass Gott gut über uns denkt und nicht Leid, sondern Frieden für uns wünscht, ist eine Hoffnung, zu deren Erfüllung jeder etwas beitragen kann.

Römer 15,7

„Darum nehmt einander an, wie Christus euch angenommen hat zu Gottes Lob."[1]

Als mir vor einigen Monaten Frau Pastorin Fricke auf Vermittlung von Herrn Dr. Stupperich den Vorschlag machte, ich möchte doch über die evangelische Jahreslosung des Jahres 2015 heute sprechen, habe ich spontan zugesagt. Denn die Jahreslosung ist Vers 7 aus dem 15. Kapitel des Paulus-Briefes an die Römer. Er lautet: „Nehmet einander an, wie Christus euch angenommen hat zu Gottes Lob".

Der mögliche aktuelle Bezugspunkt, nämlich die wachsende Zahl der Flüchtlinge, kam mir sofort in den Sinn. Und darüber im christlichen Kontext nachzudenken scheint unmittelbar vernünftig und reizvoll. Aber es ist komplizierter, als ich im ersten Augenblick dachte. Denn kaum ein anderes Thema treibt uns seit einigen Jahren in seiner Dringlichkeit, seiner Komplexität und seiner Verzweiflung so um wie dieses. Die entsetzlichen Nachrichten und Bilder aus den Bürgerkriegsgebieten Syriens und des Irak, die ertrinkenden Flüchtlinge im Mittelmeer, die in den Gefängnissen Bulgariens, Ungarn oder der Ukraine unter unsäglichen Bedingungen ausharrenden Asylbewerber, die an den Zäunen von Mellila oder Griechenland hängenden jungen Männer, die unter Deck maroder Schiffe zusammengepferchten Frauen, Kinder und Verfolgten, die verbrecherischen Schleusermethoden, neuerdings die Massengräber nicht zahlungsfähiger Flüchtlinge in Malaysia können keinen halbwegs human denkenden Menschen ohne Berührung lassen.

Obwohl Millionen Flüchtlinge in den Nachbarstaaten der Konfliktgebiete in Lagern hausen (Türkei, Libanon Jordanien, Kenia u. a.), schafft es doch eine

---

[1] * Predigt in der St. Philippus-Kirche in Hannover, Isernhagen-Süd am 31. Mai 2015.

hohe Zahl, nach Europa zu kommen, um hier Sicherheit, vielleicht Asyl oder eine Lebensperspektive für sich und ihre Kinder zu bekommen.

Das Szenario lässt sich bei mehr als 50 Millionen Flüchtlingen weltweit beliebig ausführlich beschreiben. Kann uns der Paulus-Satz dabei helfen und eine Orientierung geben?

Als gelernter Lateinlehrer habe ich mich im griechischen Text und in meiner alten Luther- Bibel des Wortlauts vergewissern wollen und stieß dabei auf eine Überraschung. Luther hat übersetzt: „Darum nehmet Euch untereinander auf, gleichwie euch Christus hat aufgenommen zu Gottes Lobe". „Sich untereinander annehmen", wie es die moderne Übersetzung vorschlägt, hat einen etwas anderen Akzent als „sich untereinander aufnehmen". Das griechische Wort „Proslambano" beinhaltet beides. Man muss sich also entscheiden, was man verstehen will. Und das geht nicht philologisch, sondern nur in Konfrontation mit der Wirklichkeit.

Als vor 70 Jahren mehr als zwölf Millionen Flüchtlinge aus Ostpreußen, Pommern, Schlesien und anderen Gebieten hier Schutz suchten, konnte man mit der Luther-Übersetzung gut arbeiten. „Nehmt einander auf" hieß dann sehr konkret, die Flüchtlinge auch im eigenen Haus aufzunehmen und Bedingungen zu schaffen, dass sie sich integrieren und eine Existenz aufbauen konnten. So schwer es vielen Einheimischen fiel, sie taten nach Paulus ein gottgefälliges Werk. Kann man heute die Anwesenheit und die Wünsche der Flüchtlinge so interpretieren?

Die angebotene moderne Übersetzung „ Nehmt einander an" verlangt nicht die Zurverfügungstellung eigener privater Räume, um Platz zu machen für Notleidende. Sie verlangt aber, sich in des Fremden Situation, Geschichte, Gewohnheiten, Erwartungen und Möglichkeiten hineinzuversetzen und sie mit den eigenen Lebensumständen und – Auffassungen abzugleichen. Denn „einander Annehmen" ist ein gegenseitiger kommunikativer Prozess, der von der unmittelbaren materiellen Bedürftigkeit und den seelischen Befindlichkeiten ausgeht. „Einander Annehmen" bedeutet, Respekt zu entwickeln, jemanden Ernst zu nehmen, hilfsbereit, freundlich und klar zu sein. Es bedeutet, sich selbst in Frage stellen zu lassen. Das gilt für beide Seiten.

Für uns gilt es, sich bewusst zu machen, welche unserer Lebenseinstellungen und Haltungen wir unbedingt respektiert wissen wollen und wo man eventuell umlernen muss.

Paulus hat seinen Brief an die römische Gemeinde deswegen geschrieben, weil sich die aus der jüdischen Tradition kommenden Christen über die aus den verschiedenen anderen Glaubensrichtungen kommenden Christen aufgeregt haben, dass diese nicht die altjüdischen täglichen Vorschriften (Essen, Gebete, Tätigkeiten etc.) einhielten, von deren Befolgung angeblich die Gottgefälligkeit abhing.

So weit weg ist dies von der alltäglichen Erfahrung mit den hier gestrandeten Flüchtlingen nicht. In großen Flüchtlingsunterkünften gibt es Auseinandersetzungen über das tägliche Leben (Ist ein Gebetsraum notwendig? Dürfen Männer und Frauen gemeinsam beten? Wie ist es mit Schweinefleisch? Muss man sein Zimmer selbst sauber halten? Was ist Schulpflicht? usw.).

Wir haben uns längst daran gewöhnt, dass wir in vielen Stadtteilen Kinder vieler Länder haben. In Linden, Stöcken oder Auf der Horst in Garbsen gibt es Klassen mit 80 bis 90 Prozent ausländischen Kindern. Was hätten wir wohl in den 50er oder 60er Jahren gesagt, wenn wir diese Entwicklung prognostiziert hätten? Viele hätten gerufen „Das Boot ist voll". In Sachsen konnte man in den letzten Monaten beobachten, wohin es führen kann, wenn man sich nicht damit komplex auseinandersetzt.

„Einander annehmen" ist vielfach gelungen. Aber man darf nicht naiv an diese Frage herangehen. Ich habe beispielsweise Bedenken gegen die gedankenlose Verwendung des Begriffs der „Willkommenskultur". Ich möchte jeden Menschen bis zum Beweis des Gegenteils höflich, hilfsbereit, respektvoll und neugierig gegenübertreten. Ich muss ihn deswegen nicht lieben und so tun, als ob mich das alles mit Freude erfüllt.

Christliche Nächstenliebe ist mehr als Gefühligkeit. Sie ist gepaart mit komplexer Verantwortung. Syrische Flüchtlinge von heute sagen übereinstimmend, dass sie gern so früh wie möglich nach Hause zurück möchten, wenn es die Sicherheitslage erlaubt. Afrikanische Flüchtlinge haben häufig den Wunsch, hier zu arbeiten und zu bleiben. Was ist darauf die angemessene Reaktion? Wir wissen es nicht.

Als vor 23 Jahren über Nacht mehr als 300 bosnische Frauen mit mehr als 200 schulpflichtigen Kindern in Osnabrück anlandeten, stellte sich die Frage, was tun? Sie lebten zunächst in der wenige Jahre zuvor von den Briten geräumten Caprivi- Kaserne. Zupackende und das Elend sehende Lehrerinnen und Lehrer, die Schulverwaltung und die Stadt haben in kurzer Zeit ein Programm erstellt, wie man die Schulpflicht der Kinder und die Ausbildungsmöglichkeiten der Jugendlichen sinnvoll erfüllen konnte. Als nach dem Frieden von Dayton 1995 die Fluchtgründe weggefallen waren, hätten auch die Jugendlichen, deren Ausbildung noch nicht abgeschlossen war, Deutschland verlassen müssen. Ich habe damals gegen geltende Bestimmungen angeordnet, dass die Frage der Abschiebung erst nach Beendigung der Ausbildung akut werden dürfe.

Vor einigen Wochen habe ich eine Aufstellung gesehen, was daraus geworden ist: Ein Teil ist zurückgegangen und baut das Land mit auf, ein Teil ist in die USA gegangen, ein Teil arbeitet als Fachkraft hier bei uns. Diese verschiedenen Lösungen erfüllen mich mit einer gewissen Freude.

Christliches Verhalten darf sich nicht erschöpfen in der Sammlung von Kleidung, Spielzeug oder der Organisierung von geselligen Abenden. Das ist alles wichtig und richtig. Ein Sprachkurs von Anfang an wäre auch dann sinnvoll, wenn Flüchtlinge in ihre Heimat zurückkönnen oder müssen. In Ihrer Kirchenzeitung habe ich gelesen, dass es hier in den Stadtteilen ehrenamtliches Engagement gerade in dieser Hinsicht gibt. Wunderbar! Ist damit aber der Hinweis des Paulus schon erfüllt, dass das alles zum Lobe Gottes geschieht?

Man kann ja auch fragen: Was ist das eigentlich für ein Gott, der Millionen von Menschen ins Unglück laufen lässt, nur damit wir mit karitativen Handlungen Gottes Lobbedürfnis befriedigen? Das ist wahrscheinlich eine falsche, fast zynische Frage.

Was ist eigentlich gemeint damit, etwas „zu Gottes Lobe tun"? Der Paulinische Gedankengang geht davon aus, dass die Menschen nach Gottes Willen frei sind, die Welt zu gestalten, aber darin auch irren können und die Welt nicht zur Besten aller Welten machen, wie Leibniz es ausdrückte.

Dass wir uns am Ende der Flucht in zugewandter Form den Flüchtlingen widmen, bleibt geboten. Aber mir scheint es möglich zu sagen, dass unsere Verantwortung sich nicht auf das Ende des Dramas beschränken darf, sondern weiter verstanden muss. Es wäre zum Lobe Gottes, wenn wir alle Kraft daran setzen, die Gründe der Flucht selbst mit zu beseitigen.

Die Aufforderung, sich einander anzunehmen, gilt für alle Menschen und nicht nur für die Menschen innerhalb der christlichen Gemeinschaft. Das christliche Erfordernis einander anzunehmen, verlangt nicht, Kreuzzüge in andere Länder zu tragen. Dann nimmt man den Anderen nicht an, sondern schlägt ihn tot, vergewaltigt oder unterdrückt ihn.

Es verlangt aber, den Sinn dafür zu schärfen und von allen einzufordern, die hiesigen Dinge als vorletzte zu behandeln. Es verlangt damit auch, sich nicht anzumaßen, die vorletzten Dinge als letzte zu deklarieren und durchsetzen zu können und zu dürfen. Dies zu begreifen schützt vor Selbstgerechtigkeit, Fanatismus, Ausschließlichkeitswahn.

Das bedeutet, dass es christlich wäre, sich auch in den Weltläufen mit dieser Perspektive einzumischen und die unselige Entwicklung in den fundamentalistischen Positionen der Religionen zurückzuweisen (Armenien).

Wenn Paulus in einem aktuellen Konflikt der römischen Gemeinde eingriff und mahnte, sich in der christlichen Gemeinschaft einander auszuhalten, ist eindeutig gemeint, dass man sich nicht in Äußerlichkeiten zwangsassimilieren muss.

Dies reinen Herzens gegenseitig zu praktizieren ist gottgefällig und ist Ausdruck christlichen Glaubens. Man muss übrigens nicht Christ sein, um dies beherzigen zu können. Eine humanistische Gesinnung würde das auch umfassen. Die aber darüber hinaus wirkende christliche Perspektive ist die der Hoffnung, die durch Irrtümer, Versagen oder Sünde nicht aufgehoben ist. Denn Christus hat das Beispiel gelebt, andere zu akzeptieren, und ist trotzdem am Kreuz gestorben, aber doch gerettet worden. Ob das, was wir aus diesem Glauben heraus tun, ausreicht, bleibt der Gnade Gottes anheimgestellt.